25 Jahre *Sanctuary* Villa Aurora
25 Years of Villa Aurora: *A Sanctuary*

Heike Catherina Mertens

Als Marta und Lion Feuchtwanger 1943 in den Hügeln von Pacific Palisades mit der Villa Aurora ihren letzten Zufluchtsort vor den Nazis fanden, verbrachten sie die erste Nacht im Garten. Zu verfallen und verdreckt war das Haus, weshalb Katia und Thomas Mann die Immobilie drei Jahre zuvor auch dankend abgelehnt hatten. Die Nacht unter dem Sternenhimmel im verwilderten Garten am Paseo Miramar zählte zu den schönsten Erinnerungen Martas an ihr gemeinsames Leben mit Lion im US-Exil. Die Villa mit Martas liebevoll gestaltetem Garten sollte für Lion zu einem Ort größter Schaffenskraft werden: ein *Sanctuary*.
Im Englischen bedeutet *Sanctuary* nicht nur Kultraum/Heiligtum, sondern auch Zuflucht und Asyl. Seit 1995 finden Autor:innen, bildende Künstler:innen, Komponist:innen und Filmemacher:innen sowie bedrohte Schriftsteller:innen und Journalist:innen in der Villa Aurora einen Ort, der zugleich Rückzug und Inspiration, Naturnähe und Schutz, aber auch den Austausch mit den Menschen und der vielfältigen Kultur- und Naturgeschichte in Kalifornien ermöglicht. Als Erster fand Heiner Müller – wenige Monate vor seinem Tod – in der Villa Aurora Unterschlupf, um aus der Distanz und in Ruhe zu arbeiten: die Villa als Klause.
Sanctuary und *Eremitage* sind zwei Begriffe, die wir – Villa Aurora & Thomas Mann House e. V. – anlässlich des 25-jährigen Geburtstags des Villa-Aurora-Stipendienprogramms in den Blick genommen haben. Vor dem Hintergrund der Pandemie, die für viele Menschen eine bedrückende Erfahrung von Isolation und Einsamkeit bedeutete, hat Nana Bahlmann mit „all the lonely people" eine Ausstellung entwickelt, die, von der Figur des Eremiten ausgehend, die vielschichtigen kulturellen und gesellschaftlichen Implikationen von Rückzug und Isolation sichtbar und erfahrbar macht. Von den zwölf Positionen ehemaliger Villa-Aurora-Stipendiat:innen und Künstler:innen aus Los Angeles sind sieben eigens für die Ausstellung entstanden. Sie zeigen auf, welche kreative Kraft im Wechsel von Rückzug und Dialog freigesetzt wird.

In 1943, when Marta and Lion Feuchtwanger found their last refuge from the Nazis in the hills of Pacific Palisades, they spent their first night in the garden of the Villa Aurora. The house was too dilapidated and filthy to live in, which was the reason Katia and Thomas Mann just three years prior had politely declined the offer of the property. That night under the starry sky in the overgrown garden on Paseo Miramar was one of Marta's fondest memories of her life together with Lion in U.S. exile. The Villa, along with the garden that Marta lovingly designed, was to become a place of utmost creativity for Lion: a sanctuary.
In English, the word *sanctuary* not only refers to a sacred space or shrine, but also means refuge and asylum. Since 1995, authors, visual artists, composers, and filmmakers, as well as writers and journalists under threat, have found in the Villa Aurora a space close to nature, a space for retreat, inspiration, and protection, but also for dialogue with the people and the diverse cultural and natural history of California. Heiner Müller – a few months before his death – was the first to find shelter in the Villa Aurora in order to work from a distance and in peace: the Villa as hermitage. On the occasion of the 25th anniversary of the Villa Aurora Fellowship Program, we – Villa Aurora & Thomas Mann House e. V. – have trained our lens on these two terms: *sanctuary* and *hermitage*. Against the backdrop of the pandemic, which for many people has been and continues to be an oppressive experience of isolation and loneliness, Nana Bahlmann curated the exhibition "all the lonely people." Taking as its starting point the figure of the hermit, the show makes visible and tangible the multilayered cultural and social implications of seclusion and isolation. Of the twelve contributions by former Villa Aurora fellows and artists from Los Angeles, seven were produced especially for the exhibition. They show the creative power that is released in alternation between withdrawal and dialogue.

Der Erinnerung an das Exil verpflichtet, haben wir die Ausstellung sowohl in Berlin als auch in Los Angeles gezeigt. Los Angeles hat den Ruf der *Sanctuary City*, die Menschen- und Bürgerrechte unabhängig vom Aufenthaltsstatus garantiert. Und Berlin ist heute ein Zufluchtsort für viele Geflüchtete, die ihr Herkunftsland notgedrungen verlassen mussten. Die Erfahrung von Isolation und Einsamkeit in der Fremde teilen alle im Exil Lebenden. So griff das Architektenduo Johnston Marklee den Grundriss der Villa Aurora für ihre Ausstellungsarchitektur in Berlin auf und gab – kleinen Einsiedeleien gleich – jedem einzelnen Werk Raum für die individuelle, kontemplative Betrachtung.
In Los Angeles verwandelte Andrea Zittels Tapete *Wall Sprawl (Next to Las Vegas Bay)* die Ausstellung in einen beinahe privaten Wohnraum, der auf die häusliche Isolation während der Pandemie-Lockdowns anspielte. Das Tapetenmotiv zeigt demgegenüber mitten in der eremitischen Wüste von Menschenhand erbaute moderne „Refugien".
Seit 25 Jahren ist die Villa Aurora zudem Entstehungsort zeitgenössischer Literatur, die immer wieder auch die Exilgeschichte von „Weimar am Pazifik" aufgreift. Der Germanist Stefan Keppler-Tasaki interpretiert die Villa Aurora als „verkleinertes Modell der *Sanctuary City*" und gab den Impuls zu einer breiten literarischen Betrachtung des Begriffs *Sanctuary*. Sein Beitrag zu dieser Publikation bildet zusammen mit den Tagebuch-Assoziationen der Literatur- und Kulturwissenschaftlerin Annette Jael Lehmann den Auftakt zu neuen Texten und Gedichten renommierter Autor:innen. Wir haben unter den ehemaligen Stipendiat:innen der Villa Aurora zehn Schriftsteller:innen eingeladen, ihre Gedanken zu den Begriffen *Sanctuary* oder *Eremitage* in Worte zu fassen. Entstanden sind poetische Einblicke in verschiedene Formen von Rückzug und Einsamkeit, biografische Erinnerungen, beklemmende Einblicke in das Leben im Exil sowie kritische Reflexionen der Pandemiezeit. Kunst und Literatur jedoch vermögen diese Isolation zu überwinden. In ihnen sind „all the lonely people" in Berlin und Los Angeles miteinander verbunden.

Committed to keeping alive the memory of exile, we have shown the exhibition both in Los Angeles and Berlin. Los Angeles is known as a "sanctuary city" that guarantees human and civil rights regardless of residency status. Berlin today is a place of refuge for many refugees who have been forced to leave their country of origin. The experience of isolation and loneliness in a foreign land is shared by all those living in exile. The exhibition design by the architectural duo Johnston Marklee, which was based on the floor plan of the Villa Aurora, thus gave space to each individual work to allow – like small hermitages – individual contemplation.
In Los Angeles, Andrea Zittel's wallpaper *Wall Sprawl (Next to Las Vegas Bay)* transformed the exhibition into a quasi-private living space, alluding to domestic isolation during the pandemic lockdown. The motif, in contrast, shows man-made modern "hide-aways" in the middle of an eremitic desert.
For twenty-five years, the Villa Aurora has also been a place for the creation of contemporary literature, which again and again has taken up the exile history of "Weimar on the Pacific." Interpreting the Villa Aurora as a "miniature model of the sanctuary city," the German Studies scholar Stefan Keppler-Tasaki has inspired a broader literary inquiry into the concept of the *sanctuary*. His contribution to this publication, together with the associative diary entries of the literary and cultural scholar Annette Jael Lehmann, form the opening chapters of this selection of new texts and poems by renowned authors. We invited ten writers from among former Villa Aurora Fellows to put their thoughts on the terms *sanctuary* or *hermitage* into words. What we received was poetic insights into various forms of retreat and loneliness, biographical memories, oppressive glimpses of life in exile, and critical reflections on the pandemic. Art and literature, however, make it possible to overcome this isolation, connecting "all the lonely people" in Berlin and Los Angeles.

all the lonely people

Nana Bahlmann

In *Briefe an einen jungen Dichter*, einem „Trost- und Rat-Büchlein" für angehende Künstler:innen, rät Rainer Maria Rilke dem jungen Dichter Franz Xaver Kappus in insgesamt zehn Briefen immer wieder und mit Nachdruck zur Einsamkeit: „Darum, lieber Herr, lieben Sie Ihre Einsamkeit, und tragen Sie den Schmerz, den sie Ihnen verursacht, mit schön klingender Klage."[1] Oder an anderer Stelle: „Was not tut, ist doch nur dieses: Einsamkeit, große innere Einsamkeit. In-sich-Gehen und stundenlang niemandem begegnen, – das muß man erreichen können."[2] Und allein ist Rilke mit dieser Ansicht keineswegs. Es ist vielmehr eine allgemein verbreitete Vorstellung, dass Isolation und Rückzug für die Schöpfung großer Kunstwerke förderlich, wenn nicht gar notwendig sind. In seinem Essay *The Creative Process* von 1962 bringt James Baldwin es dementsprechend auf den Punkt: „Perhaps the primary distinction of the artist is that he must actively cultivate that state which most men, necessarily, must avoid: the state of being alone."[3]
Ein Statement, das durchaus politisch zu verstehen ist. Wenn die meisten Menschen, die in einer Gesellschaft zusammenleben, an Gesetze und Regeln gebunden sind, bedarf es eines:r Außenstehenden, um gesellschaftliche Normen infrage zu stellen – laut Baldwin nicht nur die Aufgabe der Künstler:innen, sondern auch die Begründung für ihre Ausnahmestellung: Distanz als ein wesentlicher Bestandteil der künstlerischen Positionierung zur Welt.
Formen des Eremitentums existieren in nahezu allen Weltreligionen und Philosophien und wurden von Beginn an zu einem Gegenstand künstlerischer Beschäftigung, wobei es sich bei den Eremit:innen oftmals um die Künstler:innen selbst handelte. Sie stellen eine kulturübergreifende „anthropologische Konstante [dar], die kontinuierlich populärkulturelle, wissenschaftliche und künstlerische Auseinandersetzungen angeregt hat".[4] Eremit:innen zogen sich in die Wildnis zurück, hausten in dunklen Grotten, klapprigen Waldhütten, felsigen

In his *Letters to a Young Poet*, a slim book of "consolation and advice" for aspiring artists, Rainer Maria Rilke repeatedly and emphatically advises the young poet Franz Xaver Kappus that he must cultivate loneliness: "Therefore, dear sir, love your solitude and bear with sweet sounding lamentation the suffering it causes you."[1] And further on: "The necessary thing is after all but this: solitude, great inner solitude. Going-into-oneself and for hours meeting no one – this one must be able to attain."[2] Rilke is by no means alone in this assessment. Rather, it is a commonly held belief that isolation and seclusion are conducive, if not necessary, to the creation of great works of art. In his 1962 essay, *The Creative Process*, James Baldwin put it this way: "Perhaps the primary distinction of the artist is that he must actively cultivate that state which most men, necessarily, must avoid; the state of being alone."[3] A statement that may also be interpreted politically. If most people living in a society are bound by specific laws and rules, an outsider is indispensable for questioning social norms – according to Baldwin it is not only the task of the artist, but also the justification for their special status: distance as an essential precondition of the artist's role in the world.
Various forms of hermitism exist in almost all world religions and philosophies, and have perpetually been a subject of keen interest to artists – often the hermits were the artists themselves. They are "[...] an anthropological constant which has continually prompted popular and artistic treatment as well as scholarly scrutiny."[4] Hermits retreated into the wilderness, dwelled in dark grottoes, rickety forest huts, rocky desert caves, spartan mountain hermitages, or in a tiny chamber amidst

Wüstenhöhlen, spartanischen Gebirgsklausen oder kleinen Kämmerlein inmitten des Großstadttrubels. Einzelne, sogenannte Styliten, verbrachten Jahre auf einer Säule, andere folgten dem Vorbild von Diogenes und lebten in einem Fass, einer Tonne, einer Kiste. Solch eremitische Lebensweisen, selbst die extremsten, werden noch in der Gegenwart praktiziert, haben Eingang in die Kulturgeschichte gefunden und sind bis hin zur Karikatur zum Allgemeingut geworden.[5]
Die Gründe für den Rückzug sind vielfältig. Manche versprechen sich von einem asketischen Leben spirituelle Erleuchtung, andere kapseln sich ab, um zu büßen und zu beten, in der Hoffnung auf Erlösung im Jenseits. Viele suchen in der Isolation vor allem Konzentration, Kontemplation und Inspiration. Andere wiederum kehren der Zivilisation den Rücken, weil sie sich nach individueller Freiheit und Selbstbestimmung abseits gesellschaftlicher Zwänge sehnen. Diese Tendenz ist vor allem charakteristisch für US-amerikanische Einzelgänger:innen und Aussteiger:innen.[6] Ein zentrales Element der meisten dieser Ansätze ist der Rückzug in die Natur. Das Spektrum reicht vom Ideal der Waldeinsamkeit der deutschen Romantik bis hin zu Henry David Thoreaus poetischer Verklärung seiner Einsiedelei am Walden Pond. Seine feinsinnigen Beobachtungen und blumigen Beschreibungen eines Lebens in Ruhe und Einklang mit der Natur in dem Weltbestseller *Walden* (1854) sind die Wurzeln heutiger Nachhaltigkeits- und Achtsamkeitsbewegungen, und ließen ihn zum Pionier der Naturschutzbewegung werden.
Waren es anfangs einige wenige, die ein Leben in Abgeschiedenheit und Einsamkeit wählten, entwickelte sich im 19. Jahrhundert im Zuge der Industrialisierung und der damit einhergehenden Urbanisierung ein wachsendes Bedürfnis nach Privatsphäre. Die Menschen sehnten sich aus ihren beengten Wohnverhältnissen und den überfüllten Städten heraus. Der Wunsch, allein zu sein, einen Ort für sich selbst zu haben, stellt ein gesellschaftliches Phänomen der Moderne dar, und moderne Einsamkeit ist ein Produkt von Kapitalismus, Säkularismus und Individualismus. In den Industrienationen leben heute so viele Menschen allein wie nie zuvor, Tendenz steigend. Bereits 2017/18, vor der Pandemie also, diagnostizierte der operative Leiter des United States Public Health Service eine „Epidemie der Einsamkeit". Großbritannien ging sogar so weit, eine „Ministerin für Einsamkeit" zu ernennen. Länder wie Japan folgten. Mit der Pandemie und den weltweiten Lockdowns 2020/21 traf die Isolation auf einen Schlag jeden. Einsamkeit war plötzlich ein kollektiver Zustand, die Klausur in den eigenen vier Wänden eine synchrone Erfahrung. Das allgemeine Innehalten ermöglichte eine Introspektion, die auch den Blick auf die Außenwelt nachhaltig veränderte. Und der kultur- und kunstgeschichtliche Topos der Einsiedelei drängte aus unerwarteter Notwendigkeit ins Bewusstsein zurück.

the hustle and bustle of the big city. Some individuals, so-called stylites, spent years on a pillar, others followed the example of Diogenes and lived in a barrel, a cask, a crate. Such hermetical ways of life, even the most extreme, are still being practiced to this day, and have made their way into accounts of cultural history. They have become common knowledge, even to the point of caricature.[5]
The reasons for being a recluse are manifold. Some people believe they will reach spiritual enlightenment if they live an ascetic life, others isolate themselves to repent and pray in the hopes of redemption in the afterlife. By going into seclusion many people seek, above all, concentration, contemplation, and inspiration. Others turn their backs on civilization because they are yearning for personal freedom and autonomy and wish to liberate themselves from the constraints of society. This tendency is especially emblematic of US-American loners and dropouts.[6] A central element of most of these approaches is the concept of "going back to nature." The spectrum ranges from the ideal of "Waldeinsamkeit", "forest solitude", so characteristic of German Romanticism to Henry David Thoreau's poetic glorification of his hermitage at Walden Pond. His nuanced observations and flowery descriptions of a life in peace and harmony with nature in his international bestseller *Walden* (1854) are at the root of today's sustainability, conservation and mindfulness movements.
While just a few people had decided to live a life of seclusion and solitude in the past, there soon developed a growing need for privacy in the wake of industrialization and attendant urbanization in the 19th century. People longed to escape from their cramped living conditions and crowded cities. The desire to be alone, to have a place of one's own, represents a social phenomenon of modernity, and modern loneliness is a product of capitalism, secularism, and individualism.
Among today's industrialized nations, more people live alone than ever before, and the trend is growing. Even in 2017/18, before the pandemic, the US surgeon general diagnosed the country with an "epidemic of loneliness." Great Britain even went as far as to appoint a "Loneliness Minister." Countries such as Japan followed suit. As a result of the 2020/21 pandemic and global lockdowns, isolation hit everybody in one fell swoop. Loneliness was suddenly a collective condition, seclusion within one's own four walls a synchronic experience. This momentary pause on a universal scale has allowed for introspection that has had a lasting impact on our view of the outside world. The cultural and art historical topos of the hermitage, prompted by an unexpected need, has made inroads back into our collective consciousness.

Die Ausstellung „all the lonely people" wurde vor dem Hintergrund der Pandemie der vergangenen zwei Jahre konzipiert und reflektiert ein breites Spektrum von Rückzug und Einsamkeit in vielen unterschiedlichen Medien, von Skulptur, Aquarell über Film, Fotografie bis hin zur Klanginstallation. Dabei greifen die Kunstwerke tradierte Motive der Einsiedelei wie den Rückzug in die Natur, Melancholie und Kontemplation, Innen und Außen, Austausch und Stille, Ausgrenzung und Trauma auf und wenden diese auf dringliche Fragen der Gegenwart an. Sie geben Themen wie der Einsamkeit im digitalen Zeitalter, autarken Lebensweisen oder imaginierten Zufluchtsorten in Zeiten von Gentrifizierung und systemischer Unterdrückung eine visuelle Gestalt und eine neue Form. Viele Beiträge der Ausstellung sind unter den Bedingungen der Quarantäne, also in persönlicher Isolation der Künstler:innen selbst, eigens für diese Ausstellung entstanden.

Kunst transzendiert Einsamkeit, indem sie sie sichtbar macht, interpretiert und damit Gelegenheit gibt, sie zu teilen, ihr Herr zu werden. Der US-amerikanische Autor David Foster Wallace, der selbst größte Probleme mit Vereinsamung hatte, schrieb: „I'm pretty lonely most of the time, and fiction's one of the few experiences where loneliness can be both confronted and relieved. [...] Fiction, poetry, music [...] – these are the places (for me) where loneliness is countenanced, stared down, transfigured, treated."[7]

Kunst schafft Begegnung zwischen den Einsamen, und in der Zeit, in der wir gerade leben, sind das: alle.

The exhibition "all the lonely people" is set against the backdrop of the 2020/2021 pandemic and reflects a broad spectrum of seclusion and solitude in a variety of media, from sculpture and watercolor to film, photography, and sound installation. In doing so, the artworks take up traditional motifs of hermitage such as retreating into nature, melancholy and contemplation, inner and outer worlds, exchange and silence, exclusion and trauma, and relate them to pressing issues of contemporary life. They give visual form and a new shape to themes such as loneliness in the digital age, self-sustaining ways of living, or imagined places of refuge in times of gentrification and systemic oppression. Many contributions to the show were created especially for this exhibition and often in quarantine, i.e. the artists living in isolation.

Art transcends loneliness by making it visible, interpreting it, and allowing the opportunity to share that experience, even master it. The US-American author David Foster Wallace who struggled with loneliness throughout his life wrote: "I'm pretty lonely most of the time, and fiction's one of the few experiences where loneliness can be both confronted and relieved. [...] Fiction, poetry, music [...] – these are the places (for me) where loneliness is countenanced, stared down, transfigured, treated."[7]

Art creates an opportunity for exchange among the lonely, and in our present time that means: all of us.

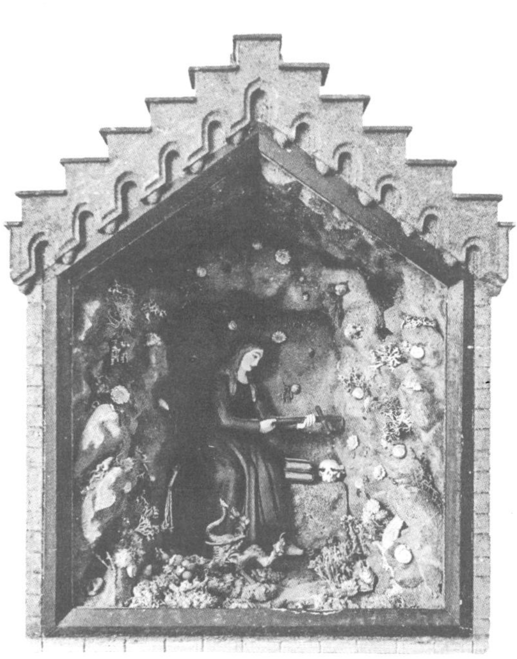

Maria Magdalena im Gehäuse, 19. Jahrhundert/Mary Magdalene in the Cave, 19th century
Pappmaché, Holz, Muscheln, Schneckenhäuser, getrocknete Pflanzen, Mixed Media/Papier-mâché, wood, shells, snail shells, dried plants, mixed media
Privatsammlung/Private Collection, Berlin (nur in Berlin ausgestellt/exhibited in Berlin only)

1 Rainer Maria Rilke: *Briefe an einen jungen Dichter,* Insel Verlag 1989, S. 33.

2 Ebd., S. 40.

3 James Baldwin: „The Creative Process" (1962), in: ders.: *Collected Essays. Notes of a Native Son. Nobody Knows My Name. The Fire Next Time. No Name in the Street. The Devil Finds Work. Other Essays,* The Library of America 1998, S. 669–672, hier S. 669.

4 Ina Bergmann: „Cultures of Solitude: Reflections on Loneliness, Limitation, and Liberation in the US", in: dies., Stefan Hippler (Hg.): *Cultures of Solitude. Loneliness – Limitation – Liberation,* Peter Lang 2017, S. 13–42, hier S. 13.

5 In Georgien lebt seit den 1990er-Jahren ein Mönch auf einer vierzig Meter hohen Säule und ist inzwischen eine Touristenattraktion – wie übrigens viele Einsiedler im Laufe der Geschichte. Britische Adelige des 18. Jhd. hielten sich sogar sogenannte Schmuckeremiten in ihren weitflächigen Gartenanlagen, die zum Amüsement der Gäste hin und wieder aus ihren von Gartenarchitekten angelegten Eremitagen auftauchen sollten; langes Haar und ungeschnittene Fingernägel gehörten zum Berufsbild. Ausführlich nachzulesen bei Gordon Campbell: *The Hermit in the Garden. From Imperial Rome to Ornamental Gnome,* Oxford University Press 2013.

6 Der Freiheitsaspekt wurde auch schon von Arthur Schopenhauer postuliert: „Ganz er selbst seyn darf jeder nur solange er allein ist. Wer also nicht die Einsamkeit liebt, der liebt auch nicht die Freiheit; denn nur wenn man allein ist, ist man frei: Zwang ist der unzertrennliche Gefährte jeder Gesellschaft." Arthur Schopenhauer: *Aphorismen zur Lebensweisheit* (1851), Verlag Dr. Haack 2013, S. 113.

7 Gerald Howard, „Infinite Jester. David Foster Wallace and his 1,079 mystical, brilliant pages. Interview", in: *Elle,* Vol. 11, 6 (1996), S. 58.

1 Rainer Maria Rilke: *Letters to a Young Poet,* Transl., https://etc.bdir.in/quotes/view/MTkzMTM4

2 https://www.carrothers.com/rilke6.htm

3 https://iconcollective.edu/3-great-quotes-from-the-creative-process-by-james-baldwin/

4 Ina Bergmann, *Cultures of Solitude. Loneliness – Limitation – Liberation,* Peter Lang 2017, p. 13.

5 A monk has lived on a forty-meter-high pillar in Georgia since the 1990s and is now a tourist attraction – as, by the way, many hermits throughout history. British aristocrats of the 18th century even kept so-called "ornamental hermits" in their vast gardens who, from time to time, were supposed to emerge from their hermitages that had been created by garden architects as an amusement for their guests; long hair and uncut fingernails were part of the job description. For detailed information, see Gordon Campbell: *The Hermit in the Garden. From Imperial Rome to Ornamental Gnome,* Oxford University Press 2013.

6 The aspect of freedom was also postulated by Arthur Schopenhauer: "A man can be himself only so long as he is alone; and if he does not love solitude, he will not love freedom; for it is only when he is alone that he is really free: Constraint is always present in society, like a companion of whom there is no riddance." Arthur Schopenhauer: https://biblioklept.org/2013/12/29/if-he-does-not-love-solitude-he-will-not-love-freedom-schopenhauer/

7 Gerald Howard, "Infinite Jester. David Foster Wallace and his 1,079 mystical, brilliant pages. Interview", in: *Elle,* Vol. 11, 6 (1996), S. 58.

Vajiko Chachkhiani
Life Track, 2016

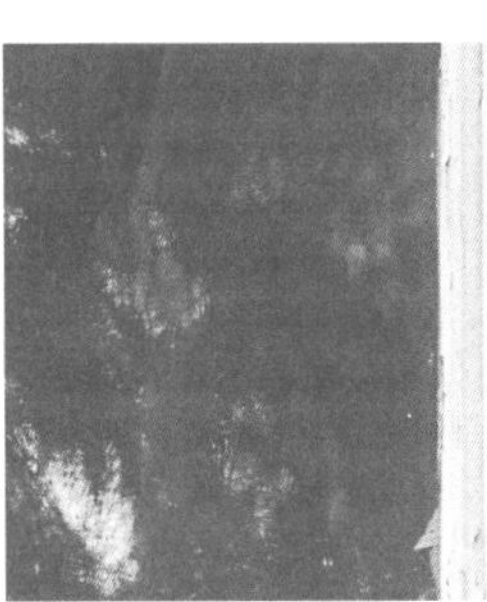
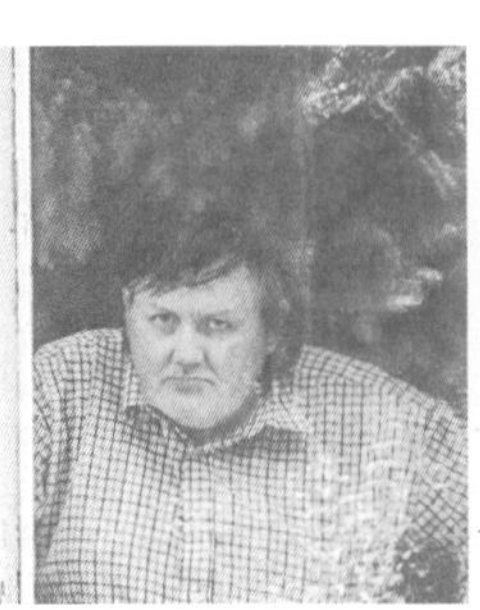

Life Track zeigt den Ausschnitt eines geschlossenen Altbaufensters. Ein Mann tritt von innen an die Scheibe. Er ist sichtlich körperlich beeinträchtigt. Hinkt. Beschwerlich stützt er sich auf dem Fensterbrett ab, bringt sich in Position und verharrt fast regungslos. Vogelgezwitscher und ein leises Rauschen der Bäume unterstreichen noch die Trennung von innen und außen. Draußen ist die Welt der Geräusche, drinnen herrscht Stille. Nur der intensive, meist absolute Präsenz ausstrahlende Blick direkt in die Kamera, den der Mann, scheinbar ohne zu blinzeln, über drei Minuten hält, stellt eine Verbindung her. Er konfrontiert den Betrachtenden, fixiert diesen, zieht ihn in seinen Bann. Bisweilen aber wirkt es, als schweiften die Augen des Mannes ab in eine weite Ferne oder in eine tiefe, unzugängliche Innenwelt. Es ist ein Blick wie eine Erzählung, voll Traurigkeit und Schmerz, voll Weisheit und Güte. Ein Blick, der – bis sich der Mann nach einer Weile abwendet, sich langsam zurückzieht und hinter der Reflexion der Glasscheibe verschwindet – auch zum Spiegel für die Empfindungen des Betrachtenden selbst wird.
Ohne Kommentar ist klar, dass dieser Mensch isoliert ist. Er ist nicht nur physisch durch eine Scheibe von der Welt getrennt, sondern befindet sich auch mental in einer anderen Sphäre. In seinen Filmen, Installationen, Skulpturen, Fotografien und Performances verdeutlicht Vajiko Chachkhiani oft die Schnittstelle zwischen äußerer Realität und innerer Wahrnehmung. Mit *Life Track* kreiert der georgische Künstler ein eindrückliches Bild der Isolation und Einsamkeit, die sich eben nicht zwingend in der Abgeschiedenheit zutragen müssen, sondern unter uns herrschen und meist unbemerkt und ungesehen bleiben. Chachkhiani schafft so einen Moment des Erkanntwerdens, einer direkten Konfrontation, und verweist gleichzeitig auf eine unüberbrückbare Distanz.

Life Track shows a section of a closed pre-War building window. A man steps up to the window from the inside. We see that he is physically impaired. Limps. He leans heavily on the window sill, gets into position and remains almost motionless. He looks directly into the camera and fixes the viewer with a penetrating gaze. Birdsong and a soft rustling of the trees make clear the distinction between interior and exterior. Outside is the world of sound, inside silence reigns. Only this intense gaze establishes a connection. For over three minutes, the man holds his gaze, seemingly without blinking. Mostly he exudes absolute presence. His gaze confronts the viewer directly, draws them under its spell. At times, however, it seems as if his eyes are wandering off into the far distance or into a deep, inaccessible inner world. It is a gaze that tells a story, full of sadness and pain, full of wisdom and grace. A gaze that also becomes a mirror of the viewer's emotional state. After a while, the man turns away, slowly withdraws and disappears behind the reflection of the glass pane.
Without commentary, it is clear that this man is isolated. He is not only physically separated from the world by a pane, but is also mentally in another sphere. In his films, installations, sculptures, photographs, and performances, the Tbilisi-based artist Vajiko Chachkhinai often highlights the interface between external reality and internal perception. Here the Georgian artist creates an impressive image of isolation and loneliness, which do not necessarily have to take place in seclusion, but reign among us and usually remain unnoticed and unseen. Chachkhiani's encounter creates a moment of recognition, a direct confrontation, and at the same time points to an unbridgeable distance.

Andrea Zittel
A–Z Time Tunnel: Time to Get Into Perfect Shape, 2000
(nur in Berlin ausgestellt/exhibited in Berlin only)

A–Z West Deserted Island VI, 1997
(nur in Berlin ausgestellt/exhibited in Berlin only)

Wall Sprawl (Next to Las Vegas Bay), 2008
Inkjet on J14H outdoor paper
Courtesy the artist and Regen Projects
(nur in L.A. ausgestellt/exhibited in L.A. only)

Seit über zwanzig Jahren lebt die amerikanische Künstlerin Andrea Zittel in der Abgeschiedenheit der kalifornischen Mojave-Wüste. Als die einzig wirkliche Eremitin der Ausstellung hat sie ihre eigene Lebensweise zum Programm ihrer Kunst gemacht. Abseits von der Gesellschaft und ihren sozialen Normen überdenkt die Künstlerin, wie Architektur, Inneneinrichtung und Kleidung, aber auch Routinen und festgelegte Tagesabläufe das tägliche Leben beeinflussen und inwieweit diese anders organisiert werden können. So sind ihre Wohneinheiten, Skulpturen, Gemälde, Textilien, Videos und Installationen Versuchsanordnungen, anhand derer die Künstlerin an sich selbst Systeme und Gewohnheiten, aber auch spezifisch US-amerikanische Ideale wie Freiheit und Individualismus erprobt. Dabei wohnt Zittels Werk stets die Utopie des Neuanfangs inne, die Idee einer anderen, einer „neuen Welt".
Wie wäre es etwa, ohne jede externe Zeitquelle zu leben, ohne Kalender und ohne Termine, vom Diktat der Zeit befreit? Wie würden wir die Zeit gestalten, wenn wir sie selbst formen könnten? Zittels Wohnmodul *A–Z Time Tunnel: Time to Get Into Perfect Shape* veranschaulicht als quasididaktisches Modell das räumliche Umfeld für ein solches Experiment. Eine Art Trailer, der jegliche äußeren Einflüsse, die die Zeit wiedergeben, wie Tageslicht, Uhren, Computer etc., ausblendet. Eine Soundmaschine übertönt Geräusche, das Fenster ist blind. Der minimal möblierte, hermetisch von der Außenwelt abgeschlossene Wohnraum simuliert ein Leben außerhalb gewöhnlicher Zeitstrukturen.

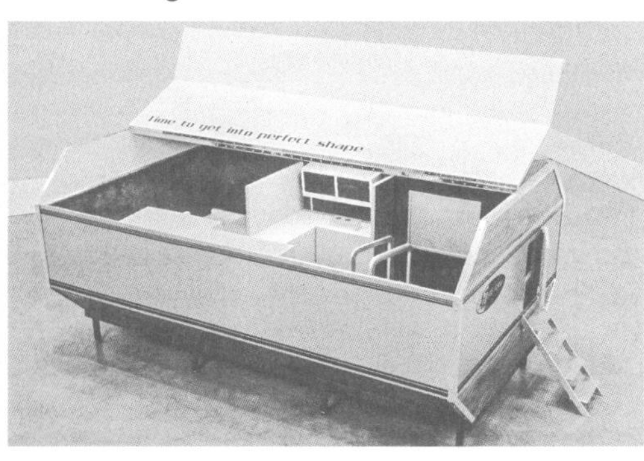

For over twenty years, American artist Andrea Zittel has been living in the remotely located Joshua Tree in Southern California's Mojave Desert. Being the only genuine hermit in the exhibition, she has made her way of life the subject of her art. Observing society and social norms from a distance, the artist reconsiders how architecture, interior design and clothing, as well as routines and fixed daily schedules influence daily life and envisages how they could be organized differently. Her living units, sculptures, paintings, textiles, videos, and installations are a testing ground for the artist to examine systems and habits on herself, as well as specifically American ideals such as freedom and individualism. At the same time, Zittel's work is always imbued with the utopic sense of a new beginning, the idea of a different, a "new world."
What would it be like, for example, to live without any external measure of time, without calendars or deadlines, freed from the dictates of time? How would we deal with time if we could organize it ourselves? Zittel's Living Module *A–Z Time Tunnel: Time to Get into Perfect Shape* illustrates as a quasi-didactic model the spatial environment for such an experiment. A kind of trailer that blocks out all external markers of time, such as daylight, clocks, computers and so on. A sound machine drowns out noises; the window is covered. The minimally furnished living space, hermetically sealed off from the outside world, simulates a life outside ordinary structures of time.

Die Verknüpfung von Individualismus und Territorium wiederum ist laut Zittel eine zutiefst US-amerikanische Vorstellung. Die Menschen bestehen auf ihrem eigenen, privaten Stück Land, um ihre Individualität auszuleben. Die Skulptur *A–Z West Deserted Island VI*, eine Kombination aus künstlicher Landformation und Freizeitboot, gibt diesem Gedanken eine Form, die vom romantischen Ursprung so weit entfernt ist wie ein Winnebago von den Planwägen der Siedler:innen und ermöglicht die Erfahrung eines „Hide-Away“ in Komfort und Sicherheit. Oder in den Worten Zittels: „Die ‚einsame Insel‘ ist beides: unsere größte Angst und unsere größte Fantasie.“

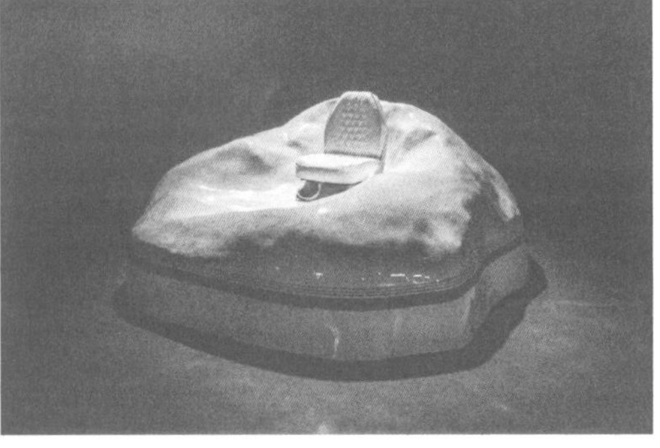

Vom winzigen (künstlichen) Stückchen Land für die individuelle Nutzung zu ganzen Landformationen, die einem systemischen Wandel unterworfen sind. Zittels *Wall Sprawl (Next to Las Vegas Bay)* besteht aus Satellitenaufnahmen von Randgebieten, in denen die weite, einsame Wüste auf moderne Industriekomplexe trifft. Diese wurden von der Künstlerin mehrfach repliziert und zu einer ornamentalen, allumfassenden Tapete montiert. Indem sie die Luftaufnahmen endlos vervielfältigt und zu einem dekorativen Muster arrangiert, reflektiert die Künstlerin das Vordringen großflächiger Stadtentwicklung in die Natur. Zittel betrachtet ihre Wall Sprawls als Metaphern für den sich verändernden kulturellen Kontext des Westens: „Die Beobachtung dieser rasanten Übernahme der Natur hat mich dazu gebracht, den menschlichen Fortschritt als eine Art parasitäre oder virale Expansion zu betrachten. Ähnlich wie bei tatsächlichem Wachstum, haben die Wall Sprawls die Fähigkeit, sich unendlich zu wiederholen, indem sie ein einzelnes Bild in eine unendliche Ausbreitung überführen.“
In L.A. bedeckte diese „unendliche Ausbreitung“ die Wände des gesamten Ausstellungsraums von LAXART. Die Tapeten rahmten die Ausstellung als Ganzes und verliehen ihr eine verstörende häusliche Atmosphäre.

The link between individualism and territory, conversely, is a profoundly American concept, according to Zittel. People insist on having their own private piece of land where they can live out their individuality. The sculpture *A–Z West Deserted Island VI*, a combination of artificial land formation and recreational boat, gives this idea a form that is as far removed from its romantic origins as a Winnebago is from the covered wagons of the early settlers, and enables the experience of a “hide-away” in comfort and safety. Or in Zittel’s words: “The idea of the ‘deserted island’ represents both: our biggest fear and our biggest fantasy.”
From tiny scraps of (artificial) land for individual use to big landformations that are subject to systemic change: Zittel’s *Wall Sprawl (Next to Las Vegas Bay)* is based on satellite photographs of fringe areas where the wide-open desert meets an industrial complex montaged into an ornamental, all-encompassing wallpaper. By endlessly replicating and repeating these aerial views into a decorative pattern, the artist mirrors the encroachment of large-scale urban developments into the natural world. Zittel regards her Wall Sprawls as metaphors for the changing cultural context of the West: “Witnessing this rapid takeover of the natural made me view human progress as a sort of parasitic or viral expansion. Similar to actual growth, the Wall Sprawls have the capacity to repeat infinitely, folding a single image over into an infinite sprawl.”
In L.A. this infinite sprawl covered almost the entire exhibition space at LAXART, framing the exhibition as a whole and evoking an unsettling domestic atmosphere.

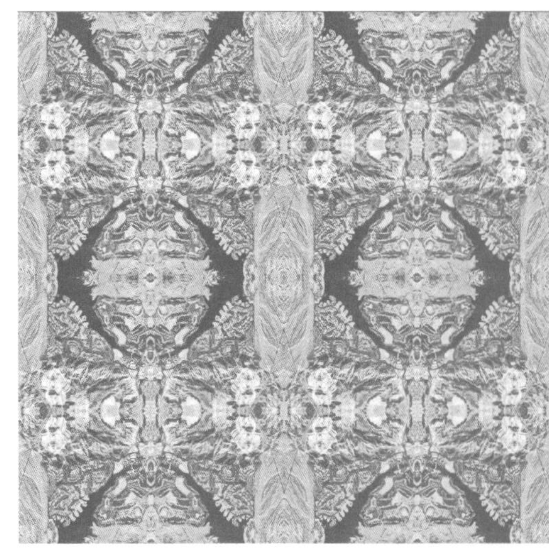

Saâdane Afif
Habiter le désert, 2021
(nur in Berlin ausgestellt/exhibited in Berlin only)

Titles based on the second record by R. L. (Lyrics Record 007, 2018)
Habiter le désert ("Montana Blues" – 6'35")
Habiter le désert ("Black Hole" – 5'29")
Habiter le désert ("Ghost" – 7'19")
Habiter le désert ("Hours" – 9'37")
Habiter le désert ("Belvedere" – 10'33")
2021
(nur in L.A. ausgestellt/exhibited in L.A. only)

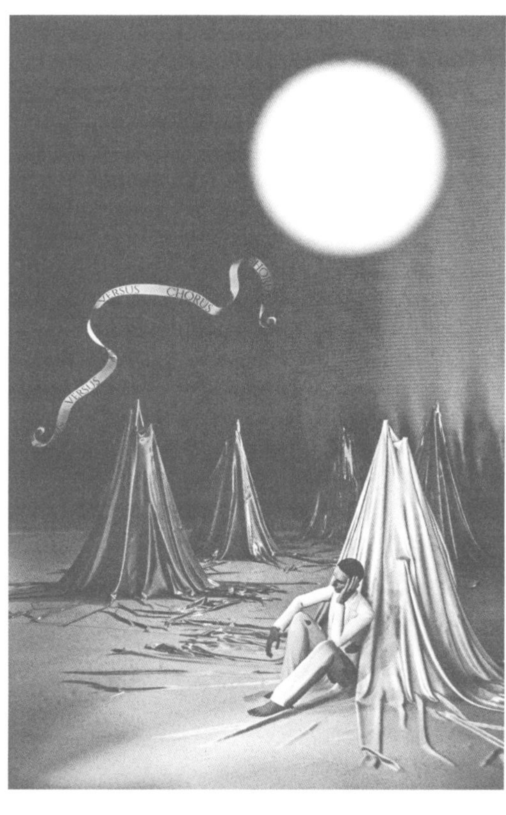

My name is Yasmine, Yasmine d'O.
Yasmine d'Osnabrück, d'Oslo, d'Oran...
I'm from all the places whose names begin with O.
My identity is scattered and centered by this single sound, O.
An open O, with the tongue low and the mouth round. Initials:
Y. d'O, Why do? The question of a lifetime!

Yasmine d'O, from the editorial for the first issue of *Side Magazine* dedicated to the Professor (August 2021).

Das Bild zeigt die Kuratorin Yasmine d'O, auf dem Boden einer grau-silbrig schimmernden Wüstenlandschaft sitzend. Sie lehnt an einem spitzen Berg, den Kopf geneigt und in der linken Hand abgestützt, versunken in tiefer innerer Kontemplation. Über ihr schwebt eine Schriftrolle hin zu einem blassen Mond mit den Worten „verse chorus verse". Die Pose erinnert an klassische Melancholiedarstellungen des frühen 16. Jahrhunderts, vor allem an Albrecht Dürer. Die konstruierte Landschaft, in die d'O eingedrungen ist, wurde zuerst in Form von Bühnenmodellen für eine Ausstellung in Spanien 2009 gezeigt. Saâdane Afif hatte sie ursprünglich für seinen Freund, den Künstler und Musiker Rainier Lericolais entworfen, inspiriert von dessen Album *Down at the Rock & Roll Club* und den Texten von Tom Morton. Sie galten einer Konzertreihe, die nie stattfand. Aber einige Elemente dieser Bühne leben fort und werden im Zusammenhang mit dem neuen Bild in der Ausstellung „all the lonely people" in einer installativen Choreografie gezeigt: fünf Skulpturen, die, einst vom Bühnenvorhang verhüllt, Berge bildeten, ein Poster und die Bühnenmodelle.
Afif hatte d'O bei einer Performancereihe, die er für die Marrakesch Biennale 2014 konzipierte, kennengelernt. Seitdem haben die beiden kontinuierlich in engem Gleichklang zusammengearbeitet. Man könnte sagen, dass d'O dem Geist und Werk des Künstlers innewohnt. Abbildungen von ihr sind sehr rar. Letzten Sommer erschien ihr Porträt unerwartet zum ersten Mal unter vielen anderen in einer monumentalen Bildcollage der Künstlerin Dominique Gonzalez-Foerster in der Wiener Secession.

In this image, we can see the curator Yasmine d'O alone, sitting on the ground of a gray-silvery shimmering desert landscape. She is leaning against a sharply pointed mountain, absorbed in deep contemplation; her head is tilted, supported by her left hand. Above her a scroll floats towards a pale moon repeating the words "verse chorus verse." The pose is reminiscent of classical depictions of melancholy from the early 16th century, such as Albrecht Dürer. This constructed landscape into which d'O has intruded was first shown in the form of models for an exhibition in Spain in 2009. Designed by Saâdane Afif for his friend, the artist and musician Rainier Lericolais, this stage set was inspired by his album *Down at the Rock & Roll Club* and the lyrics of Tom Morton. It was then built for a series of concerts that never took place. But some elements of this stage live on: five sculptures that had once been covered by the stage curtain and formed the mountains, a poster and the models. They are updated by the new image in an installative choreography for the exhibition "all the lonely people".
Afif had met d'O during a performance series he conceived for the 2014 Marrakech Biennale. Since then, she inhabits the artist's spirit and work and the two have been collaborating closely on an ongoing basis. Images of d'O are very rare. Last summer, her portrait appeared unexpectedly for the first time among many other people in a monumental frieze-manifesto executed by the artist Dominique Gonzalez-Foerster at the Vienna Secession.

Annika Kahrs
Playing to the Birds, 2013

Playing to the Birds bezieht sich auf die berühmte Vogelpredigt des heiligen Franz von Assisi. Der Legende nach hielt Franziskus, der sich zeitlebens immer wieder in Klausur begab und zu eremitischen und asketischen Lebensweisen aufrief, eine Predigt für die Vögel, die er für beseelte Wesen hielt, und wurde von ihnen verstanden. Vielfach zieht sich dieses Motiv des Eremiten im Austausch mit den tierischen Gefährten durch die Ikonografie der Kunstgeschichte und wurde schließlich 1863 von Franz Liszt für Klavier intoniert: „Legende Nr. 1: ‚Die Vogelpredigt des Franz von Assisi'" übersetzte die Sprache der Vögel in Musik.
Für *Playing to the Birds* ließ Annika Kahrs Liszts Stück 2014 für ein Publikum aus Singvögeln aufführen. Der Film zeigt einen hellen, eleganten Kammermusiksaal, vollgestellt mit Käfigen voll bunter Singvögel. Ein vielstimmiges Gezwitscher, Pfeifen, Trillern und Zirpen erfüllt den Raum, als ein junger Pianist in schwarzem Anzug und Krawatte auftritt, sich an den schwarzen Flügel setzt und zu spielen beginnt. Begleitet wird er dabei weiterhin vom Singen der Vögel, aber auch von einer sensibel abgestimmten Montage aus Totalen und wechselnden Nahaufnahmen des Musikers und seines Publikums. Die verschiedenen Volieren unterschiedlicher Größe wirken wie eine Stadt, wie eine filigrane Architektur aus Käfigen. Darin hüpfen die Vögel von Stange zu Stange, nehmen ihre Schnäbel zur Hilfe, um an den Gittern entlang- und emporzuklettern, fliegen unablässig im Kreis. Oder hören andächtig zu: Ist das eine tatsächliche Reaktion der Tiere auf die menschliche Interpretation ihrer Stimmen? Das zumindest suggeriert der Schnitt und stellt es so zugleich infrage.
„Wie der Sperling, der auf dem Nußbaum vor meiner Tür sitzt, seinen Triller, so hatte ich [...] mein innerliches Lied, das er aus meinem Neste erklingen hören konnte", schrieb Thoreau über die Annäherung zwischen Eremit und Tier. Der Rückzug in die Natur und die daraus resultierende Einsamkeit weckten in ihm Respekt und Empathie für andere Lebewesen und, wie bei Franziskus, das Bedürfnis, sich mitzuteilen und verstanden zu werden. Und genau dies, Konzentration und Distanz, Übersetzung und Kommunikation, vor allem im Medium des Klangs, sind zentrale Themen in Kahrs' Filmen, Performances, Fotoserien und Installationen. Denn Kunst und Musik entstehen oft in der Zurückgezogenheit, in Einsamkeit, und sind doch ein Versuch, diese durch Kommunikation zu überwinden. Davon erzählt dieser Film.

Playing to the Birds refers to St. Francis of Assisi's renowned Sermon to the Birds. According to legend, Francis, who repeatedly went into seclusion throughout his life, and advocated for a hermitic and ascetic way of living, had preached a sermon to the birds, which he believed not only were beings with souls, but that they also could understand him. This motif of the hermit conversing with animal companions often appears in the iconography of art history and was ultimately set to music for piano by Franz Liszt in 1863: "Legend No. 1: St. Francis of Assisi's Sermon to the Birds" translated the language of the birds into music.

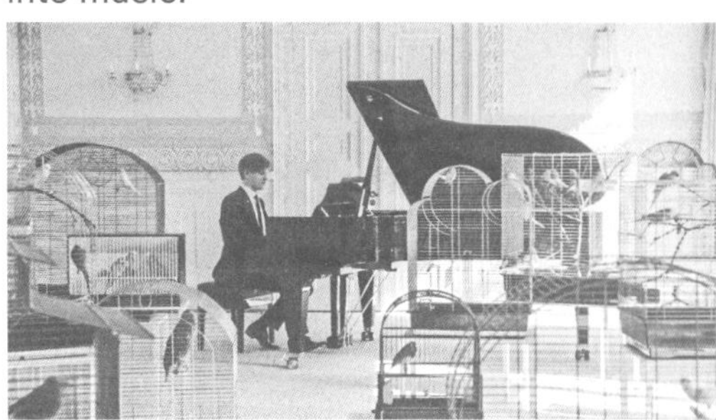

For *Playing to the Birds*, Annika Kahrs had Liszt's piece performed in 2014 to an audience of songbirds. The film shows a bright, elegant chamber music hall packed with cages full of colorful songbirds.
A polyphonic chirping, whistling, and trilling fills the room as a young pianist in a black suit and tie walks on stage, sits down at the black grand piano, and begins to play. He is accompanied by the singing of the birds, but also by a sensitively edited montage of long shots and alternating close-ups of the musician and his audience. The various aviaries in different sizes, seem like a city, like a filigreed architecture made of cages. Inside, the birds hop from perch to perch, use their beaks to climb along and up the bars, fly incessantly in circles. Or listen devoutly: is this an actual reaction of the animals to the human interpretation of their voices? At least that's what the editing suggests, while questioning it at the same time.
"As the sparrow had its trill, sitting on the hickory before my door, so had I my chuckle or surpressed warble which he might hear out of my nest," Thoreau wrote about the hermit and animal making overtures towards each other. The retreat into nature and the resulting solitude awakened in him respect and empathy for other living beings and, as with Francis, the need to communicate and be understood. And precisely this, concentration and distance, translation and communication, especially in the medium of sound, are central themes in Kahrs' films, performances, photo series, and installations. For art and music are often created in seclusion, in solitude, yet they are an attempt to overcome this through communication. This is what this film shows.

Johnston Marklee
Ausstellungsarchitektur, Berlin/ Exhibition architecture, Berlin, 2021

Die Entwürfe des Architekturbüros Johnston Marklee – 1998 von Sharon Johnston und Mark Lee in Los Angeles gegründet – sind dem Vokabular der klassischen Moderne verpflichtet, erweitern dieses jedoch um subtile, zugleich präzise formale Setzungen, die sich im sinnlichen Erleben ihrer Gebäude entfalten. So werden horizontale Linien, rechte Winkel oder generelle Symmetrien häufig zwar als vorherrschendes ästhetisches Prinzip beibehalten, aber gezielt und sinngebend durch Wölbungen, Bögen, Schrägen oder asymmetrische Formen unterbrochen. Dadurch ergeben sich unerwartete Ausblicke und Öffnungen, intime Räume und interessante Durchblicke.
Ein Gebäude, das auf den ersten Blick massiv und homogen erscheint, wirkt im Raum plötzlich etwa leicht und vielgestaltig. Beeinflusst ist die sich durch besondere Klarheit, Eleganz und Transparenz auszeichnende Architektur von Johnston Marklee dabei von zeitgenössischer Kunst, insbesondere von den Ideen der Light-and-Space-Bewegung der kalifornischen Kunst der 1960er-Jahre. Ihre Ausstellungsarchitekturen sind behutsame, aber konzeptuell starke Interventionen, die einem Raum einen spezifischen Charakter verleihen, sinnvolle und überraschende Sichtachsen schaffen und doch die Aufmerksamkeit vollends auf die Kunst lenken.
Für „all the lonely people" haben die Architekt:innen eine Ausstellungsarchitektur als künstlerischen Beitrag konzipiert, der das Thema der Abkehr und Einsiedelei reflektiert und in einen räumlichen Zusammenhang übersetzt. Die Grundrisse von drei einzelnen Außenräumen der Villa Aurora – zwei Innenhöfe und eine Terrasse – wurden dafür aus dem Gesamtgefüge der Villa extrahiert und in verändertem Maßstab als Ständerwände aus Aluminium in die Betonhalle des silent green eingepasst. Diese Orte des Rückzugs und der Kontemplation (bisweilen aber auch des Austauschs und Zusammenseins) erscheinen nun als Wandskelette im Ausstellungsraum und bilden eine eigenständige, raumgreifende, fast skulpturale Struktur. Dabei handelt es sich um ein doppeltes Zitat: zum einen um eines der Grundrisse eines Gebäudes, das als Schutzort diente, zum anderen der raumgreifenden Installationen des kalifornischen Konzeptkünstlers Michael Asher, die ein konzeptuelles wie visuelles Echo finden in den Räumen des silent green. Diese Übertragung einer Architektur aus Los Angeles in einen völlig anderen Kontext in Berlin akzentuiert Motive von Dislokation und Distanz. Die Ständerwände schaffen Räume für einzelne Kunstwerke, ohne sie komplett aus dem Zusammenhang der Ausstellung zu separieren. Die Transparenz der Gitter-stäbe erlaubt eine visuelle Gleichzeitigkeit des gesamten Raums. Und zugleich gelingt Johnston Marklee damit auch ein Brückenschlag zwischen Los Angeles und Berlin.

The designs created by the architectural firm Johnston Marklee – founded in 1998 by Sharon Johnston and Mark Lee in Los Angeles – are committed to the vocabulary of classical modernism, but expand it with subtle, yet precise formal interventions that unfold in the sensual experience of their buildings. Thus, while horizontal lines, right angles, or general symmetries are often retained as the dominant aesthetic principle, they are purposefully and meaningfully interrupted by curvatures, arches, slopes, or asymmetrical forms. This results in unexpected panoramas and openings, intimate spaces and intriguing vistas. A building that appears massive and homogeneous at first glance, suddenly transforms to be light and multifaceted. Johnston Marklee's architecture, which is characterized by a particular clarity, elegance and transparency, is influenced by contemporary art, especially by the ideas of the Light and Space movement of 1960s Californian art. Their exhibition architectures are careful and gentle, but also conceptually powerful interventions that give a space a specific character, create meaningful and surprising sightlines, while focusing attention entirely on the art.

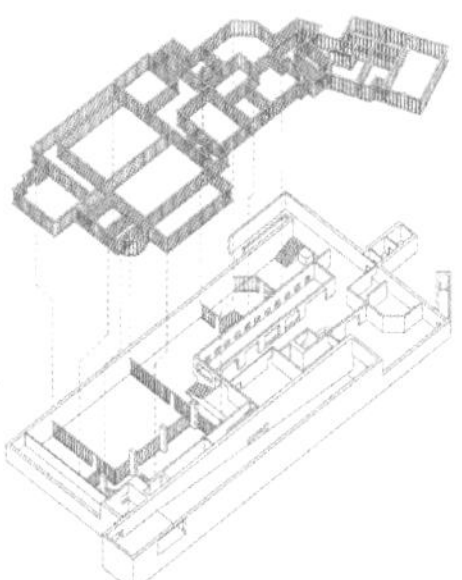

The architects' exhibition design for "all the lonely people," is an artistic contribution that reflects on the theme of seclusion and hermitage and translates it into a spatial context. The blueprints of three outdoor spaces of the Villa Aurora – two courtyards and a terrace – were extracted from the overall structure of the villa for this purpose and then modified to scale so that they would fit inside the concrete hall of silent green, using stud walls made of aluminum. These places of retreat and contemplation (but at times also places to gather and converse) now appear as wall skeletons in the exhibition space and form an independent, expansive, almost sculptural structure. Here we find a double quotation: on the one hand, quoting the floor plans of a building that had served as a sanctuary, and on the other, of the expansive installations of the Californian conceptual artist Michael Asher, which find a conceptual as well as visual echo in the spaces of silent green. This transposition of an architecture from Los Angeles into a completely different context in Berlin accentuates motifs of dislocation and distance. The stud walls create intimate spaces for individual artworks without completely separating them from the context of the exhibition. The transparency of the bars allows for a visual simultaneity of the entire space. And at the same time, Johnston Marklee build a bridge between Los Angeles and Berlin.

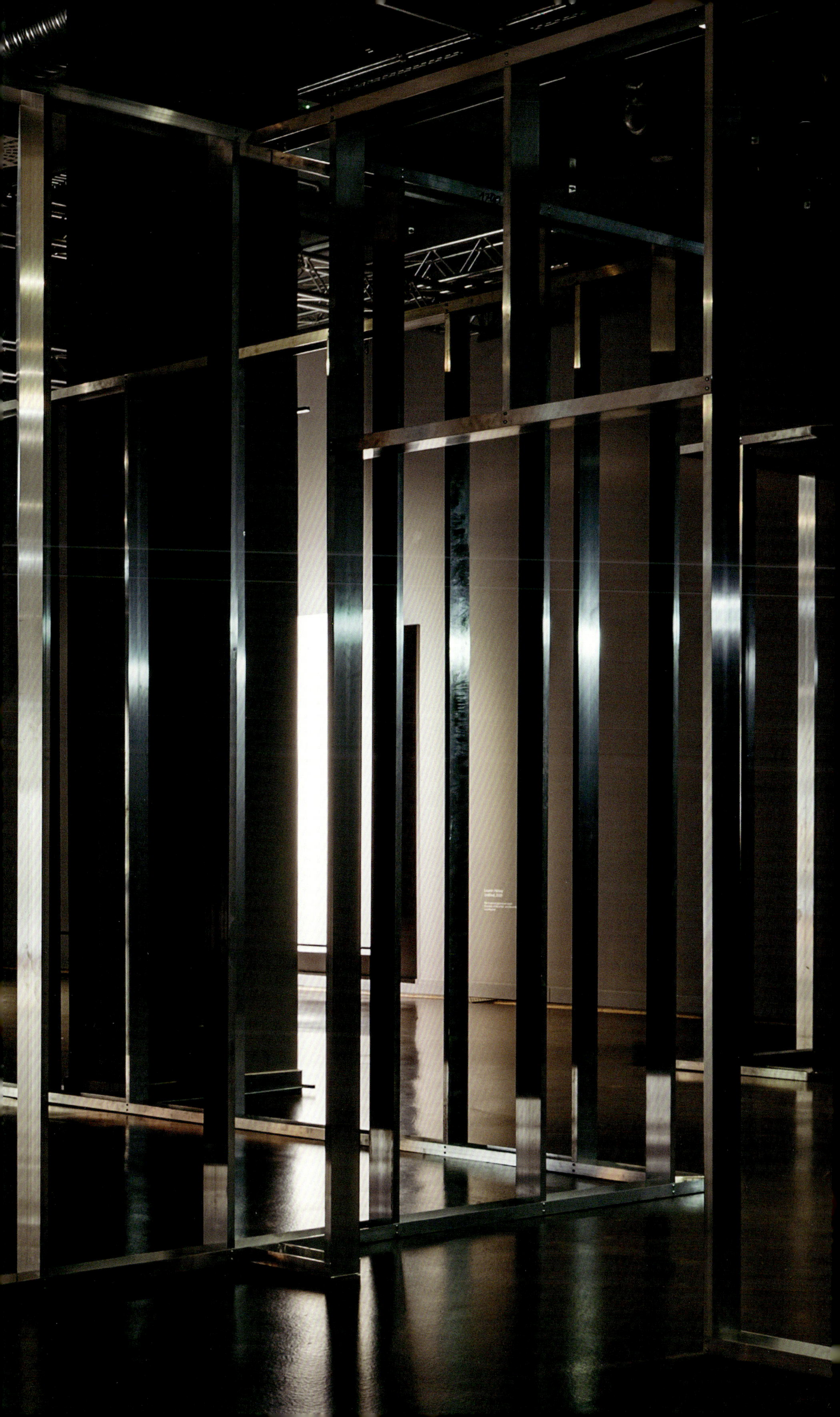

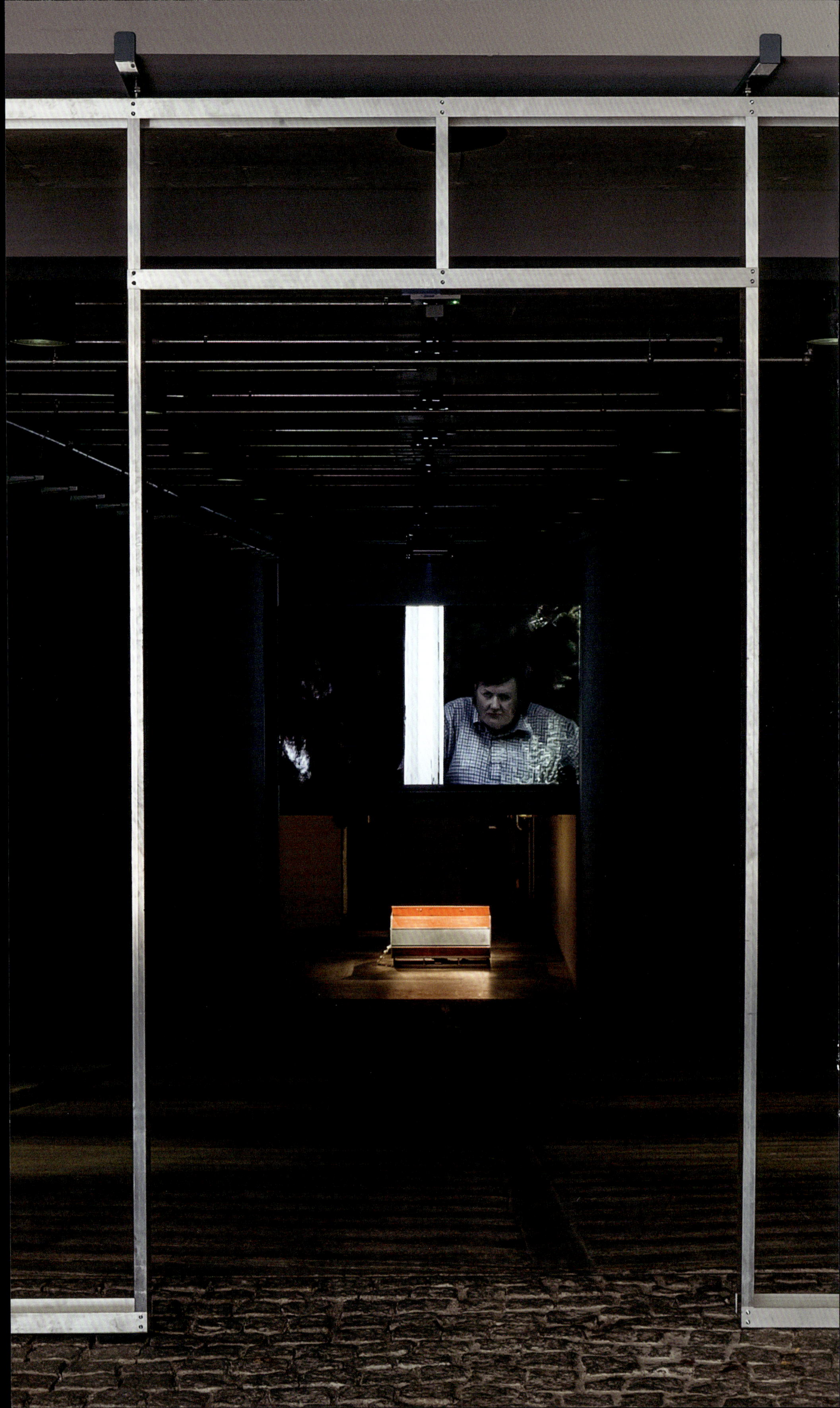

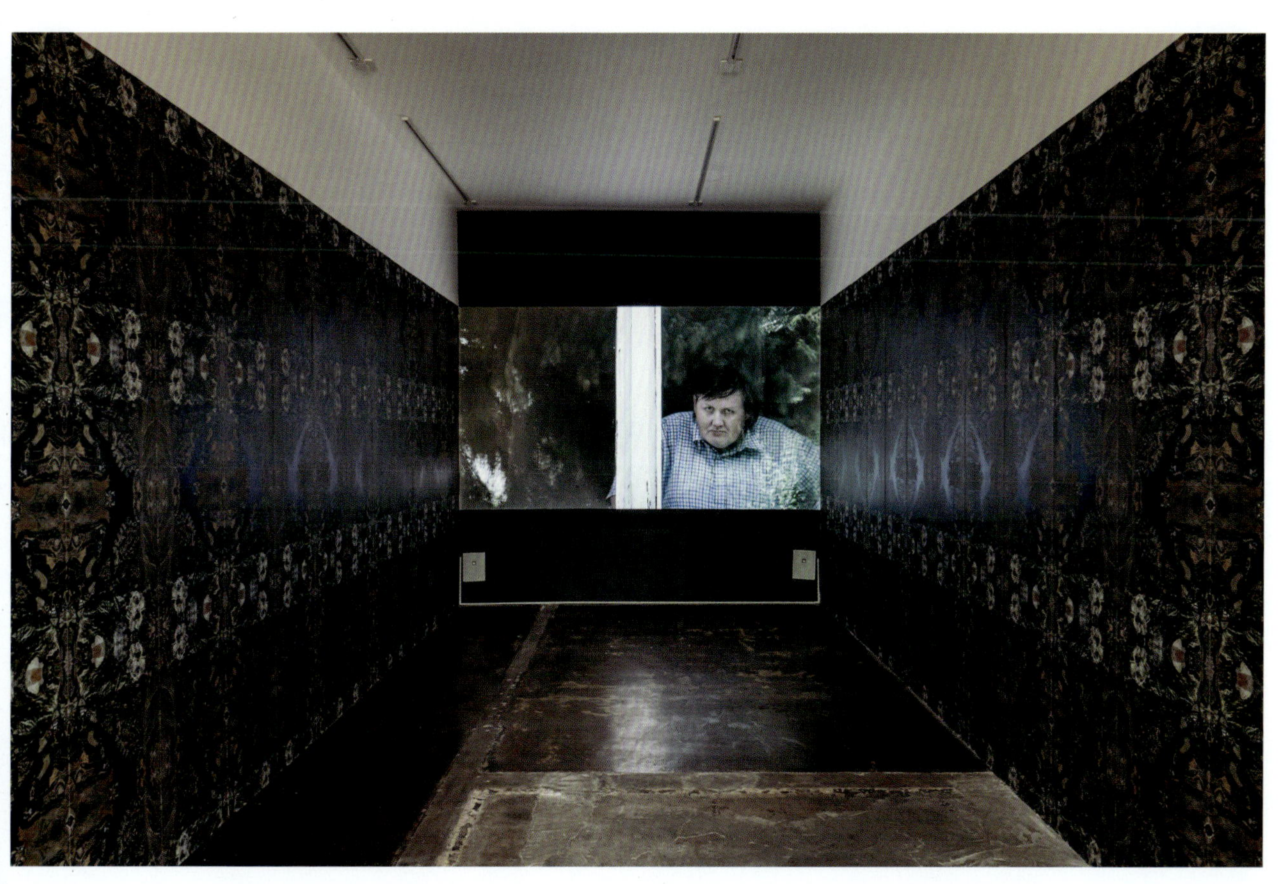

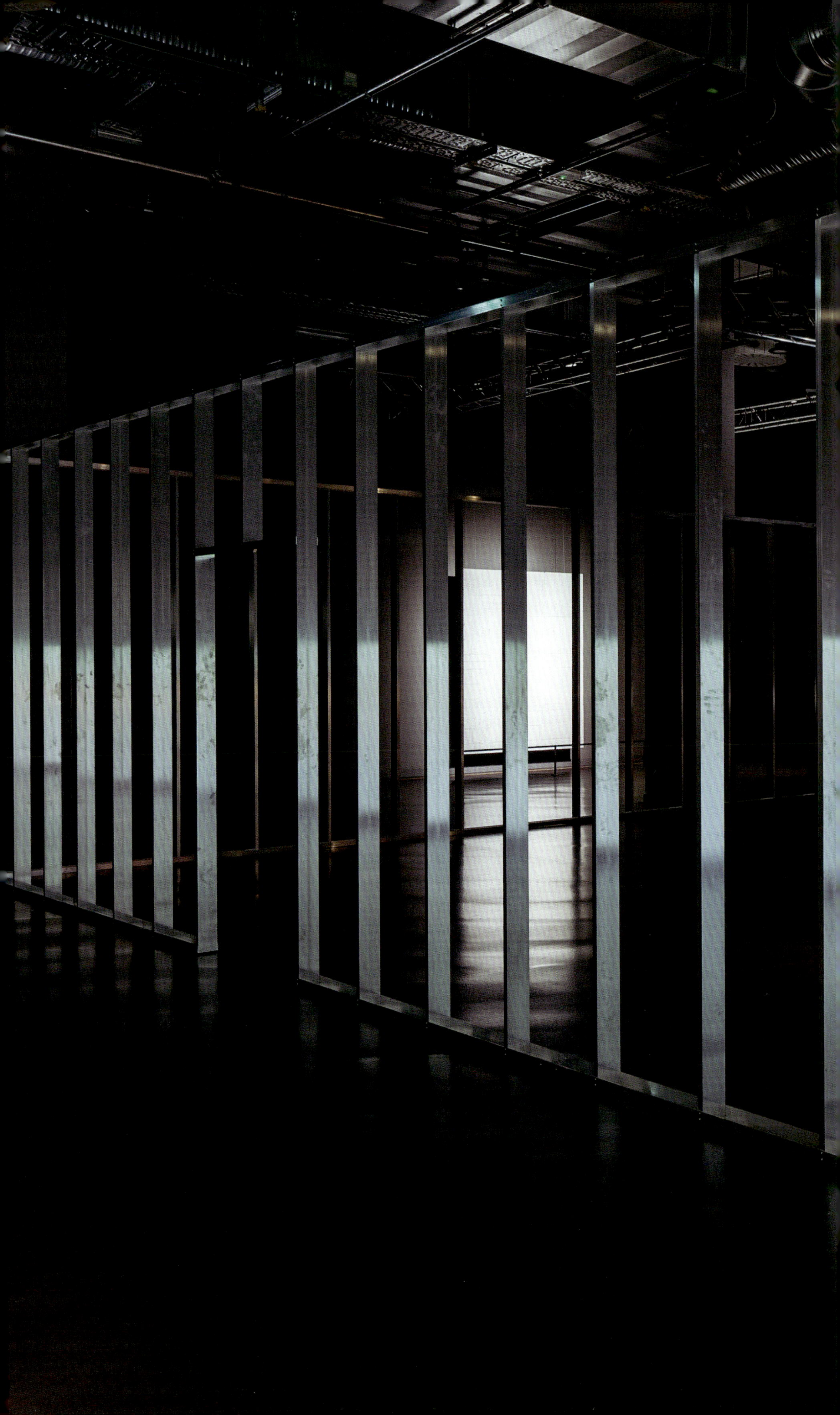

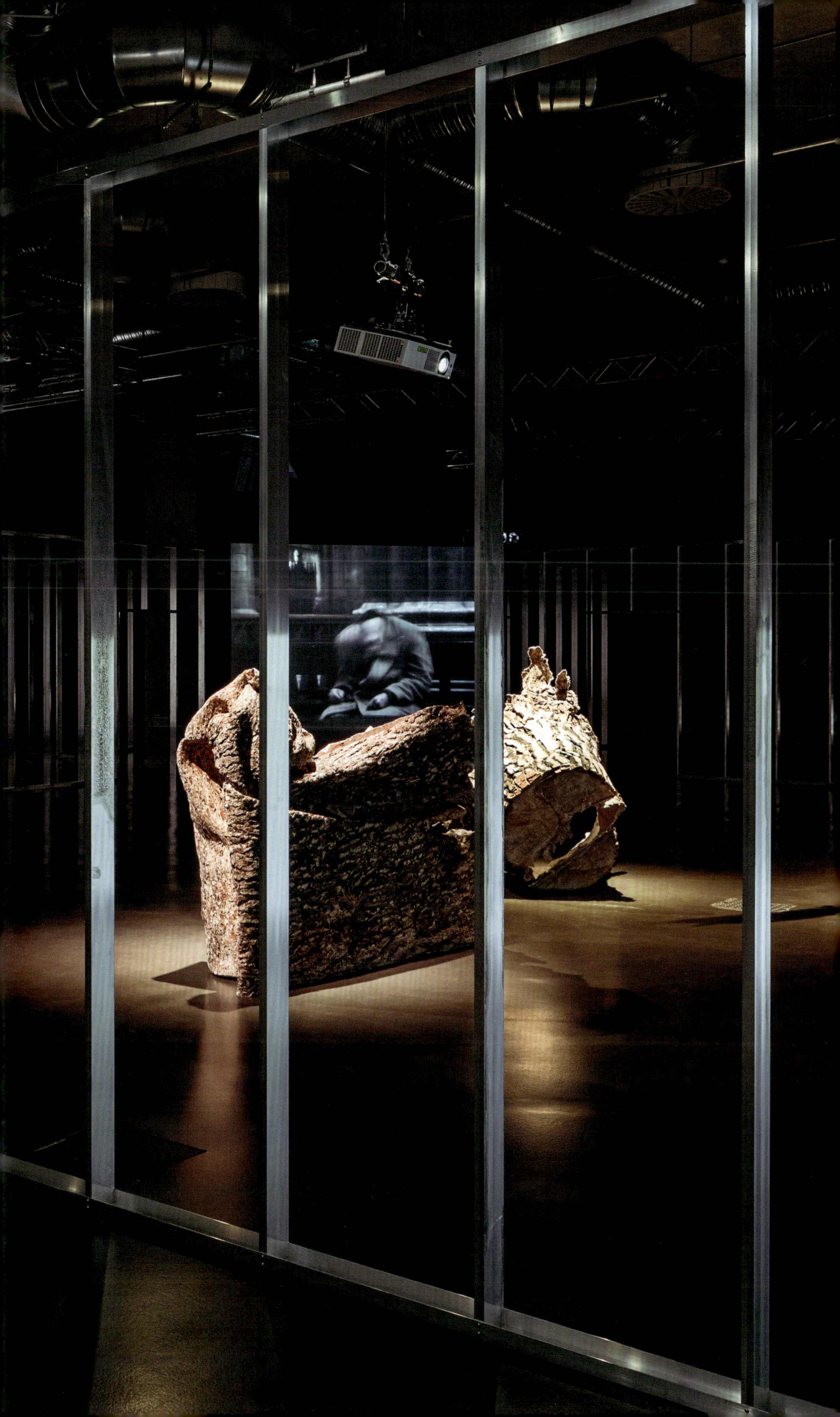

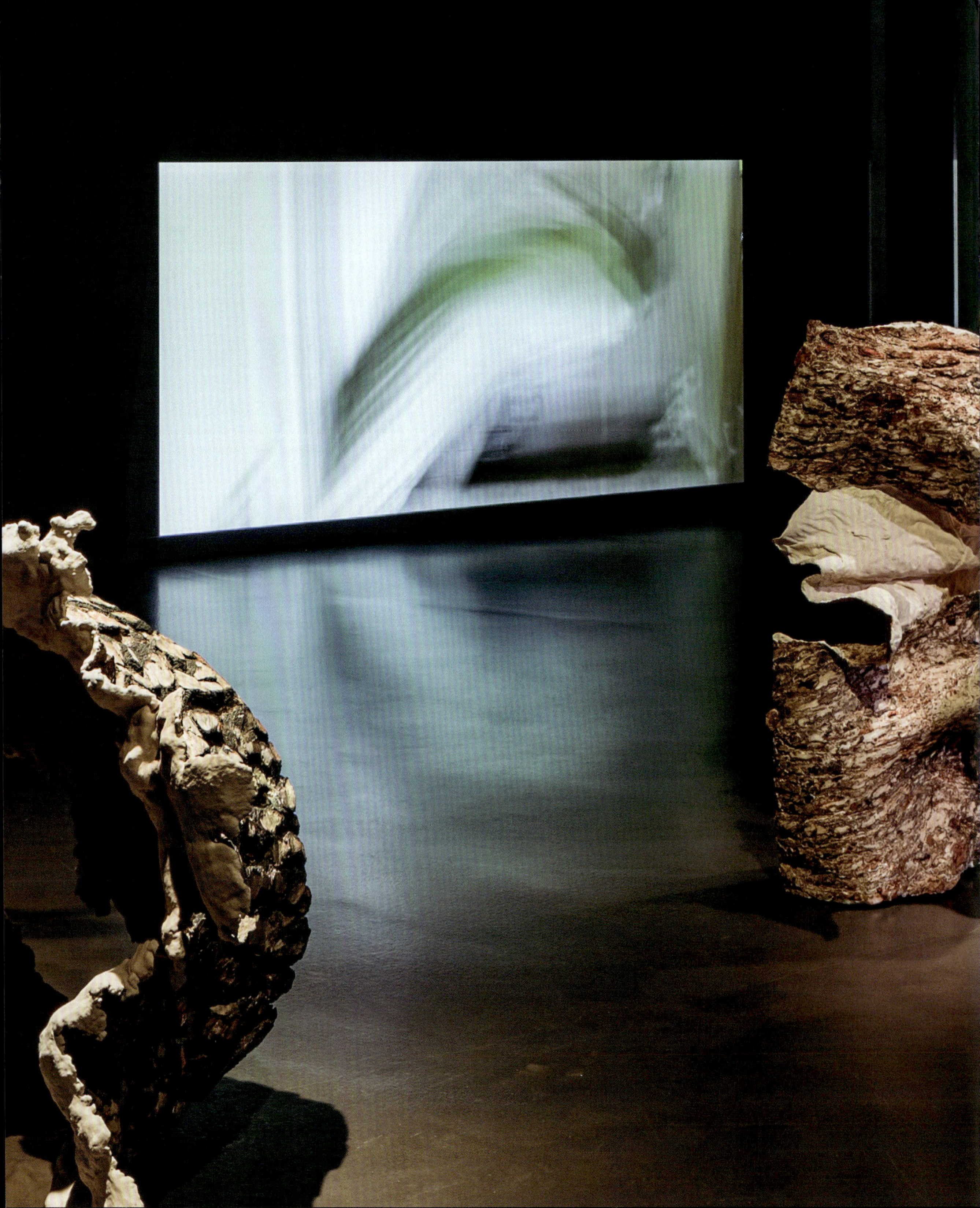

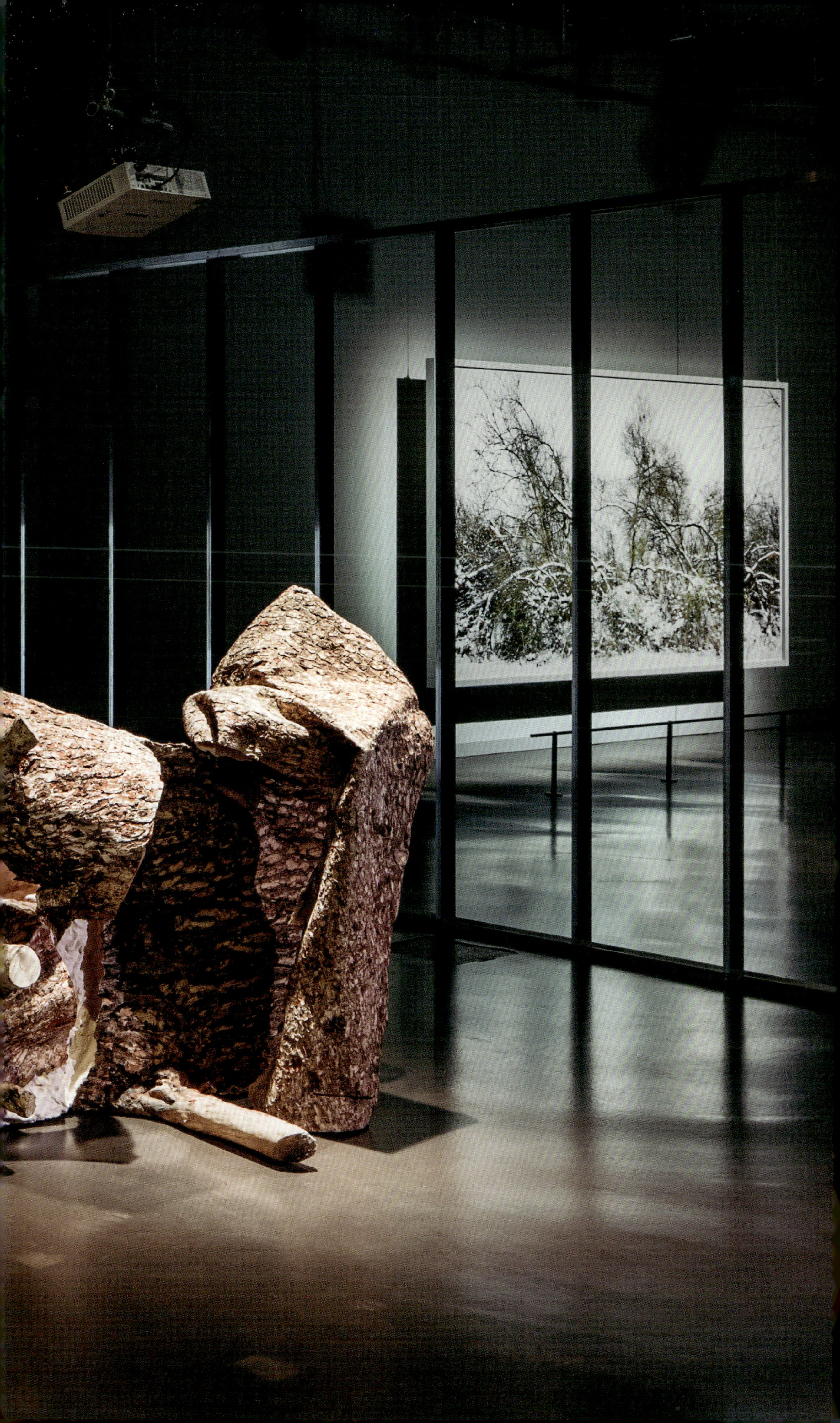

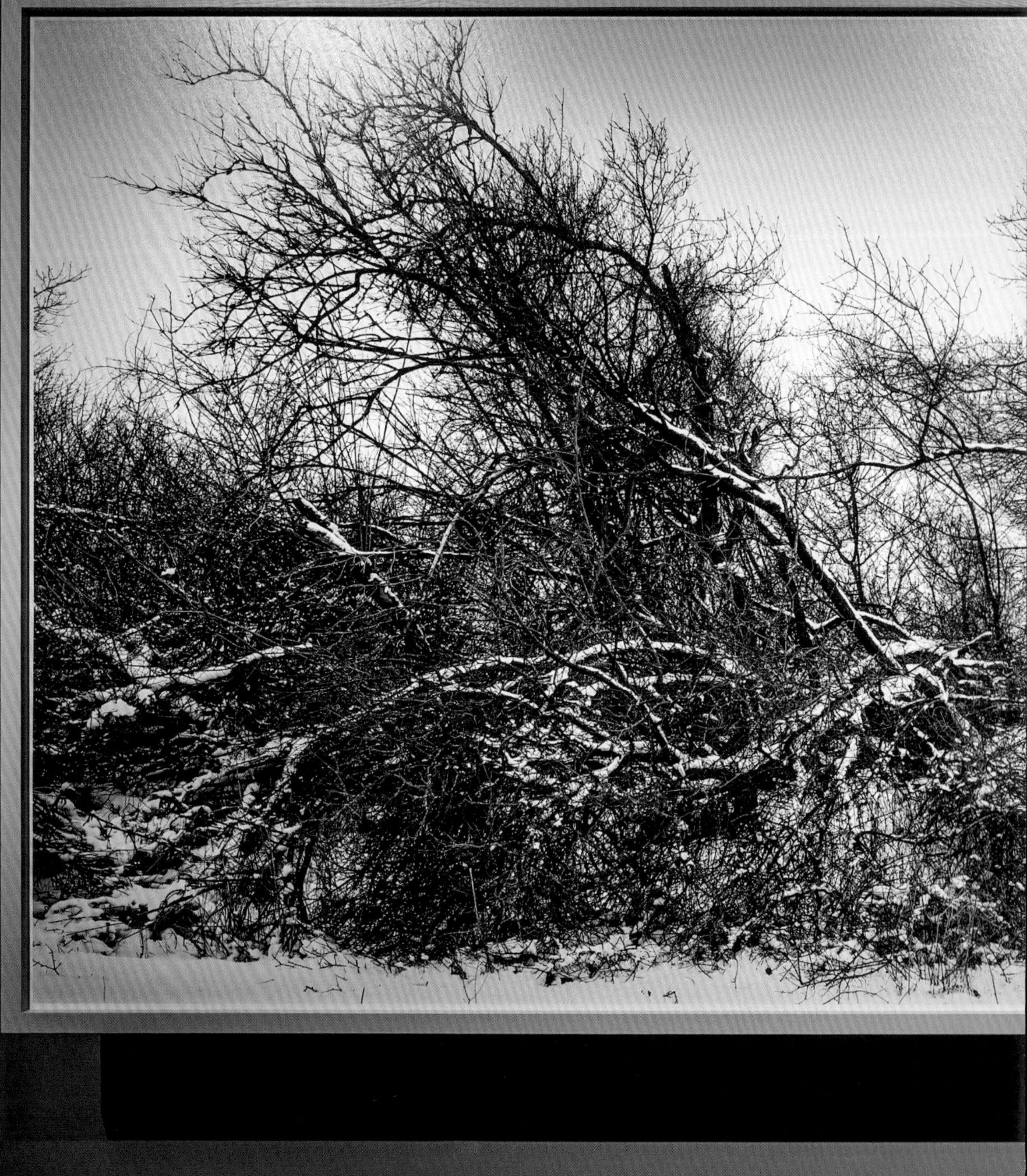

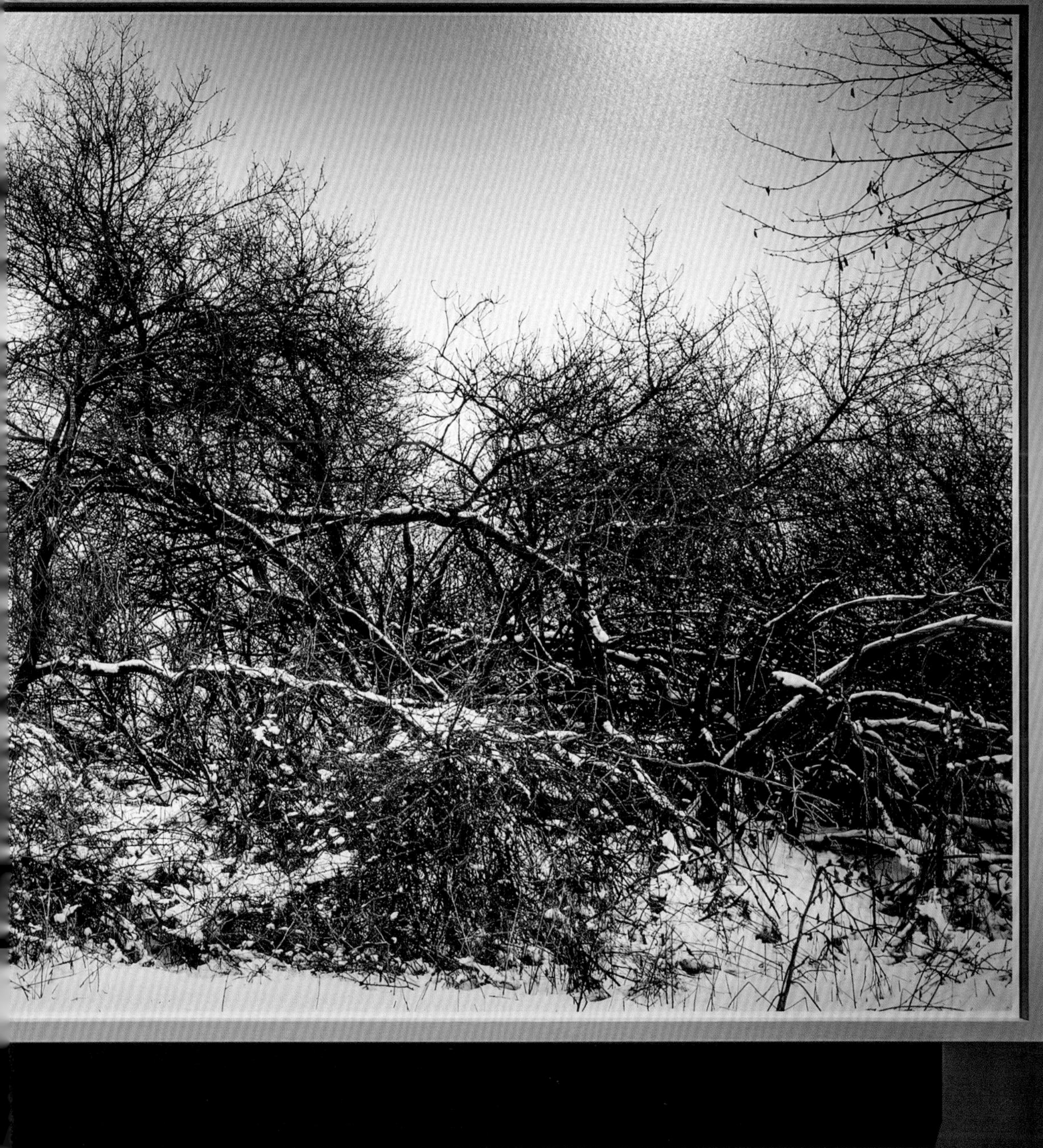

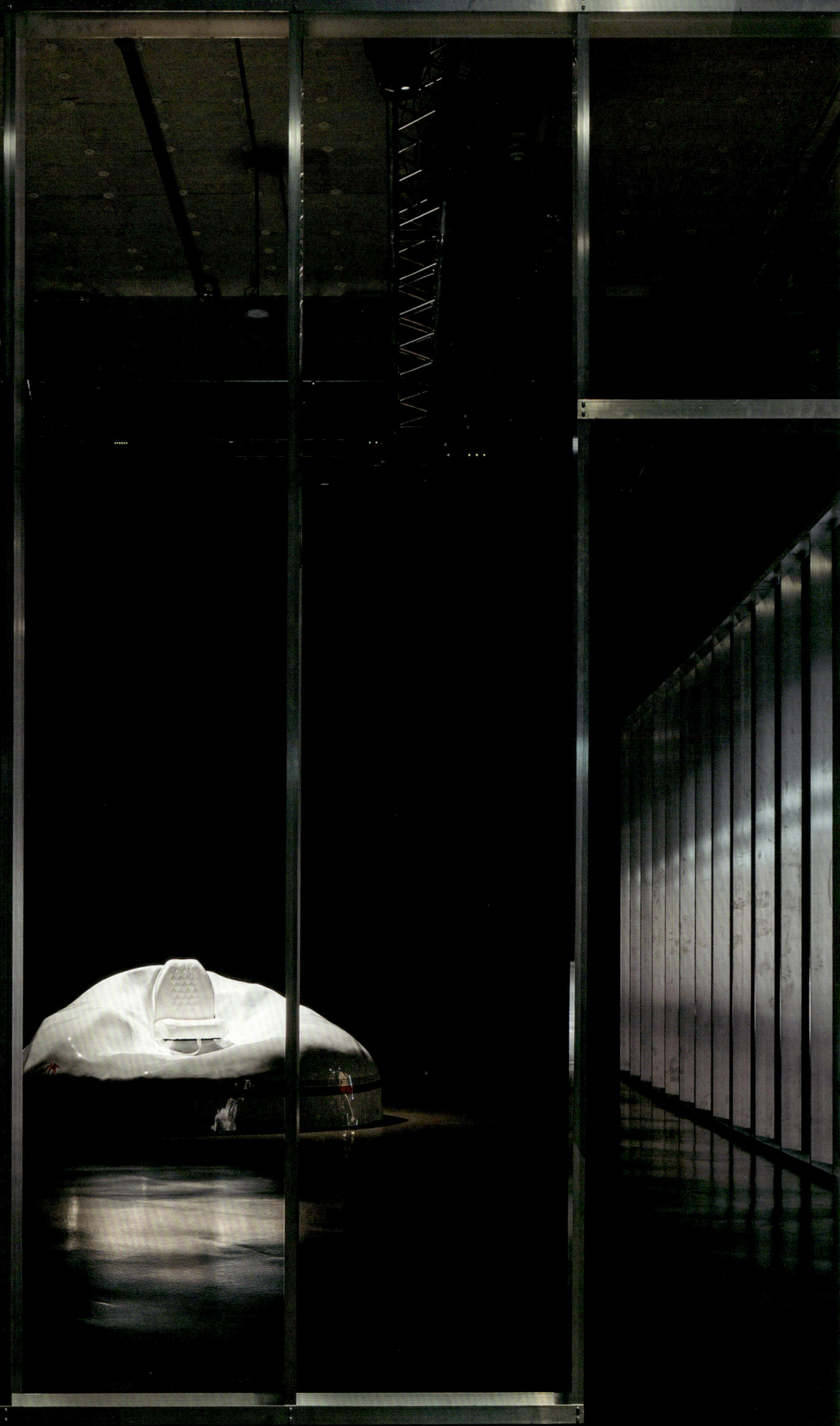

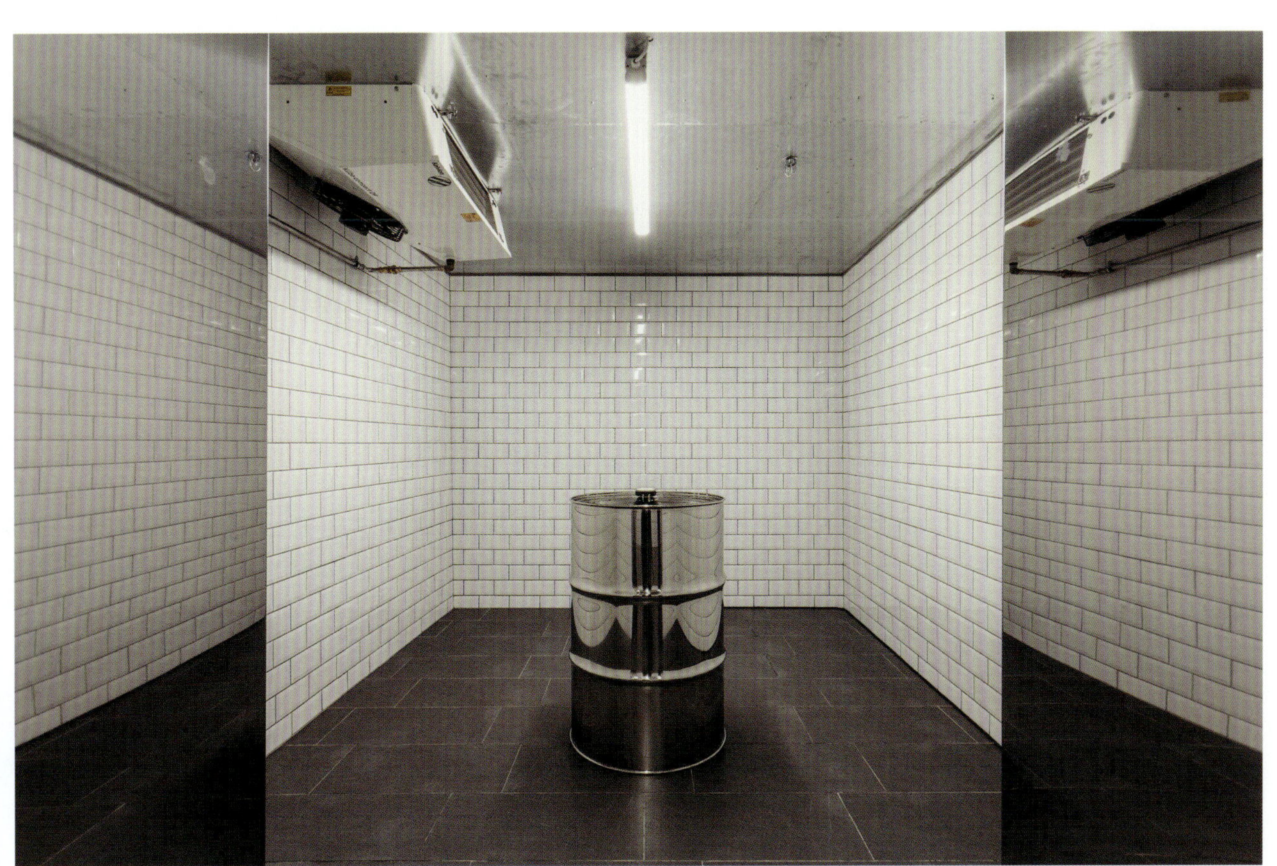

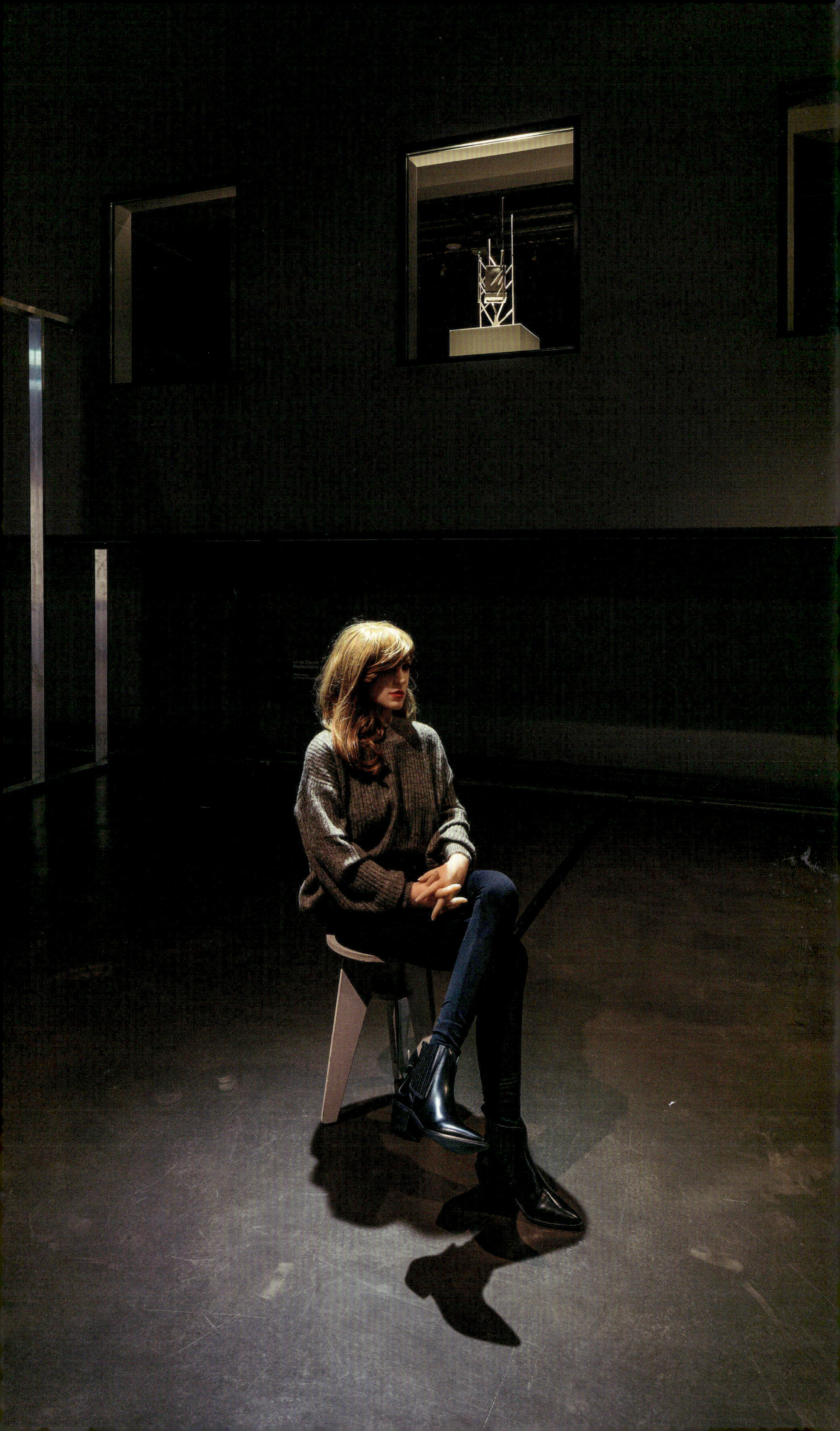

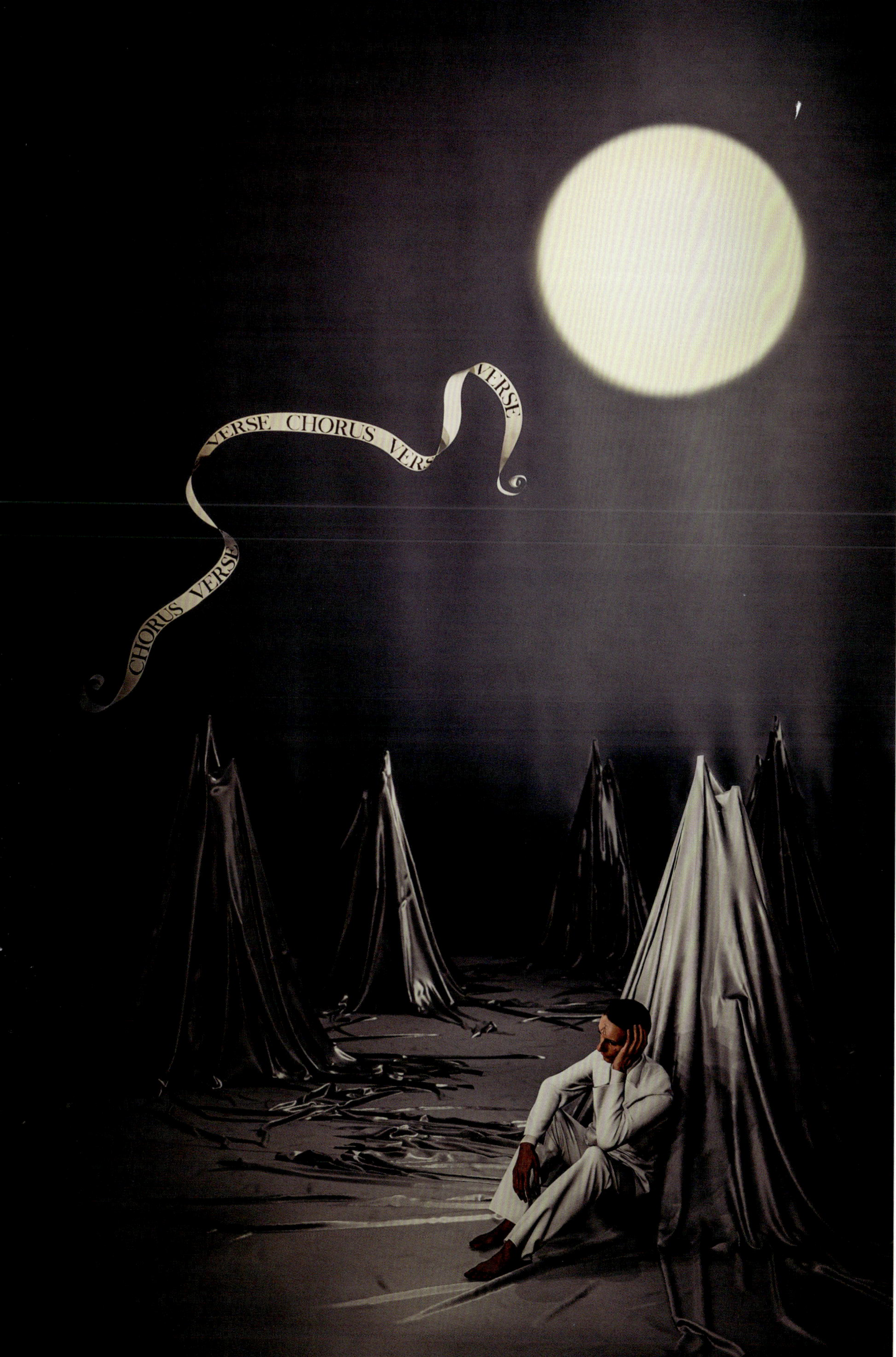
VERSE CHORUS VERSE
VERSE
CHORUS VERSE

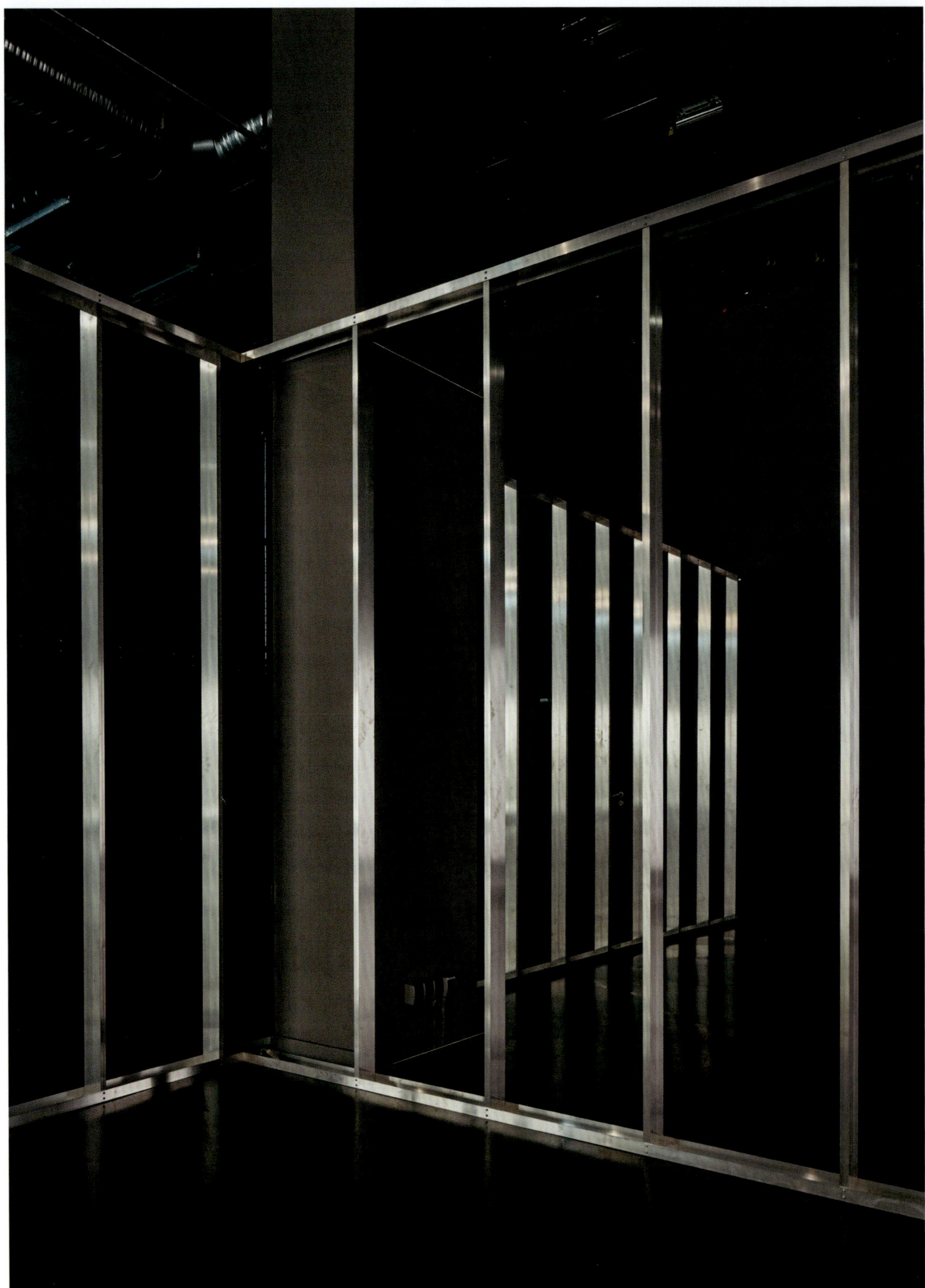

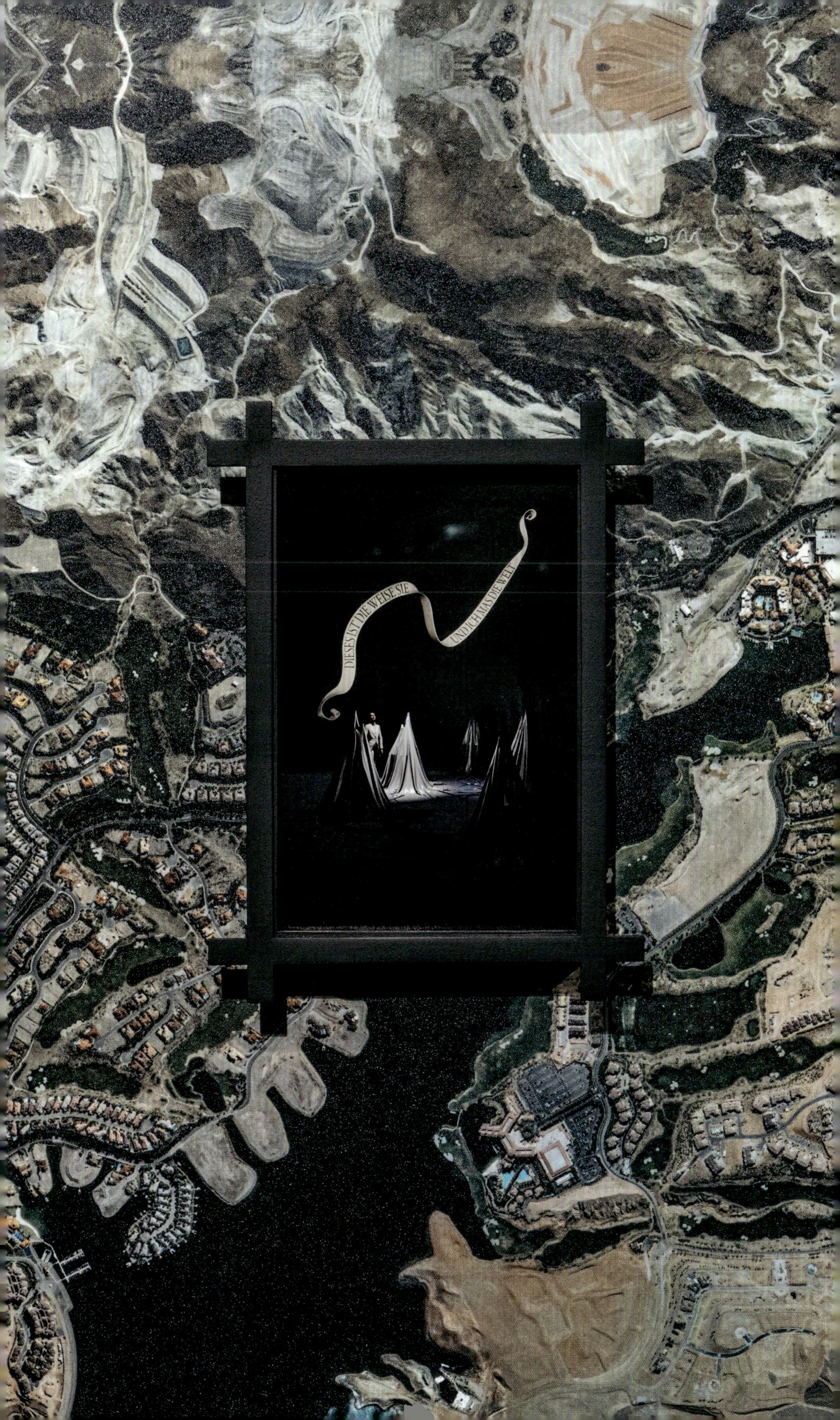
DIESES IST DIE WEISE SIE
UND ICH MAS DIE WELT

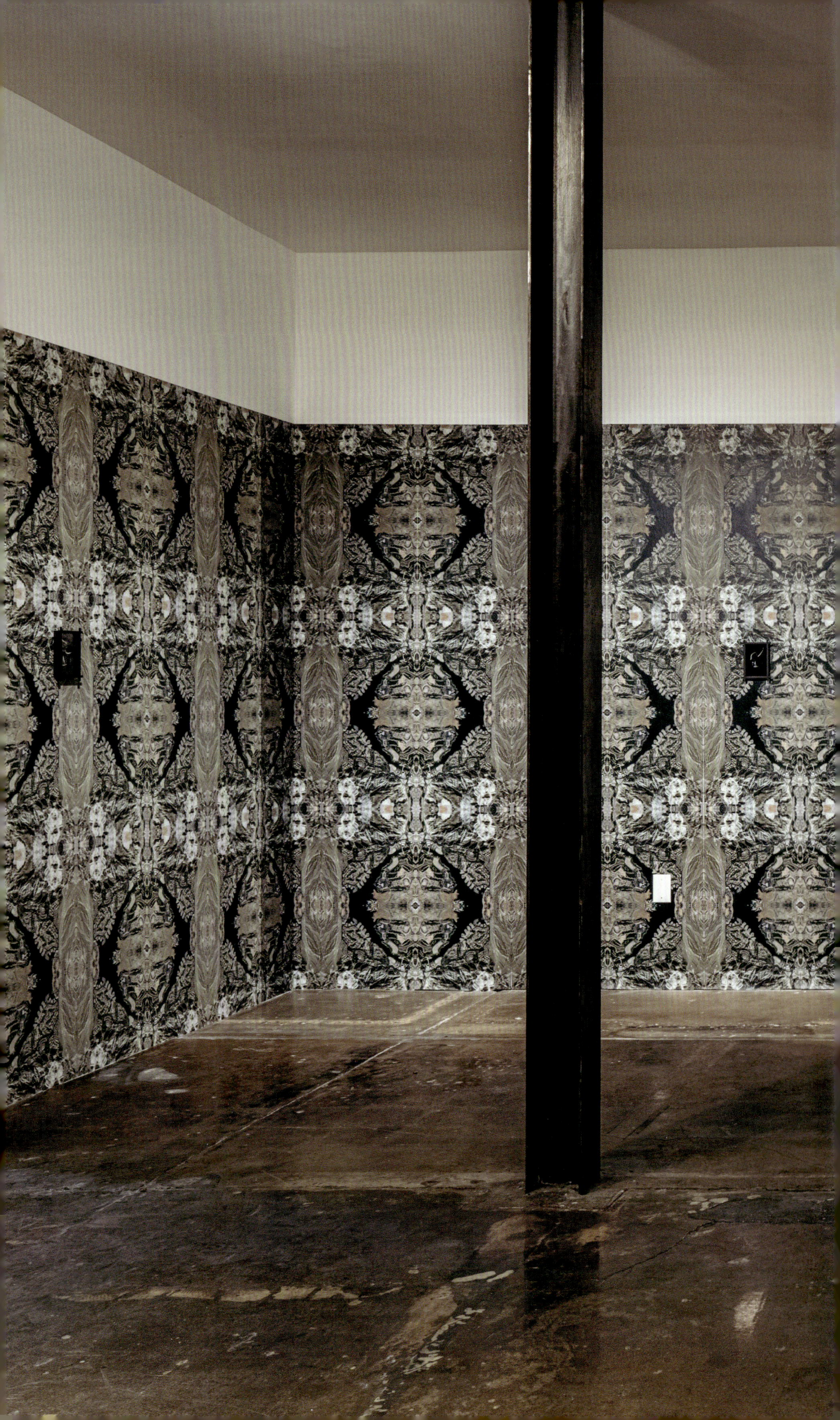

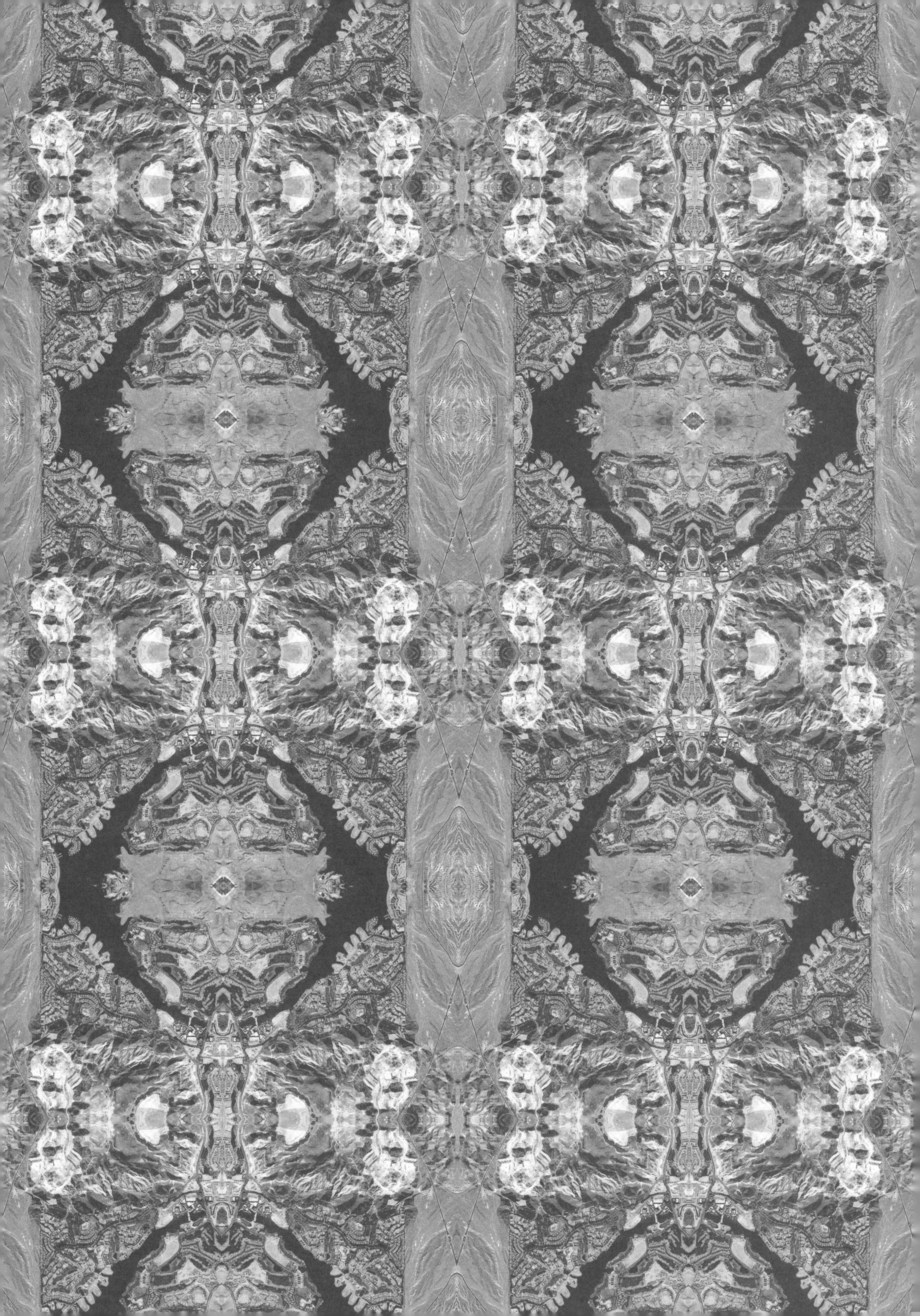

Fluchtpunkt Los Angeles: 25 Jahre Literatur aus der Villa Aurora

von Stefan Keppler-Tasaki

Zuflucht in Los Angeles

Kalifornien rückte in den Fokus der deutschen Literatur und Philosophie, seit Goethe 1827 einen großen, durch die amerikanische Westküste vermittelten Verkehr zwischen den Vereinigten Staaten, China und Indien voraussah und Karl Marx 1850 prophezeite, dass der Pazifik das künftige Zentrum des Weltgeschehens sein würde. Diese Ideen unterfütterten das Denken von so bedeutenden Amerikanern wie Ralph Waldo Emerson, einem produktiven Goethe-Leser und Visionär der „union of the farthest East and the farthest West", oder Theodore Roosevelt, einem studierten Historiker und Strategen von Amerikas „frontier in the Pacific". Im Sommer 1945 stand Alfred Döblin an diesen Ufern und beschwor den eleganten Bogen der Golden Gate Bridge als die Einfahrt, welche die Neue Welt mit dem alten Asien verbindet und an der eine neue Ära, das Zeitalter der Vereinten Nationen, beginnen kann. Entsprechend benannte er die Literaturzeitschrift, die er im Nachkriegsdeutschland herauszugeben begann, danach: *Das Goldene Tor*.
Während die Erwartungen an den „Pacific Slope" für den Gang der Weltgeschichte häufig hoch lagen, erreichten die deutschsprachigen Exilant:innen Los Angeles um 1940 „with few initial demands upon their sanctuary", wie es Mike Davis in seiner wegweisenden Studie *City of Quartz: Excavating the Future in Los Angeles* ausdrückte. Viele von ihnen waren beschämt, dass sie den Aufstieg des Nationalsozialismus nicht hatten aufhalten können. Auf ihrem Exodus durch Südeuropa, durch Skandinavien, Russland und Ostasien nahm die Bedeutung von Zufluchtsorten so akute Formen an wie in Brechts 1939 veröffentlichtem Gedicht „Zufluchtsstätte", das die „vier Türen, daraus zu fliehen" seines kleinen Hauses im dänischen Svendborg evoziert. Döblin zog sich während seiner Internierung im Flüchtlingslager von Mende häufig in die gotische Kathedrale der Stadt zurück, wo er sich „in einem jenseitigen Raume" zu bewegen glaubte. Franz Werfel und seine Frau Alma Mahler flohen aus dem zerbombten Bordeaux in den Wallfahrtsort Lourdes, wo sie fünf Wochen rasten und ihre Auswanderung vorbereiten konnten.
Wie das Gedicht Brechts mit klassischer Dialektik demonstriert, sind Zufluchtsstätten Orte, denen die Flucht buchstäblich eingeschrieben ist. Sie sind von transitorischer Natur und werden leicht zu „sunken sanctuaries". Deshalb hat die in „Zufluchtsstätte" beschriebene Fischerhütte ein Ruder auf ihrem Dach, als ob sie sich in eine Arche verwandeln könnte. Sie liegt an einem Sund, wie um Reisen nach Übersee zu erlauben. Eine ähnliche Dialektik drückt eine Zeile aus Brechts Exilstück *Leben des Galilei* aus: „Unglücklich das Land, das Helden nötig hat." Mit anderen Worten: Sowohl Helden als auch Zufluchtsorte sind Teil des falschen Lebens, in dem es kein richtiges gibt.
„Zufluchtsstätte", auf Englisch in dieser poetischen Form zumeist „sanctuary", ist ein Schlüsselwort nicht allein der Exilliteratur und Exilforschung, sondern auch des politischen Selbstverständnisses von Los Angeles, besonders seit Einführung der „Sanctuary City"-Regelungen im Jahr 1979, welche die Durchsetzung der nationalen Einwanderungsgesetze einschränkten. Ihrer prominenten Rolle in der Geschichte des Exils entsprechend, gehörte die Metropole zu den Vorreitern der „Sanctuary City"-Bewegung, der sich Hunderte amerikanische Städte anschlossen, oft aus sehr pragmatischen Gründen wie einer bürgernahen Polizeiarbeit. Pater Luis Olivares, einer der Protagonisten von *City of Quartz*, brachte in den 1980er-Jahren die überkonfessionelle „Sanctuary"-Bewegung nach L.A., indem er die älteste Kirche der Stadt, La Placita (offiziell: Our Lady Queen of Angels), als Zufluchtsstätte für Bürgerkriegsflüchtlinge einrichtete.
Im Übrigen war „Your home is your sanctuary" seit dem 19. Jahrhundert ein gängiger Grundsatz der amerikanischen Bürgerrechtspolitik, der die Unverletzlichkeit der Wohnung als Ort des Schutzes und der Zuflucht des Einzelnen postulierte. William Faulkner, ein ausgesprochener Bewunderer Thomas Manns, bezog sich auf diese Wertvorstellung, als er seinen amerikanischen Gesellschaftsroman von 1931 schlicht *Sanctuary* betitelte (s. Abb. 1). Dabei deckte er in dieser Südstaatengeschichte Verhältnisse auf, die den „safe secure place to which [one] can hurry, run, from trouble", wie er das Titelstichwort in einem Nachkriegsinterview erläuterte, so weit in die Ferne rücken, dass die beiden Überlebenden des Geschehens sich am Ende in Paris wiederfinden.
Die ersten Eindrücke der deutschsprachigen Exilant:innen bei ihrer Ankunft in Los Angeles betrafen regelmäßig die Architektur und Siedlungsstrukturen. Auf der Zugfahrt zur Union Station bot sich ihnen ein denkwürdiger Blick zunächst auf die Villenvororte der weißen Mittelschicht und später auf die Innenstadtviertel, die hauptsächlich von Einwander:innen aus China, Japan und Mexiko bevölkert zu sein schienen. Die erste Sorge der Überlebenden galt den Unterkünften, die sie vorfinden würden, meist Hotelzimmer oder Wohnungen, die ihnen von Hilfsorganisationen zur Verfügung gestellt wurden. Ihre Willkommenstreffen mit Freund:innen und Mitstreiter:innen fanden in der Regel an Orten wie der First Unitarian Church in Westlake statt, einer liberalen Kongregation, die mit dem Jewish-German Club of Los Angeles zusammenarbeitete. Ihre gut ausgestatteten Büros bei M.G.M., Warner Brothers und anderen Arbeitgebern in der Filmindustrie versetzten sie ebenso in Erstaunen wie die opulenten Kirchen und Tempel in der urbanen Landschaft. Hotels konnten eine so wichtige Rolle spielen wie für Erich Maria Remarque, der zwischen L.A. und New York hin- und herzog und rund 15 Jahre lang überwiegend in Hotelsuiten wohnte.

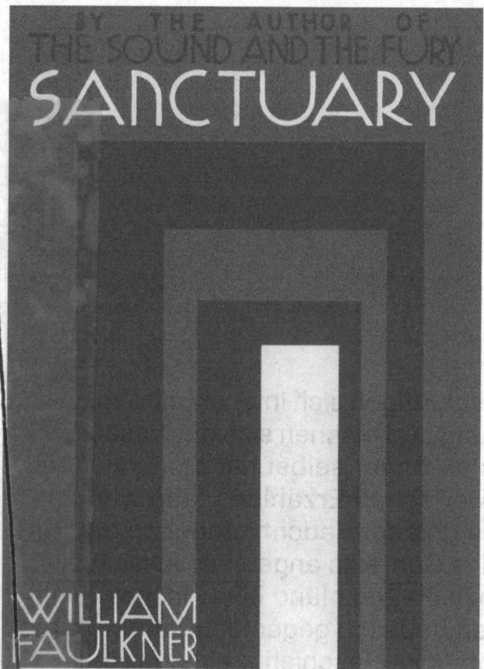

William Faulkner: *Sanctuary.* Jonathan Cape & Harrison Smith, New York 1931. Cover: Arthur Hawkins Jr.

Vor diesem Hintergrund zeigen die Tagebücher, Briefe und autobiografischen Schriften der Emigrant:innen eine gewisse Okkupiertheit mit der materiellen Kultur, einschließlich solcher Räume wie Wartesälen und Schiffen, Kirchen und Kinos, Wohnungen und Arbeitszimmern. Thomas Manns 1940 ausgestrahlter Radioessay *I am an American* beginnt mit den Worten: „Familiar surroundings mean much to a writer ... his own desk, his accustomed books and walls, the view from the window of his study". Mann beschäftigte sich ausgiebig mit der Architektur seines neuen Hauses in Pacific Palisades, das seine intakte Würde im Angesicht von Vertreibung und Verfolgung verkörperte. Er legte großen Wert darauf, dass ihm sein Münchner Schreibtisch an alle Exilstationen folgte. An der Bücherwand hinter diesem Schreibtisch stellte er den „hundertbändigen Goethe", das heißt die Weimarer Goethe-Ausgabe auf, wie um seinen Arbeitsbereich symbolisch abzuschirmen. „His home is his sanctuary", schrieb die Menschenrechtsaktivistin Rachel Davis DuBois 1943 über Mann.

Ein ähnliches Interesse an Details der Exilwohnung spiegelt sich im Leben und Nachlass von Lion und Marta Feuchtwanger wider. 1943 bezog das kinderlose Ehepaar eine schlossartige 22-Zimmer-Anlage, die bei ihrem Bau 1927 als Musterhaus genuin südkalifornischer Architektur galt. Sie verstanden das Anwesen, das später als Villa Aurora bekannt wurde, nicht nur als Residenz für sich selbst, sondern als einen Zufluchtsort für Freund:innen und Bekannte wie auch für seltene Bücher und kostbare Handschriften. Das Haus symbolisierte ihre Entschlossenheit, eine neue Epoche zu beginnen, biografisch, aber auch zeitgeschichtlich. Thomas Randy Young weist im Exil-Kapitel „Weimar-by-the-Sea" der von ihm und Betty Lou Young verfassten Lokalgeschichte *Pacific Palisades: Where the Mountains Meet the Sea* darauf hin, dass der Ursprung des Namens Villa Aurora einigermaßen rätselhaft sei. Möglicherweise sei er dem Anwesen erst zu Beginn der 1960er-Jahre im Rahmen örtlicher Marketingmaßnahmen verliehen worden, also Jahre nach Lions Tod 1958.

Der Tropus steht jedoch in auffälligem Einklang mit einer Sprache des Widerstands und des Neuanfangs, die Feuchtwanger und die Seinen gerne verwendeten. Beispielsweise veröffentlichte Lion Feuchtwanger 1954 ein Kapitel seines antitotalitären Romans *Goya* unter der Überschrift „Morgenröte der neuen Zeit". Bereits 1943/44 war er Mitbegründer eines Verlags unter dem Namen Aurora. Der Initiator dieses Unternehmens, Wieland Herzfelde, regte „Aurora" im September 1943 zunächst nur als Titel für eine Exilanthologie an. In der Folge schlugen Brecht und Feuchtwanger vor, auch den Verlag so zu nennen. Hatte Herzfelde schon nicht verhehlt, dass dieses Stichwort den russischen Panzerkreuzer gleichen Namens ehren sollte, der das Startsignal für die Oktoberrevolution gegeben hatte, so vertiefte Brecht diesen historischen Bezug in seinem Gedicht „Aurora". Das FBI führte denn auch eine Akte über den Verlag, dessen Signet zu allem Überfluss ein stilisiertes Schiff war (wenn auch ein recht friedlich wirkendes). Heinrich Mann schlug von vornherein vorsichtigere Töne an, als er die Einleitung zur besagten, 1947 unter dem Titel *Morgenröte* erschienenen Anthologie (s. Abb. 2) verfasste. Er erklärte, der Name stehe für noch unerfüllte Hoffnungen sowie für Ziele, um die weiterhin gekämpft werden müsse. Er fügte hinzu, dass die Morgenröte ein Symbol der Offenheit sei: Sie beendet die Nacht und setzt einen Prozess in Gang, ohne darüber zu entscheiden, was der Tag selbst bringen soll.

Kurz nach ihrer Ankunft in Los Angeles begannen mehrere der Exilautor:innen, ihre jüngsten Begegnungen in Fluchtautobiografien zu verarbeiten, darunter Feuchtwanger in *Der Teufel in Frankreich* und Döblin in *Schicksalsreise*. Die Mit- und Nachwelt sollte um ihre Erfahrungen wissen und darauf reagieren, selbst wenn es die Enthüllung von Momenten schmerzlicher Hilflosigkeit und äußerster Verzweiflung erforderte. Mit dem Bewusstsein der eigenen Klassizität wandte sich Brecht in seinem 1939 neben „Zufluchtsstätte" publizierten Gedicht „An die Nachgeborenen" mahnend an spätere Generationen: „Gedenkt unsrer / Mit Nachsicht". Über die robuste Vitalität der Nachkriegsdeutschen und ihre vergiftete Semantik der „inneren Emigration" schrieb Döblin in seinem Essay „Abschied und Wiederkehr" von 1946: „Sie haben noch nicht erfahren, was sie erfahren haben. Es ist schwer. Ich möchte helfen." Seine späten epischen Werke wie *November 1918* zielen insbesondere darauf ab, Erfahrungen zu teilen und Erinnerung zu schaffen, so subjektiv und eigenwillig sie auch sein mögen.

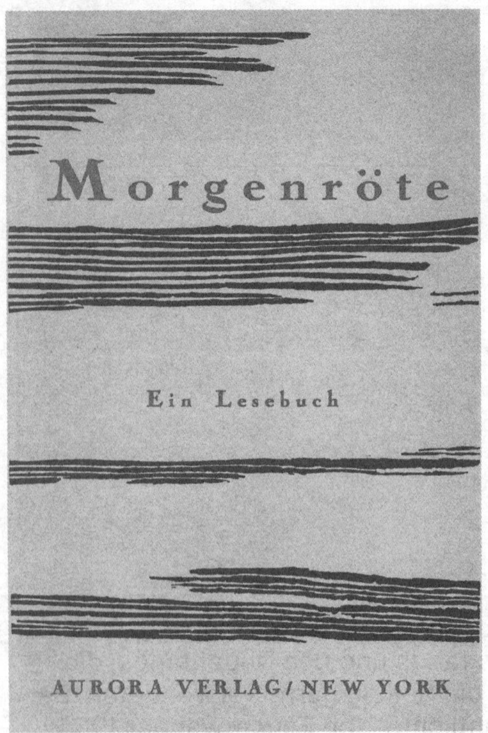

Morgenröte. Ein Lesebuch. Herausgegeben von den Gründern des Aurora Verlages. Einführung von Heinrich Mann, New York 1947.
Cover: Edith Kramer, Domenico dalle Greche

In seinem Standardwerk *Weimar on the Pacific* bezeichnete der UCLA-Germanist Ehrhard Bahr Los Angeles als „unlikely sanctuary" für die deutschsprachigen Exilant:innen angesichts des Kontrasts zwischen deren spezifischen Werthaltungen und der offenen Dynamik der kalifornischen Gesellschaft. Im „The Weimar Legacy of Los Angeles" überschriebenen Schlusskapitel schätzte er das Feuchtwanger-Stipendium an der Villa Aurora, ursprünglich „Writer-in-Exile Program" genannt, folgendermaßen ein: „This program was created to keep alive the memory of the exiles from Weimar Germany who found sanctuary in Los Angeles." Zu anderen derartigen Einschätzungen zählt die von Jan Brandt, der die Villa Aurora in seinem 2016 erschienenen Reportagebuch *Stadt ohne Engel* als ein „lebendiges Museum des deutschsprachigen Exils" bezeichnete. Und obgleich die literarische Produktion, die in den letzten 25 Jahren an dieser Künstlerresidenz gefördert wurde, mehr oder weniger die gesamte Bandbreite der deutschen Gegenwartsliteratur widerspiegelt, gehören das Gedenken an die Exilzeit und die Reflexion über Zufluchtsorte zweifellos zu ihren Grundzügen.
Eine charakteristische Gattung der von der Villa Aurora mit angeregten und aus ihr hervorgegangenen Literatur sind historische Romane, die sich mit dem Zeitraum der frühen 1930er- und späten 1950er-Jahren beschäftigen. Im umfassendsten unter ihnen, *Pazifik Exil* aus dem Jahr 2007, vergegenwärtigt Michael Lentz Versionen der Suche nach Zuflucht: in der Natur, der Literatur, dem Heim und der Erinnerung. Weitere Werke dieser Art sind Klaus Modicks 2011 erschienener Roman *Sunset* über den Tag in Feuchtwangers Leben, an dem er die Nachricht von Brechts Tod erhält, sowie Volker Harry Altwassers Erzählexperiment *Glückliches Sterben* von 2014, das die letzten Tage von Bruno Frank schildert, einem der engsten Freunde des Ehepaars Feuchtwanger und der Familie Mann.

Alle drei Romane beschäftigen sich intensiv mit Prozessen der Erinnerungsbildung und machen sich die Tatsache zunutze, dass Feuchtwanger selbst hauptsächlich auf dem Gebiet des historischen Erzählens tätig war. In Lentz' Exilpanorama gelangt Feuchtwanger zu der Einsicht, dass ihm dieses Genre so angemessen ist, weil das Exil sein Leben in Deutschland historisch von ihm abrückt: „Mein Leben habe ich gegen die Erinnerung daran getauscht." Modicks Geschichte einer Freundschaft beginnt nicht nur mit dem Brecht-Zitat „Gedenkt unsrer / Mit Nachsicht", sondern geht auch auf Feuchtwangers poetisches Verfahren ein: „Sein Instrument ist die Einfühlung, das Medium der historische Roman und seine Voraussetzung die gründliche Recherche." Damit reflektiert Modick zumindest Grundzüge seines eigenen Vorgehens. Gleiches gilt für die Einschätzung des historischen Erzählens als Mittel zur Auseinandersetzung mit der Gegenwart. Modicks Feuchtwanger räsoniert in diesem Sinn: „Vielleicht war es überhaupt ein Fehler, über das zu schreiben, was gerade vor sich ging. Vielleicht brauchte man mehr Distanz, mehr Vergangenheit, mehr Geschichte, um die Gegenwart zu begreifen."
Besonderen ästhetischen Eigensinn demonstriert Altwassers Roman, der sich darum dreht, wie Bruno Frank sein letztes Buch scheibt, eine fiktive Autobiografie des politisch verfolgten Moralisten Nicolas Chamfort mit dem Titel *Chamfort erzählt seinen Tod*. In Wirklichkeit konnte Frank dieses Projekt nicht beenden. Lediglich ein Auszug erschien im Sonderband der *Neuen Rundschau* zum 70. Geburtstag Thomas Manns im Juni 1945, zwei Wochen vor dem Tod des Autors. Im überlieferten Vorwort des Werkes erklärte Frank: „Hundertfünfzig Jahre nach seinem [Chamforts] Tod versuche ich mit seiner Stimme zu reden." Dies wiederum ist es, was Altwasser mit Blick auf Frank unternimmt: die Arbeit dieses Exilschriftstellers zu vollenden, indem er seine Stimme nachahmt, wenn nicht karikiert.
Der Roman trägt den Titel *Glückliches Sterben*, weil Lion und Marta Feuchtwanger alles daransetzen, ihrem alten Freund eine Zuflucht zu bieten. Sie nehmen ihn in der Villa auf, und Lion macht ihn mit der unwahren Auskunft glücklich, dass der Fischer Verlag seine gesammelten Werke drucken werde. Auf der Terrasse liegt Frank in der Sonne und sinniert: „Gelassen liefen zwölf Jahre der Flucht aus, am Ende der Exilstrapazen stand also ein Liegestuhl mit Blick auf den stillen Meereshorizont. Warum denn nicht!" Dieser *safe space* ist allerdings nur geliehen und muss durch eine Notlüge stabilisiert werden. Er wird überschattet von der Gestalt Thomas Manns, der niemals selbst auftritt, aber eine Aura der Missbilligung gegenüber der literarischen Produktion in der Villa ausstrahlt. Der Zufluchtsort ermöglicht Frank, sein Manuskript abzuschließen, doch in der einzigen Szene des Romans, die außerhalb des Anwesens spielt, geht es unvermittelt verloren.

In Klaus Modicks *Sunset* fühlt sich Feuchtwanger selbst in seinem Haus an einem Augusttag des Jahres 1956 nicht ganz sicher. Stattdessen leidet er unter einer Angst, die wie ein Krebsgeschwür in ihm wächst. Nach vielen ergebnislosen Vorsprachen bei der Einwanderungsbehörde in Santa Monica ist er immer noch kein amerikanischer Bürger und fürchtet zunehmend, aus seinem Zufluchtsland ausgewiesen zu werden. Er betrachtet sein Leben der letzten 25 Jahre als einen „Wartesaal", der sich als lebenslanges Gefängnis entpuppen könnte. Die Klingel am oberen Tor seiner Villa beginnt ihn zu ängstigen, denn er hat das Gefühl, dass sie nicht nach „Zuflucht" klingt, sondern einen Ausweisungsbescheid ankündigt. Dieser paranoide Geisteszustand geht nicht zuletzt auf die jahrelange Überwachung seiner Korrespondenz, seiner Telefonate und seiner gesellschaftlichen Zusammenkünfte durch das FBI zurück (wie sie eindrucksvoll in Alexander Stephans *Communazis: FBI Surveillance of German Emigré Writers* dokumentiert ist). Eine Rückkehr nach Deutschland, in „das zerrissene Land voller Massenmörder", kommt für Feuchtwanger nicht infrage.

Neben diesen historischen Romanen befassen sich eine ganze Reihe weiterer Werke von Villa-Aurora-Fellows mit der Epoche des Exils und Fragen der Zuflucht. Ein atemberaubendes Beispiel dafür ist Thomas Hettches Quest-of-Identity-Roman *Woraus wir gemacht sind* aus dem Jahr 2006. Den Hintergrund bildet hier die Geschichte des deutsch-jüdischen Wissenschaftlers und Emigranten Eugen Meerkaz, der einen revolutionären Raketentreibstoff erfunden haben soll, die Formel dazu aber in dunklen Kanälen verschwinden ließ. In der amerikanischen Gegenwart soll ein Biograf aus Deutschland, versiert darin, sich im Leben anderer Menschen einzunisten, dieses Schicksal erforschen. „Ich will nichts erfinden", erklärt er über sein Berufsethos: „Ich will wissen, woraus wir gemacht sind." Ein Hollywood-Produzent und Raumfahrtunternehmer beginnt den Deutschen zu erpressen, um die Geheimformel in seine Hände zu bringen. Damit wird eine Jagd durch Amerika eröffnet. Indem sich der Biograf als getriebenes Opfer krimineller Machenschaften wiederfindet, scheint sich der Kreis seiner Einfühlungsarbeit gegenüber dem jüdischen Flüchtling von 1941 zu schließen, nämlich auf der Basis ausgeprägter Identitätsunsicherheiten und dem Wunsch nach psychologischem Halt. Ironischerweise gibt es aber eine dunkle, potenziell satanistische Seite an der Persönlichkeit des Wissenschaftlers, die er niemals aufklären kann. Der Biograf und Verfolgte trägt denn auch den bezeichnenden Namen Niklas Kalf, der unter anderem an englisch „calf" erinnert. „Calf"/„Kalb" verweist auf einen naiven Menschen und gleichzeitig auf ein Geschöpf, das nicht selten geschlachtet wird.

Eine der Stationen auf seiner Reise durch den Kontinent ist ein gewisses Anwesen im Paseo Miramar 520, d. h. unter der Adresse der Villa Aurora. Die Besitzerin ist die Witwe des Wissenschaftlers, und obwohl ihr richtiger Name Elsa lautet, nennt der Erzähler sie ein einziges Mal, wie aus Versehen, Marta und verrät so das Modell Marta Feuchtwanger. „Meerkaz" deutet ohnehin auf Lion, den Katzenliebhaber und Eigentümer von Villen am Mittelmeer und am Pazifik. Marta/Elsa setzt über das architektonische Erscheinungsbild von Pacific Palisades auseinander: „Das alles hier ist ein wenig paranoid. Alle kopieren etwas. [...] Aber alle diese Träume richten sich ausschließlich nach innen, denn allem, was draußen ist, kann man nicht trauen. Armed Response. [...] Angst. Überall ist Angst." Südkalifornien als Traumalandschaft, in der alte Ängste laufend reaktiviert und neue entwickelt werden, ist ein Topos der L.A.-Literatur. Wie Tanja Dückers in ihrem Artikel zum 10-jährigen Bestehen der Villa Aurora 2005 formulierte, präsentiert sich die Metropole als „themepark of risks", mit einem wechselnden Angebot von Lauffeuern, Überschwemmungen, Erdbeben und Tierattacken. Jan Brandt berichtet in *Stadt ohne Engel* vom Alarmsystem der Villa Aurora, von Videos über Polizeigewalt und von seinen Albträumen über verschwundene Menschen. Mit mulmigem Gefühl besuchen er und die Praktikantin der Villa, Nina, einen der großen Themenparks von L.A. Von dessen Webseite haben sie den Tipp „beat the crowds", aber hängen bleibt die Vorstellung „beat the Krauts". Aus dem Auto heraus sehen sie auf „riesigen Billboards" unter anderem den Schriftzug „On The Run" (offenbar Werbung für die gleichnamige USA-Tournee von Beyoncé und dem Rapper Jay-Z im Sommer 2014).

Die unterschiedlichen Projekte kalifornischer Architektur der 1920er- bis 1950er-Jahre, lebensverbessernde Wohnverhältnisse für kleinere und größere Gesellschaftskreise zu schaffen, ist eines der Themen von Kevin Vennemanns 2012 erschienen Essaybuch *Sunset Boulevard: Vom Filmen, Bauen und Sterben in Los Angeles*. Dieser Titel enthält auch die Strukturmetapher des Bandes: Wie der Sunset Boulevard mäandert sein Gedankengang elegant zwischen Drehorten von Noir-Filmen und wichtigen Bauten der südkalifornischen Moderne. Einer der ersten zitierten Genreklassiker ist Irving Lerners *City of Fear*, dessen Titelvorspann vor der Kulisse des nächtlichen L.A. erscheint. Zu den architekturgeschichtlichen Ideen, die Vennemann freilegt, gehört die Ambition, „das Versprechen vom südkalifornischen Paradies nun endlich ein[zu]lösen". Sei es durch das California Mission Revival, wie es durch das Feuchtwanger-Anwesen vertreten wird, oder durch den California Modernism wie am Beispiel der Entwürfe von Rudolf Schindler und Richard Neutra, beides Architekten, die „um 1920 aus der ästhetischen und politischen Sackgasse Europa fliehen". Vennemanns Beobachtungen laufen freilich darauf hinaus, dass das Mission Revival koloniale Repression beschönigte und die kalifornische Moderne in einigen isolierten Wohnparadiesen endete: bewunderten Artefakten, die weder nachbarschaftliche Zusammenhänge bilden konnten noch die ursprünglich zum Teil beabsichtigten gesellschaftspolitischen Wirkungen entfalteten. Die betreffenden Projekte offenbaren sich letztlich als fehlerhafte bzw. gescheiterte Versuche, anspruchsvolle Zufluchtsstätten zu schaffen.

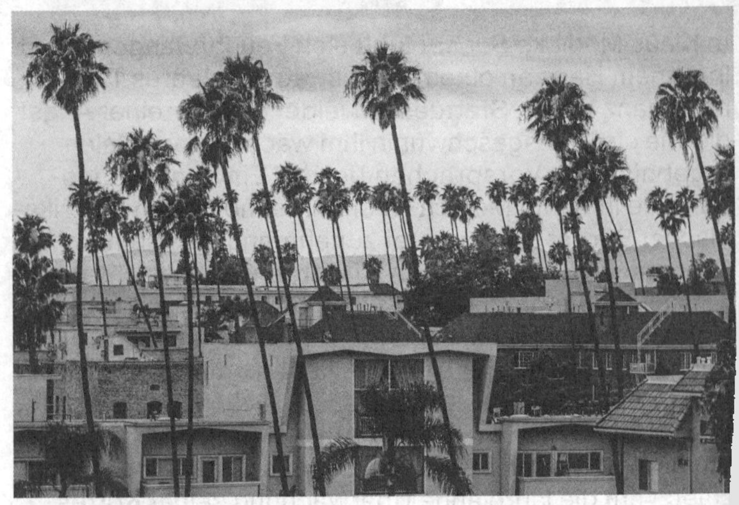

Palmen in Koreatown, von Alexandria Avenue aus gesehen. Foto: Natasha Masharova, Los Angeles

Es bleibt darauf hinzuweisen, dass sämtliche oben vorgestellten Texte des Exils und der Exilerinnerung von einem Interesse am breiteren Spektrum der Migration und Mobilität getragen sind. In Modicks *Sunset* interessiert sich Feuchtwanger für die Familiengeschichte seines Herrenausstatters in Santa Monica, eines Nachfahren europäischer Juden, die Ende des 19. Jahrhunderts nach Amerika einwanderten. Außerdem beschäftigt er sich mit der Geschichte einer bayerischen Metzgerei in West Hollywood. In Altwassers *Glückliches Sterben* hängen die meisten Annehmlichkeiten des Feuchtwanger-Anwesens von der Arbeit des Latino-Hauspersonals ab. Der deutsche Reisende in Hettches *Woraus wir gemacht sind* entdeckt L.A. als eine im Kern mexikanische Stadt und sieht sich mit einem japanischen Attentäter konfrontiert, der von seinem amerikanischen Erpresser beauftragt wurde. Er ist versucht, trotz allem in Amerika zu bleiben, für immer Teil dieses Landes zu werden und im „Zentrum der Welt" zu leben, auch „wenn es diese Welt so, wie sie war, nicht mehr lange geben würde". Als eine Art Happy End wird sein Sohn in Los Angeles geboren, was diesen zu einem „Bürger Roms" macht. Der Erzähler von Vennemanns *Sunset Boulevard*, der in seinem japanischen Kleinwagen durch L.A. fährt, flieht schließlich vor der „Sünde", an ein von Menschenhand geschaffenes Paradies in Südkalifornien zu glauben, um in New York „Vergebung" zu finden.
Darüber hinaus gibt es einen bestimmten Vorrat an Texten, unter ihnen Tanja Dückers' *Der längste Tag des Jahres*, Ilija Trojanows *Nomade auf vier Kontinenten* und einmal mehr Jan Brandts *Stadt ohne Engel*, die sich mit verschiedensten Formen der Migration und selbst mit nomadischem Leben beschäftigen. So endet der 2006 erschienene Roman von Dückers, der zum Teil in der Villa Aurora entstand, mit der Geschichte eines Wunderkindes aus Bayern, das den anspielungsreichen Namen Thomas trägt. Er macht Karriere in Kalifornien, allerdings anders, als er es sich vorgestellt hatte. Trojanows 2007 veröffentlichte Recherche über Richard Francis Burton folgt diesem Globetrotter des 19. Jahrhunderts rund um die Welt, einschließlich einer Reise nach Salt Lake City und von dort nach San Francisco, durch das „Holy Land of the West". Für die Abfassung des Amerika-Kapitels seines Buchs stattete Trojanow einen Dank an die Villa Aurora ab. In Brandts *Stadt ohne Engel*, untertitelt als „Wahre Geschichten aus Los Angeles", wird buchstäblich jede:r mit einer Geschichte über Herkunft und Vorfahren eingeführt, und geht es auch nur darum, aus Kansas zu stammen. Kalifornien liegt demnach „am äußersten Ende der westlichen Welt", wo sich die Erfahrung und Erinnerung von Migration zu einem Spiegel zu kristallisieren scheint, der individuelle und gesellschaftliche Selbstreflexion erlaubt.

Brandt hatte sich ursprünglich für das Stipendium beworben, um an seinem weiterhin unvollendeten Roman über Amerika-Auswanderer seiner Familie seit der Mitte des 19. Jahrhunderts zu arbeiten. Ein weiteres Projekt über deutsche Auswanderung, Vater und Tochter, die zu unterschiedlichen Zeiten nach Amerika kommen, aber beide mit ihrer Entscheidung hadern, wurde von Bernadette Conrad verfolgt, einer Stipendiatin des Jahrgangs 2013, nur ein Jahr vor Brandt. Beide Fellows konnten ins Feld führen, dass ihnen der Aufenthalt in Los Angeles ein besseres Gespür für ihr Thema geben würde. Und beide konnten auf den etwas geheimnisvollen Ruf zählen, den die Gattung des Auswandererromans seit Goethes abschließendem Beitrag zur Romanliteratur genießt: In seinem Alterswerk *Wilhelm Meisters Wanderjahre* bereitet sich der eine Teil einer größeren Reformbewegung auf die Auswanderung innerhalb Europas vor, während der andere in die USA aufbricht und eine dritte Kraft in diesem Tableau allgemeiner Bewegung ein reicher Deutsch-Amerikaner ist, der nach Europa übersiedelt, weil er sich nicht länger an der Vertreibung und Verdrängung der amerikanischen Ureinwohner beteiligen will.

Ein Gespräch über Bäume

Man mag sich über den ominösen Ton wundern, den Hettches Erzähler bei der Rede von einer Welt im Wandel und sich verschiebenden oder auflösenden Zentren anschlägt. Als Quellen solcher Prophezeiungen kommen Goethes und Marx' Vorhersagen über das pazifische Zeitalter in den Sinn. Genauer zitiert der Protagonist von *Woraus wir gemacht sind* wiederholt ein Nachlassgedicht des postkommunistischen Orakels Heiner Müller:

VILLA AURORA
Die Bäume verneigen sich
Vor dem Wind vom Pazifik der Bescheid weiß
Über die Dauer der Millionenstadt
Waiting for doomsday conscious unconscious
Of its fate rising from past and Asia

Diese zweisprachige Elegie auf Los Angeles ist der erste literarische Text, den die Villa Aurora nach ihrer Umwandlung in eine Künstlerresidenz angeregt hat. Müller war in den ersten Monaten des Jahres 1995 Stipendiat der Getty Foundation, doch wie er in seinem am 21. Januar jenen Jahres in der FAZ abgedruckten Gedicht „Welcome to Santa Monica" zu verstehen gab, stieß ihn seine „Pension / Mit der defekten Heizung" und ihr „Hausschild EINTRITT VERBOTEN" ab (angesprochen ist das Embassy Hotel, heute Palihouse). Der Thronfolger Brechts am Berliner Ensemble und todkranke Krebspatient durfte daher, neun Monate vor Ankunft der ersten regulären Fellows, in die Villa Aurora einziehen. Gesellschaft bekam er in dem ehemaligen Feuchtwanger-Anwesen von seinem Interviewer Frank M. Raddatz, der später auch Müllers gesammelte Äußerungen über den „amerikanischen Leviathan" herausgab. Mit demselben Pathos verortete Raddatz Müllers Denken dieser Zeit in einer „postutopischen Gemengelage" und vor einem „Horizont", an dem der „erlöschende Stern der Utopie" stand.
Der Titel des Gedichts ist von anspruchsvoller Schlichtheit und inauguriert geradezu das erneuerte Markenzeichen der „Villa Aurora". Für den gelernten DDR-Bürger war die Verbindung des Namens Aurora mit der Gründungsgeschichte der Sowjetunion wohl offensichtlich. Mithin erinnert die Elegie durch ihre fünfzeilige Struktur und ihren lakonischen, distanzierten Ton deutlich an Brechts 1942 entstandenen Gedichtzyklus „Hollywoodelegien". Die fünf Zeilen der „Hollywoodelegie" Nr. 4 beispielsweise lauten wie folgt:

Unter den grünen Pfefferbäumen
Gehn die Musiker auf den Strich, zwei und zwei
Mit den Schreibern. Bach
Hat ein Strichquartett im Täschchen. Dante schwenkt
Den dürren Hintern.

Die Eröffnung beider Gedichte mit einer Referenz auf Bäume versteht sich im Zusammenhang mit Brechts „An die Nachgeborenen", wo es heißt: „Was sind das für Zeiten, wo / Ein Gespräch über Bäume fast ein Verbrechen ist". Die „grünen Pfefferbäume" beziehen sich auf den Kalifornischen Pfefferbaum, der zahlreiche Gärten von Los Angeles ziert, nicht zuletzt vor dem Brecht House in Santa Monica und dem Thomas Mann House in Pacific Palisades. Diese immergrünen Gewächse sind ebenso ikonisch für die kalifornische Landschaft wie die Palmen, auf die Müller mit den Zeilen anspielt „Die Bäume verneigen sich / Vor dem Wind". Denn ebendieses Bild geben Palmen ab: Sie neigen sich *gegen* die vorherrschende Windrichtung (s. Abb. 3).
Müllers Elegie bewegt sich von drei Zeilen auf Deutsch hin zu zwei Zeilen auf Englisch, als würde die hier vernehmliche Stimme aus einem deutschsprachigen Hintergrund heraus- und in einen englischsprachigen eintreten, die Sprache von Marx hinter sich lassend.
Sie beginnt mit der Angabe des Ortes, der Villa Aurora, als einem Beobachterstandpunkt, der von der Welt abgesetzt ist, aber einen besonderen Ausblick eröffnet. Die Schau erfasst zunächst Elemente der Natur: Bäume und den Wind vom Pazifik. Beide sind anthropomorphisiert: Die Bäume „verbeugen" sich, als folgten sie asiatischer Etikette; der Wind „weiß", als verfügte er über die sprichwörtliche asiatische Weisheit. Ab der Mittelachse rücken Elemente der Zivilisation in den Blick: die Metropole, ihre Vergangenheit und ihre geopolitische Lage. Sie erscheint ihrerseits anthropomorph, insofern sie auf ihren Untergang „wartet" und ein „Unbewusstes" aufweist.
Das hier aufgerufene Untergangsszenario scheint nicht so sehr die Rachefantasie eines DDR-Loyalisten nach dem Zusammenbruch der sowjetischen Kosmopolis. Vielmehr war die Stadt des kapitalistischen Großwachstums, wie Mike Davis im Kapitel „The Noirs" von *City of Quartz* aufzeigt, schon lange von Fantasien ihrer eigenen Vernichtung besessen. Das im Gedicht beschworene Schicksal ist jedoch nicht zwingend identisch mit dem von der Metropole selbst erwarteten Tag des Untergangs; vielmehr könnte es sich um jede alternative Zukunft handeln. Müllers intellektuelle Ahnen wie Brecht und Adorno betrachteten L.A. „as the crystal ball of capitalism's future", so Davis im Kapitel „The Exiles", das unmittelbar auf „The Noirs" folgt.
Die Konnotationen von „rising" in der letzten Zeile des Gedichts führen zum Titelstichwort „Aurora" zurück. Ebenso schließt die Vorstellung von „Asia", der Schlussvokabel, an die erste Zeile an, in der die Bäume gewissermaßen asiatische Umgangsformen einhalten. Anstelle

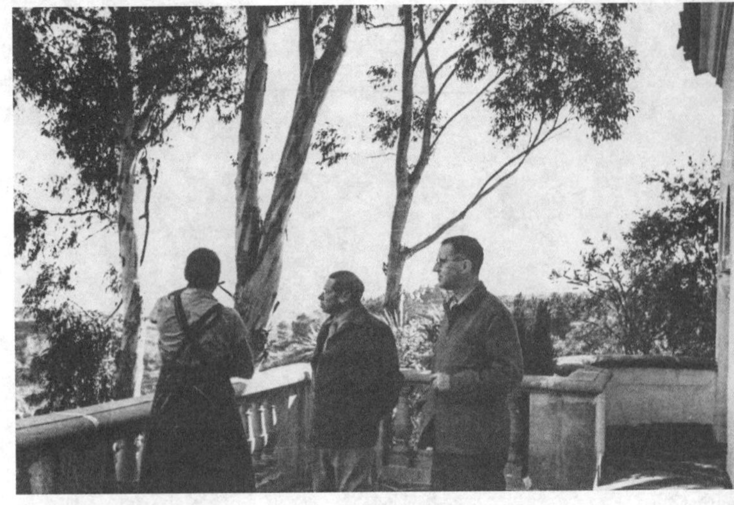

Bertolt Brecht, Marta & Lion Feuchtwanger, Pacific Palisades, 1945. Foto: Ruth Berlau, Akademie der Künste, Berlin, Bertolt-Brecht-Archiv, Fotoarchiv 08/037 Berlau/Hoffmann.

einer aufgehenden Sonne haben wir es mit einem Schicksal zu tun, das aus der Vergangenheit und Asien dämmert. Was das Wort „past" betrifft, so scheint das Gedicht einmal mehr an die suggestive Arbeit von Mike Davis anzuklingen, deren deutsche Ausgabe, *City of Quartz: Ausgrabungen der Zukunft in Los Angeles*, Ende 1994 in einem kleinen neomarxistischen Verlag in Berlin erschienen war. Davis stellte seiner Studie ein Zitat aus Walter Benjamins *Berliner Kindheit um neunzehnhundert* als Motto voran. Es lautet (in der von Davis benutzten Fassung): „To portray a city, a native must have [...] motives of one who travels *into the past* instead of into the distance" (meine Hervorhebung). Benjamins Leitfaden für die Erkundung Berlins folgend, beginnt Davis seine Reise in den Ruinen von Llano del Rio, einer sozialistischen Kolonie, die 1914 nahe L.A. gegründet und 1918 wieder aufgegeben wurde. Die Vergangenheit von Los Angeles, wie Davis sie rekonstruiert, ist eine Geschichte korrumpierter Versprechen und verratener Utopien. Sie unterhält Beziehungen zu dem sozialistischen Projekt, in dessen Trümmern Heiner Müller nach der von ihm skeptisch beäugten deutschen Wiedervereinigung stand.

Wie kommt Asien in die Weltlandschaft von Müllers „Villa Aurora"-Gedicht? Von den sozialen Verunsicherungen, die Japan und japanische Konzerne in der Reagan-Ära auslösten, zeugen unter anderem Michael Crichtons L.A.-Krimi *Rising Sun* von 1992 und dessen Verfilmung mit Sean Connery und Wesley Snipes als LAPD-Ermittler, die es mit der (letztlich scheinbaren) ‚Gelben Gefahr' aufnehmen. In der Außen- und Wirtschaftspolitik kündigte sich die amerikanische „Pivot to Asia" 1989 mit der Gründung der APEC an, der 1991 die Volksrepublik China beitrat. Im Übrigen aber ist Müllers Blick nach Asien auch von Texttraditionen des Exils gelenkt. In den Jahren vor und nach der Entstehung der „Hollywoodelegien" arbeitete Brecht an einem Gedichtzyklus mit dem Titel „Chinesische Gedichte". Die erste Fassung erschien 1938 in der Moskauer Zeitschrift *Das Wort*, Brecht begann sie aber in Santa Monica im November 1944 zu erweitern, nachdem er einen Band von Arthur Waleys *More Translations from the Chinese* geschenkt bekam. An allen Exilstationen hängte er ein Rollbild von Konfuzius, dem volksläufigen Weisen und Lehrer, über seinen Schreibtisch. Konfuzius in Santa Monica – das ergab Sinn für Brecht, weil er sich bereits seit 1920 mit chinesischer Philosophie beschäftigte und sie als geistiges Gegengewicht zu Marxismus, Aktivismus und Fortschrittsdrang gebrauchte.

Offensichtlich kannte Heiner Müller ‚seinen Brecht' in- und auswendig und ließ es sich nicht entgehen, Villa Aurora mit Bezügen auf klassische Exillyrik wie die „Hollywoodelegien" und die „Chinesische Gedichte" auszustatten. Mit der Perspektive des Gedichts von der Anhöhe der Palisades auf ein Panorama aus Landschaft und Geschichte besetzte Müller mithin genau jenen Ort, an dem Brecht Ausblicke fasste wie auf einem symbolträchtigen Foto von 1945, das ihn als buchstäblichen Seher auf der Terrasse des Feuchtwanger-Anwesens zeigt (s. Abb. 4).

Die „Villa Aurora"-Elegie etablierte sich als Ausgangs- und Bezugspunkt für eine Fülle zeitgenössischer Literatur, die seitdem von dieser Institution inspiriert wurde. Die erste Stipendiatin der Residenz in der Sparte Literatur war die Berliner Autorin Irina Liebmann. Wie Heiner Müller blickte auch sie auf ein Leben in der DDR zurück. 1943 in Moskau geboren, schloss sie 1966 ein Studium der Sinologie an der Universität Leipzig ab. Vor allem seit Beginn der Neunzigerjahre hat sie sich einen Ruf als Schriftstellerin erworben, die entscheidend zum literarischen Selbstbild Berlins beiträgt. Kaum ein Jahr nach ihrem Residenzaufenthalt veröffentlichte sie einen Gedichtzyklus mit dem eigenwilligen Titel *Perwomajsk, Erster Mai und La la la L.A.* In dieser Collage arbeitete sie unter anderem mit Kontrasten zwischen dem Russland des Ersten Tschetschenienkriegs und der automobilen Zivilisation von Los Angeles. Der Standpunkt der Beobachterin ist hierbei in Berlin angesiedelt, genauer gesagt im „dreckigen, dreckigen, dreckigen / dreckigen Berlin", aus dem sie sich nach Los Angeles zurücksehnt, denn wie es in den Schlussversen des ersten Gedichts emphatisch heißt:

alle
die ich wiedersehen will
sind
dort

Zum 15-jährigen Jubiläum der Residenz 2010 gab der Villa Aurora e. V. ein Heft mit Gedichten von Liebmann heraus, das den humorvollen Titel *Autofahrenlernen in L.A.* trägt. Schon die Gedichte des früheren Bandes schwelgten im Verkehrsfluss des Wilshire Boulevards, an dem die polierten Häuserfronten, „vier / Ecken hoch Glitzerkanten", „den Autostrom [behüten] gut wie ein Bett". *Autofahrenlernen in L.A.* ordnete die Motive des Verkehrs im folgenden Eröffnungsgedicht neu an:

Die Palmen der neunten Straße
die sind zu hoch geworden, viel zu hoch, die Palmen
an der neunten Straße schwanken mit ihren Pinsel-
wip-
fel –
Gipfel-
n
auf ihren Bleistiftstengeln gaaanz
weit oben, und alle stehen schief.
Schief nach einer Seite,
sie stehen links und rechts der Bürgersteige,
sie stehen wiederum auch gerade,
gerade als ich vorbeifuhr,
ja, ich fuhr den ersten Tag alleine im
geborgten Car
durch das heilige Monika
vorsichtig und auch nicht
richtig,
gerade eine Ecke davor habe ich beinahe
eine Frau gerammt, die von rechts kam,
Gottseidank fahren so viele Frauen hier
diese Autos überall, die
sagen nichts, die grinsen, und
dann sah ich links
die Palmen der neunten Straße.

Die Autofahrerin scheint hier eine Tour fortzusetzen, die sie im Zyklus von 1996 begonnen hat, dort vor allem mit einer Ode auf den Wilshire Boulevard. Sie scheint inzwischen auf die Arizona Avenue gewechselt zu sein und nähert sich nun dem Ozean. Die Umschlagabbildung des Heftes zeigt passenderweise das Gate des Santa Monica Piers im letzten Abendrot, davor ein Auto in voller Bewegung. Während der Blick in „Villa Aurora" statisch und panoramatisch vom einsamen Hügel herab verläuft, erweist er sich in *Autofahrenlernen in L.A.* als höchst beweglich und steigt aus der Mitte des Geschehens hinauf zu den Wipfeln der Palmen. Wie in Müllers Gedicht fallen die Bäume durch ihre merkwürdige Neigung auf, indes begrüßen sie kein heraufdämmerndes Schicksal, sondern spiegeln vielmehr den ‚high spirit' der Dichterin und die amüsante Flexibilität ihrer Verse. Mit einer Art feministischem Momentum kommen „so viele Frauen" ins Bild, um an späterer Stelle im Zyklus mit einer überraschenden Kombination von Männern kontrastiert zu werden:

Hitler konnte nicht Autofahren, Thomas Mann konnte
nicht
Autofahren, Klaus Mann konnte nicht Autofahren, weiß
ich alles seit
gestern. Feuchtwanger konnte es nicht, mein Vater
konnte es
auch nicht [...].

Dass diese mobilisierten Frauen grinsen, statt sich zu beschweren (wie es vielleicht in Berlin der Fall wäre), korrigiert de facto Müllers berüchtigtes Urteil über Los Angeles: Er sei hier umgeben von „mehr oder weniger intelligenten Computern und lächelnden Idioten". „Villa Aurora" beschwört ein unbekanntes Schicksal der „Millionenstadt", während *Autofahrenlernen in L.A.* im „heiligen Monika" einen gewissen Gott apostrophiert, der bereits in Liebmanns erstem Zyklus angerufen wurde: „lieber Gott von Wilshire / hilf mir / ich mein den Gott vom Wilshire Boulevard". Dieser Gott des Wilshire Boulevards scheint ein Gott der Mobilität zu sein. Er wird beschworen, um Liebmanns Persona von Berlin nach Los Angeles zu versetzen. Im Rahmen dieser spielerischen Mythologie findet Liebmann eine Stimmlage, ihre Sympathie für den Fluchtpunkt L.A. zu erklären. Zum Bedeutungsspektrum der Mobilität gehört hier allerdings auch ein ständiges Auf und Ab im Verhältnis zu dieser Metropole. Die Fahrerin fühlt sich abwechselnd „raus aus dem Spiel" und „drin in dem Spiel", „nicht parterre gelandet" und „im Himmel". Oder wie es bei Brecht heißt: „Paradies und Hölle / Können eine Stadt sein". Daher ist das eigentliche Wunder von Los Angeles in Liebmanns Offenbarung vollendet formuliert: „Es gefällt mir immer noch!!! Und / das haut mich um, macht mich fertig, dass / es mir immer noch gefällt."

Focus: Los Angeles as Sanctuary. 25 Years of Villa Aurora Literature

by Stefan Keppler-Tasaki

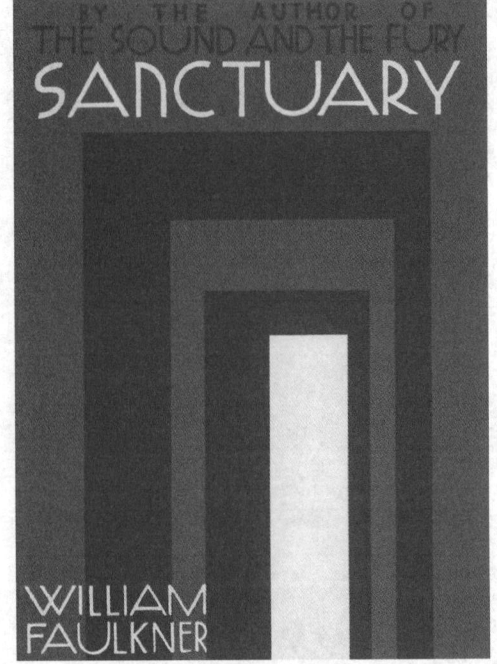

William Faulkner: Sanctuary. Jonathan Cape & Harrison Smith, New York 1931. Cover: Arthur Hawkins Jr.

Sanctuary in Los Angeles
California has been a focus of German literature and philosophy since the days when Goethe in 1827 envisioned a great traffic between the United States, China and India and Karl Marx in 1850 predicted that the Pacific would be the future power center of the globe. These ideas fed into the thinking of such illustrious Americans as Ralph Waldo Emerson, a productive reader of Goethe and visionary of the "union of the farthest East and the farthest West," or Theodore Roosevelt, a trained historian and a strategist of America's "frontier in the Pacific."
Alfred Döblin stood on these shores in the summer of 1945 and invoked the elegant arch of the Golden Gate Bridge as the point of entry where old Asia meets the New World and where a new era, the age of the United Nations, can begin. Accordingly, he named the literary journal he started editing in postwar Germany after the Golden Gate: *Das Goldene Tor.*
While there have often been high expectations for the Pacific Slope in the path of world history, the German-speaking exiles around 1940 "arrived with few initial demands upon their sanctuary," as Mike Davis put it in his seminal study *City of Quartz: Excavating the Future in Los Angeles.* Many of them felt humbled because of their incapacity to prevent the rise of National Socialism. During their exodus through southern Europe, Scandinavia, Russia or East Asia, the meaning of sanctuary took such acute forms as in Brecht's 1939 poem "Place of Refuge," talking about the "four doors to escape by" of his little house in Svendborg, Denmark. Döblin, during his internment in the refugee camp of Mende in the South of France, frequently retreated to the city's cathedral where he felt to move "in a transcendent space." Franz Werfel and his wife Alma Mahler fled from the bombed city of Bordeaux to the pilgrimage site of Lourdes where they could rest for five weeks and prepare their emigration.

As Brecht's poem demonstrates through classic dialectics, the "place of refuge" is a space that one may have to evacuate soon after settling in. Sanctuaries are of transitory nature, prone to becoming sunken sanctuaries. Therefore, "Zufluchtsstätte" describes a fisherman's cottage with a paddle on its roof as if the building should be able to turn into an ark. The structure is located along a strait as if to allow overseas travel. Similar dialectics are captured in a line from Brecht's exile play *Life of Galileo*: "Unhappy the land that needs heroes." In other words, heroes as well as sanctuaries are part of the wrong life that cannot be lived rightly.
"Sanctuary" – in German "Zufluchtsort" or "Zufluchtsstätte" – is not only a keyword of exile literature and exile studies, it has also been a keyword in the political self-understanding of the metropolis of Los Angeles, particularly since its implementation of a "sanctuary city" policy in 1979 that limited the enforcement of federal immigration laws. In keeping with the prominent part it has played in the history of exile, the city of L.A. was one of the forerunners of the "sanctuary city" movement that has been widely adopted by municipalities in contemporary America, mostly for very pragmatic reasons of community policing. Father Luis Olivares, one of the protagonists of *City of Quartz*, brought the 1980s sanctuary movement to L.A. by turning the city's oldest church, La Placita (formally: Our Lady Queen of Angels), into a sanctuary for civil war refugees.
More generally, "Your home is your sanctuary" has been a common phrase in American civil rights policy since the nineteenth century to express the inviolability of the home as an individual's place of shelter and refuge. When William Faulkner, an outspoken admirer of Thomas Mann, entitled his 1931 social novel *Sanctuary* (fig. 1), he referred to this value concept, even though his novel exposed the conditions that largely deny the "safe secure place to which [one] can hurry, run, from trouble," as he elaborated on the title in an interview after World War II. The two survivors of the events in this work have to go as far as to Paris to find something like a sanctuary.

Upon their arrival in Los Angeles, the German-speaking exiles' first impressions were usually about architecture and housing. As the train approached Union Station, travelers first had a remarkable view of the white middle class's suburban villas and later of the urban neighborhoods that seemed populated mainly by immigrants from China, Japan, and Mexico. The survivors' first worries were about their accommodations, mostly hotel rooms or apartments provided by support groups for a limited time. Their welcome meetings with friends and allies usually took place in venues such as the First Unitarian Church in Westlake, a liberal community that cooperated with the Jewish-German Club of Los Angeles. Their highly equipped offices at M.G.M., Warner Brothers, and other employers in the film industry took them by surprise, just like the opulent churches and temples in the urban landscape. Hotels too played a hugely important role, for example for Erich Maria Remarque who for fifteen years moved back and forth between L.A. and New York, living mostly in hotel suites.

Against this background, the émigrés' diaries, letters, and autobiographical writings reflect a certain preoccupation with material culture, including spaces such as waiting rooms and ships, churches and cinemas, homes and offices. Thomas Mann's radio essay "I am an American," broadcast in 1940, starts with the following words: "Familiar surroundings mean much to a writer ... his own desk, his accustomed books and walls, the view from the window of his study." Mann was very much involved in the building of his new home in Pacific Palisades, as it embodied his intact dignity in the face of expulsion and persecution. He put much effort into having his desk follow him from Munich to each station of his exile. His 150-volume Goethe edition marked and shielded his workspace during that time. "His home is his sanctuary," said human rights activist Rachel Davis DuBois about Thomas Mann in 1943.

A similar interest in details of exile housing can be seen in the life and heritage of Lion and Marta Feuchtwanger. In 1943, the childless couple moved into a palatial 22-room estate that was considered a model house of genuine Southern California architecture when it was built in 1927. They understood the property, which later became known as Villa Aurora, not only as a residence for themselves, but as a sanctuary for friends and acquaintances as well as for rare books and precious manuscripts.

The estate represented the couple's determination to begin a new era, biographically, but also in terms of contemporary history. Local historian Thomas Randy Young in the exile chapter of *Pacific Palisades: Where the Mountains Meet the Sea* points out that the origin of the name "Villa Aurora" has been "somewhat of a mystery over the years." It may have been attributed to the estate only in the early 1960s as part of local marketing efforts, years after Lion's death in 1958. However, the trope is actually consistent with the language of resistance and new beginnings used frequently by Feuchtwanger and his friends.

For example, in 1954, Lion Feuchtwanger published a chapter of his anti-totalitarian novel *Goya* under the headline "Morgenröte der neuen Zeit" (Aurora of the New Age). As early as 1943/44, he co-founded a publishing company by the name of Aurora. The initiator of this enterprise, Wieland Herzfelde, originally came up with "Aurora" in September 1943 as a title for an anthology of exile writing. Subsequently, Brecht and Feuchtwanger suggested using it as the name of the press itself. Herzfelde made it quite clear that this appellation was supposed to credit the Russian cruiser "Aurora" that provided the starting signal for the October Revolution. Brecht deepened this historical reference in his poem *Aurora*, written in the second half of 1943. Unsurprisingly, the FBI kept a file on the publishing house, whose signet, to make things worse, was a stylized ship (albeit a rather peaceful-looking one). Heinrich Mann adopted a more careful tone from the outset when he wrote the introduction to the anthology in question, published in 1947 and entitled *Morgenröte* (Aurora, see fig. 2). He explained that the name represented aspirations that one still had to meet as well as objectives for which one still had to fight. He added that the aurora was a symbol of openness: It ends the night and starts a process, although it says nothing about what the day shall bring.

Virtually as soon as they arrived in L.A., several of these émigrés began to grapple with their recent experiences by writing testimonial texts on the topic of flight, internment and final escape – among them Feuchtwanger's *The Devil in France* and Döblin's *Destiny's Journey*. They wanted posterity to both know about and respond to their experiences even if it meant exposing painful moments of helplessness and utter desperation. Brecht's poem "To Those Born After," published in 1939 alongside "Place of Refuge," explicitly exhorted later generations: "Remember us / With leniency." Commenting on the robust vitality of post-war Germans and their poisoned semantics of so-called "inner emigration," Döblin wrote in his 1946 article "Abschied und Wiederkehr" (Farewell and Return): "They haven't experienced yet what they have experienced. It is difficult. I would like to help." His late epic works such as *November 1918* were specifically designed to share experiences and create memories, however subjective and idiosyncratic they may have been.

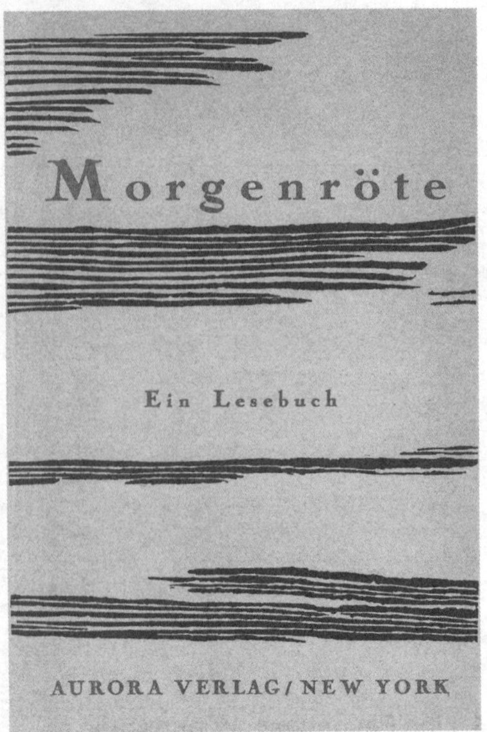

Aurora, a Reader. Edited by the founders of the Aurora Press. Introduction by Heinrich Mann. Aurora Press, New York 1947.
Cover: Edith Kramer, Domenico dalle Greche

In his definitive work *Weimar on the Pacific*, UCLA scholar Ehrhard Bahr called Los Angeles an "unlikely sanctuary" for German-speaking exiles, given the contrast between their quite firm mindset on the one hand and the general open-mindedness of Californian society on the other. In his conclusion titled "The Weimar Legacy of Los Angeles," Bahr assessed the Feuchtwanger Fellowship at Villa Aurora, originally branded the "Writer-in-Exile Program," as follows: "This program was created to keep alive the memory of the exiles from Weimar Germany who found sanctuary in Los Angeles." Other writers like Jan Brandt in his 2016 collection *Stadt ohne Engel: Wahre Geschichten aus Los Angeles* (City without Angels: True Stories from Los Angeles) called the Villa Aurora a "living museum of German-speaking exile." While the literary texts connected to a fellowship at the Villa Aurora represent pretty much the breadth of contemporary German writing, one of their main concerns is to remember exile and reflect on sanctuary.

A prime genre of literature emanating from the Villa Aurora is historical novels whose stories are set in the period between the early 1930s and the late 1950s. In the most comprehensive among them, *Pazifik Exil* (Pacific Exile) of 2007, Michael Lentz envisioned versions of the search for refuge: in nature, literature, and memory. Other works of that kind include Klaus Modick's 2011 novel *Sunset* that imagines the day in Feuchtwanger's life when he learned of Brecht's death, and Volker Harry Altwasser's 2014 novel *Glückliches Sterben* (Happy Dying), which details the last days of Bruno Frank, one of the closest friends of the Feuchtwanger couple as well as of the Mann family.

All three of these novels reflect intensively on the conditions of memory formation, and they make good use of the fact that Feuchtwanger himself was mainly in the business of historical fiction. In Lentz's panoramic narrative, Feuchtwanger realizes that historical fiction became his natural medium since exile turned his own life into a memory of the life he had led in Germany: "I traded my life for the memory of it." Modick's story of a friendship not only starts by quoting Brecht's "Remember us / With leniency," but also elaborates on Feuchtwanger's writing technique: "His instrument is empathy, the medium is the historical novel and his prerequisite is thorough research." Through this specific description, Modick mirrors at least some of the features of his own venture. The same applies to the assessment of historical fiction as a way to engage with the present. Modick's Feuchtwanger ponders: "Maybe it was a mistake in the first place to write about what was going on. Maybe you need more distance, more past, more history to understand the presence."

Altwasser's novel is especially tricky since it recreates how Bruno Frank wrote his last piece of literature, a fictional autobiography of the persecuted French writer Nicolas Chamfort, entitled *Chamfort Rehearses His Death*. Frank did not live to finish this project. An excerpt was published in a special issue of the *Neue Rundschau* on Thomas Mann's 70th birthday in June 1945, two weeks before Frank's death. In his preface to the excerpt, Frank explained: "A hundred and fifty years after his [Chamfort's] death, I try to speak with his voice." This is also what Altwasser attempts to do regarding Frank: to complete this exile writer's work by emulating if not caricaturing his voice.

The novel is entitled *Glückliches Sterben* because Lion and Marta Feuchtwanger do everything to comfort their old friend. They let him stay in their villa and Lion makes him happy with the false information that the Fischer Verlag agreed to publish his collected works. Relaxing on the villa's terrace, Frank contemplates: "Twelve years of flight came to an end calmly; so at the end of the exile there was a deckchair with a view of the quiet horizon of the ocean. And why not!" Obviously, this safe space is only borrowed and has to be maintained through a white lie. It is overshadowed by the towering figure of Thomas Mann who never makes an entrance but radiates an aura of disapproval of the literary production in the villa. Furthermore, the refuge allows Frank to finish his manuscript, but in the only scene of the novel that is located outside the premises, it gets lost.

In Klaus Modick's *Sunset*, Feuchtwanger himself does not feel quite safe in his home in August 1956. Instead, he suffers from a fear growing inside him like a cancer. After many inconclusive interviews at the immigration office in Santa Monica, he is still no American citizen and more and more afraid of being expelled from his sanctuary country. He thinks of his life over the last twenty-five years as a "waiting room" that might turn out to be a lifelong prison. The doorbell of his villa begins to frighten him because he feels that it does not carry the sound of "refuge" but of the arrival of eviction letters from the authorities in Washington. This paranoid state of mind developed not least through years of surveillance of his correspondence, phone calls, and social gatherings by the FBI (impressively documented in Alexander Stephan's *Communazis: FBI Surveillance of German Emigré Writers*). Going back to Germany, "the torn apart country full of mass murderers," was not an option for Feuchtwanger either.

Besides these historical novels, several other works by Villa Aurora fellows include explorations of the period of exile and the issue of housing. A breathtaking example is Thomas Hettche's postmodern thriller and quest-for-identity novel *Woraus wir gemacht sind* (*What We Are Made of*), originally published in 2006. The backstory is of a German-Jewish émigré who invented a revolutionary rocket propellant but kept it a secret. A modern-day German biographer, trained to step into other people's shoes, comes to America to study the life of this scientist. "I don't want to make anything up," he says about his professional ethics. "I want to know what we're made of." He falls victim to blackmail by a private space flight investor who wants to retrieve the secret formula. As he becomes a refugee from crime and wanders across America, he allows himself to identify with the subject of his research, the Jewish refugee of 1941. This coping mechanism reflects his insecurities of identity and provides him with a kind of psychological hideout. Ironically, there seem to be dark sides of the scientist's personality that he never finds out about. It is worth mentioning that this biographer's name is Niklas Kalf, his German family name reminding us of the English word "calf." "Kalf"/"calf" hints at a naïve person or greenhorn and at the same time a creature likely to be slaughtered.

One of his stops on his travels across the continent is a certain estate at 520 Paseo Miramar, the actual address of the Villa Aurora. The landlady is the scientist's widow, and while her proper name is Elsa, the narrator at one point calls her, seemingly by accident, "Marta," giving away the model for this character. Elsa/Marta explains the architecture of the Palisades neighborhood as follows: "All of this is a little paranoid. Everyone is copying something. [...] But all these dreams are directed exclusively inwards, because everything that is outside cannot be trusted. Armed Response. [...] Fear. Everywhere is fear." Southern California as a landscape of trauma, a traumascape, in which people relive earlier fears and develop new ones, is a major pattern in writing about Los Angeles. As Tanja Dückers put it in her ten-year anniversary article on the Villa Aurora in 2005, the metropolis presents itself as a "theme park of risks" involving, among other things, wildfires, flooding, earthquakes, and animal attacks. Jan Brandt in *Stadt ohne Engel* recalls the alarm system of the villa, cases of police violence, and his nightmares of missing people. It is with a queasy feeling that he and the intern of the Villa, Nina, visit one of L.A.'s large theme parks. A tip on the website says, "beat the crowds," but what they take from that is "beat the Krauts." From the car, they see the words "On The Run" on one of the "giant billboards" (apparently advertising Beyoncé and rapper Jay-Z's USA tour of the same title in the summer of 2014).

The various projects of Californian architecture from the 1920s to the 1950s to design life-enhancing houses for the few and the many is one of the topics of Kevin Vennemann's creative non-fiction book *Sunset Boulevard: Vom Filmen, Bauen und Sterben in Los Angeles* (Sunset Boulevard: On Filming, Building and Dying in Los Angeles) that came out in 2012. Like Sunset Boulevard itself, it elegantly meanders among filming locations of Noir movies and notable architectural sites. One of the first films cited is Irving Lerner's *City of Fear* whose title appears against the backdrop of L.A. at night. Among the concepts of architecture that Vennemann excavates is the ambition "to finally fulfil the promise of a Southern-California paradise" – be it through the Spanish Mission Style as exemplified by the Feuchtwanger estate or California Modernism as showcased by the designs of Rudolf Schindler and Richard Neutra, architects who "both fled the aesthetic and political dead-end of Europe around 1920." However, Vennemann also observes how the Mission Style whitewashed colonial repression and how California Modernism resulted in some isolated architectural treasures, adored artifacts that could neither help form neighborhoods nor have the social impact that was originally intended. The architectural enterprises in question testify to flawed or failed attempts to establish sanctuaries.

It is important to note that all the reflections on exile presented above are deeply entangled with observations on much broader issues of migration and mobility. In Modick's *Sunset*, Feuchtwanger takes an interest in the family history of his Santa Monica tailor, a descendant of European Jews who came to America at the end of the nineteenth century. He also occupies himself with the history of a Bavarian butcher's shop in West Hollywood. In Altwasser's *Glückliches Sterben*, most of the amenities of the Feuchtwanger estate depend on the labor of the Latino house staff. The German traveler in Hettche's *What We Are Made of* discovers L.A. as an essentially Mexican city and faces a Japanese assassin contracted by his persecutor. He is tempted to stay in America after all, to become part of this country forever and to live in the "center of the world" even "if this world as it was, wouldn't exist for much longer." As a kind of happy ending, his son gets born in Los Angeles, making him "a citizen of Rome." The narrator of Vennemann's *Sunset Boulevard*, who cruises L.A. in his Japanese compact car, finally flees the "sin" of believing in a human-made paradise in Southern California to seek "forgiveness" in New York City.

Furthermore, there is a particular group of texts, among them Tanja Dückers' *Der längste Tag des Jahres* (The Longest Day of the Year), Ilija Trojanow's *Nomade auf vier Kontinenten* (Nomad on Four Continents), and once more Jan Brandt's *Stadt ohne Engel*, that deal with diverse forms of migration or even nomadic life. For example, Dückers' 2006 novel, partly conceived at the Villa Aurora, ends with the story of a *wunderkind* from

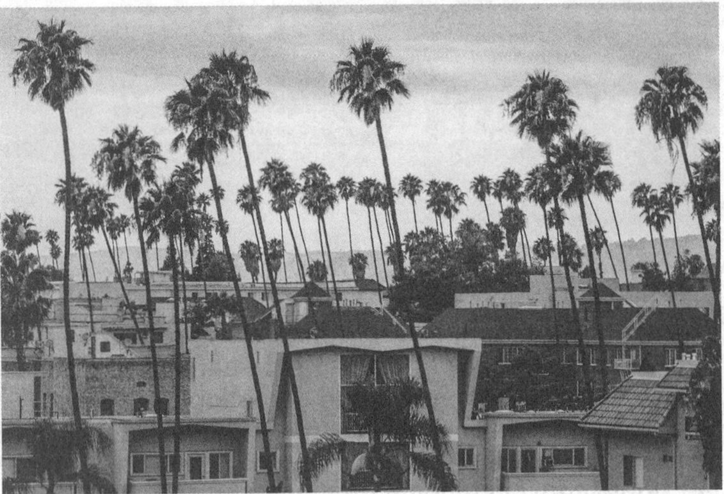

Palm trees in Koreatown seen from Alexandria Avenue.
Photo: Natasha Masharova, Los Angeles

Bavaria by the allusive name of Thomas. He makes a career in California, although it ends up quite different from his original aspirations. Trojanow's investigative assemblage about Richard Francis Burton, published in 2007, follows this nineteenth-century traveler around the globe, including on his trip from Salt Lake City to San Francisco, "the Holy Land of the West." Trojanow credited the Villa Aurora for allowing him to compose the relevant chapter of his book. In Brandt's *Stadt ohne Engel*, subtitled "True Stories from Los Angeles," virtually everybody is introduced with a story about origin and ancestry, even if it is only about coming from Kansas. California appears to be at the margin of the Western world, where the experience and memory of migration seem to crystallize into a mirror for self-reflection.
Brandt initially applied for the fellowship to work on a – still unfinished – novel about several generations of his ancestors who had emigrated to America since the mid-nineteenth century. One year prior to Brandt, in 2013, Bernadette Conrad pursued another literary project on German emigrants, about a father and daughter who come to America at different times, both struggling with their decision. Both writers argued that the stay in Los Angeles would give them a better sense of their topic. And both could rely on the somewhat mysterious reputation that the genre of the émigré novel has enjoyed since Goethe's last contribution to narrative fiction. In his late work *Wilhelm Meister's Journeyman Years*, one part of a larger reform movement prepares to emigrate within Europe, while the other sets out for the United States, and a third force in this tableau of overall movement is a wealthy German-American who moves to Europe because he opposes the expulsion and displacement of Native Americans.

A Conversation about Trees

One may wonder about the ominous tone of Hettche's narrator when he is talking about a changing world and shifting or dissolving centers. Goethe's and Marx's predictions about the Pacific age come to mind as a source for such prophecies. More specifically, the protagonist of *What We Are Made of* keeps quoting a poem by the post-communist oracle Heiner Müller that reads in the original as follows:

VILLA AURORA
Die Bäume verneigen sich
Vor dem Wind vom Pazifik der Bescheid weiß
Über die Dauer der Millionenstadt
Waiting for doomsday conscious unconscious
Of its fate rising from past and Asia

My translation:

VILLA AURORA
The trees bow
Before the wind from the Pacific that knows
About the duration of the metropolis
Wartend auf den jüngsten Tag bewusst unbewusst
Ihres Schicksals, das aufsteigt aus damals und Asien

This code-switching elegy on Los Angeles is the very first literary text inspired by Villa Aurora after its conversion into an artists' residence. At that time, in early 1995, Müller was a fellow of the Getty Foundation but as he made pretty clear in his poem "Welcome to Santa Monica," published in the *Frankfurter Allgemeine Zeitung* on January 21 and addressing The Embassy Hotel, today's Palihouse, he was repelled by his "guesthouse / With the deficient heating" and its "house sign NO ENTRY." A successor to Brecht's throne at the Berlin Ensemble and a patient suffering from final-stage cancer, he was given the opportunity to move into the Villa Aurora about nine months before the arrival of its first official fellows. He was kept company at the former Feuchtwanger estate by his interviewer Frank M. Raddatz, a stage director and most recently also the editor of Müller's collected statements on the "American Leviathan," as they called the United States. Using the same pathos, Raddatz located Müller's thinking of those days beneath the "horizon of the dying star of utopia" and in the middle of a "post-utopian situation of mixed elements."
The title of this poem seems simple enough and practically inaugurates the renewed brand of Villa Aurora. For a citizen of the former GDR, the significance of the name Aurora in the founding history of the Soviet Union may have been obvious. Furthermore, through its five-line structure and its laconic, distant tone, the poem clearly invokes Brecht's "Hollywood Elegies," a cycle of poems written in 1942. The five lines of "Hollywood Elegy" no. 4, for example, run as follows:

Under the green pepper trees
The musicians walk the streets, two by two
With the writers. Bach
Has a string quartet in his pocket. Dante swings
His skinny butt.

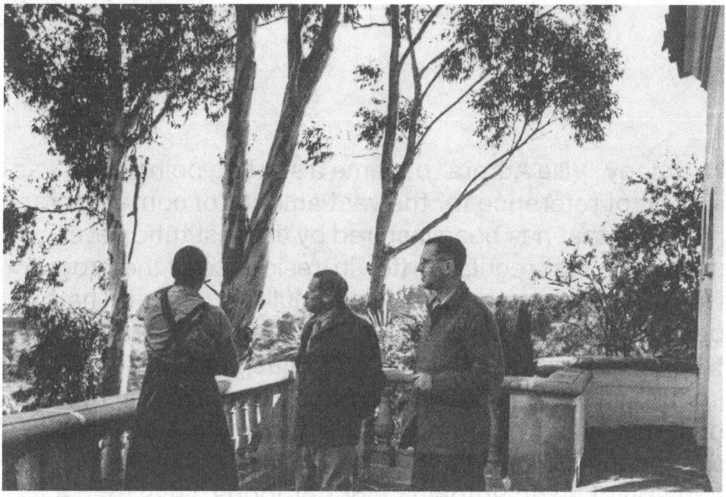

Bertolt Brecht, Marta & Lion Feuchtwanger, Pacific Palisades, 1945.
Photo: Ruth Berlau, Akademie der Künste, Berlin, Bertolt-Brecht-Archiv, Fotoarchiv 08/037 Berlau/Hoffmann.

The fact that both poems open with a reference to trees is connected to Brecht's poem "To Those Born After" where it says: "What times are these, in which / A conversation about trees is almost a crime." Brecht's "green pepper trees" refer to what is also known as the California pepper tree, specimens of which can be found in many L.A. gardens including those belonging to Brecht's house and the Thomas Mann House. It is an evergreen species as iconic to the Californian landscape as the palm trees which Müller's poem alludes to: "The trees bow / Before the wind." Because that is what palm trees generally do: They lean toward the prevailing breeze (see fig. 3).

Müller's elegy moves from three lines in German to two lines in English as if its voice comes from a German-speaking background and enters into an English-speaking one, leaving the language of Marx behind. It starts by indicating the location, the Villa Aurora, as a viewpoint that is somewhat detached from the world but allows a certain overview. At first, the gaze falls on elements of nature: trees and the wind from the Pacific. They are both anthropomorphic. The trees "bow" as if adhering to proper Asian manners. The wind "knows" as if possessing the proverbial Asian wisdom. In the third, the central line, the gaze turns to elements of civilization: the metropolis, history and geopolitics. The metropolis is also anthropomorphized since it "waits" for its own doomsday and seems to have an "unconsciousness."

The doomsday scenario is not so much a revenge fantasy of a GDR loyalist in the aftermath of the communist collapse; as Mike Davis famously pointed out in his chapter "The Noirs" in the *City of Quartz*, the boomtown of Los Angeles has been haunted by fears of doom from early on. However, the fate summoned in the poem is not necessarily identical with the Day of Judgement expected by the metropolis itself; it could be any alternative future. Müller's intellectual ancestors such as Brecht and Adorno looked at L.A. "as the crystal ball of capitalism's future." This is how Davis phrased it in his chapter on the German-speaking exiles, the very chapter that follows "The Noirs."

In the last line of the poem, the idea of something "rising" leads back to the title's key word: "aurora." Similarly, the notion of "Asia" refers back to the first line where the trees seem to display Asian etiquette. Instead of a rising sun, though, we are faced with a rising fate emerging both from the past and Asia. Regarding the "past," the poem seems to echo once again the suggestive work of Mike Davis whose German translation, *City of Quartz: Ausgrabungen der Zukunft in Los Angeles*, was published in the fall of 1994 by a small leftist press in Berlin. Davis' study is prefaced with a quote from Walter Benjamin's philosophical memoir *Berlin Childhood around 1900*: "To portray a city, a native must have [...] motives of one who travels *into the past* instead of into the distance" (my emphasis). Following this recommendation, Davis starts his own journey at the ruins of the city of Llano del Rio, a socialist colony founded in L.A. County in 1914 and abandoned in 1918. The past of Los Angeles, as viewed by Davis, is the history of corrupted promises and abandoned utopias. It relates to the socialist project on whose ruins Heiner Müller stood after the German reunification that he did not welcome.

How does Asia come into the landscape of Müller's "Villa Aurora" poem? Popular fictions from that time such as Michael Crichton's 1992 L.A.-based thriller *Rising Sun* and its film adaption featuring Sean Connery and Wesley Snipes as LAPD detectives fighting the (seemingly) "yellow peril," remind us of the social fears that Japan and Japanese corporations caused in the Reagan Era. America's foreign-policy "pivot to Asia" began with the founding of the APEC organization in 1989, which was joined by the People's Republic of China in 1991. Otherwise, Heiner Müller's outlook on Asia from the Villa Aurora seems to mirror once again textual traditions from exile. During the years before and after writing the "Hollywood Elegies," Brecht worked on another verse cycle entitled "Chinese Poems." The first version was published in 1938 in the Moscow based exile journal *Das Wort*, but Brecht started amending the collection in Santa Monica in November 1944 when he received a volume of Arthur Waley's *More Translations from the Chinese*.

In all his places of exile, Brecht hung a scroll painting of Confucius, the popular sage and teacher, above his desk. Confucius in Santa Monica – this made sense to Brecht since he referred to Chinese philosophy as early as 1920, using it throughout his life as a relief from Marxism, activism, and the urge for progress.

Heiner Müller obviously knew Brecht's works inside out, and he made sure to reflect classic exile poetry such as the "Hollywood Elegies" and the "Chinese Poems" when he composed "Villa Aurora." Moreover, given the poem's perspective from the height of the Palisades over a panorama of landscape and history, Müller practically occupied the very space from which Brecht enjoyed views like this, as can be seen in a 1945 picture of Brecht as virtual visionary on the terrace of the Feuchtwanger estate (fig. 4).

The elegy "Villa Aurora" became a starting point as well as a point of reference for the vast amount of contemporary literature that has been inspired by this institution ever since. The first regular writer-in-residence of the program was Irina Liebmann. Like Heiner Müller, Liebmann had been a citizen of the GDR. She was born in Moscow in 1943 and majored in Chinese Studies at the University of Leipzig in 1966. In the years prior to her fellowship, she built herself a reputation as a writer who contributed significantly to the literary image of the city of Berlin, particularly of its downtown neighborhoods. Less than a year after her stay at the Villa, she published a cycle of poems under the puzzling title of *Perwomajsk, Erster Mai und La la la L.A.* (Pervomaisk, May Day and La La La L.A.). In this work, she focuses on the contrast between Russia during the First Chechen War and the urban life of Los Angeles. Her point of view is from Berlin, more precisely from "dirty, dirty, dirty / dirty Berlin" where she yearns for returning to Los Angeles because, as she emphatically states in the final lines of the collection's first poem:

everyone
who I want to see again
is
there

On the 15th anniversary of the residency program in 2010, the Villa Aurora association edited a booklet with poems by Liebmann humorously titled *Autofahrenlernen in L.A.* (Learning to Drive in L.A.). The earlier volume already indulged in the flow of traffic on Wilshire Boulevard where the polished fronts of the buildings, the "glitter edges," "carefully guard the stream of the cars as good as a bed." *Autofahrenlernen in L.A.* reassembles the motifs of traffic into the following poem:

The palms on Ninth Street
they've grown too tall, much too tall, the palms
on Ninth Street wave their brush
tree-
tops –
head-
s
on their pencil stalks waaay
up high, and all stand askew.
Askew to one side,
they stand left and right of the sidewalks
and then again they stand straight
just when I passed,
yes the first day I drove alone in a
borrowed car
through the holy Monica
cautious and also not
proper,
just one corner before I had almost
run into a woman who came from the right,
thank God so many women here drive
these cars here everywhere, they
don't complain, the grin, and then
to the left I saw
the palms on Ninth Street.

The driver in this poem seems to be continuing a trip that she began in the 1996 volume on Wilshire Boulevard. She seems to have changed in the meantime to Arizona Avenue and is headed toward the ocean. Fittingly, the cover of the booklet shows the Santa Monica Pier Entrance at late dusk with a car in full motion in front of it. While the view in Heiner Müller's "Villa Aurora" is a static, panoramic one down from the hill, Liebmann's view is mobile, from the middle of things upwards toward the tops of the palm trees. As in Müller's poem, these trees lean to one side, not so much to greet a rising future as to mirror the high spirits of the poet and the comic flexibility of her verses. There is also a kind of feminist turn when she evokes "so many women" who drive and, later on in the cycle, contrasts them with a surprising combination of men:

Hitler couldn't drive a car, Thomas Mann couldn't drive a car, Klaus Mann couldn't drive a car, I learned all this just
yesterday. Feuchtwanger couldn't, my father couldn't either [...].

That these mobile and mobilized women are grinning instead of shouting (as people would probably do in Berlin) contradicts Müller's infamous judgement about Los Angeles, according to which he is "surrounded" in this city "by more or less intelligent computers and smiling idiots."
"Villa Aurora" summoned an unknown fate of the metropolis, whereas *Autofahrenlernen in L.A.* calls upon a particular God in "holy Monica" who is also addressed in Liebmann's earlier collection: "dear God of Wilshire / help me / I mean the God of Wilshire Boulevard." This God of Wilshire Boulevard appears to be a God of mobility. He is called upon to spirit away Liebmann's persona from Berlin to Los Angeles. In terms of a playful mythology, Liebmann found a voice to express sympathy for L.A. as a sanctuary. However, the range of mobility here includes a constant movement between ups and downs regarding one's relation to the metropolis. You may feel "out of the game" or "still in the game," being "at the bottom" or "in heaven." As Brecht wrote in his "Hollywood Elegies:" "Paradise and hell / can be the same city." Therefore, the true miracle of Los Angeles is captured perfectly in Liebmann's revelation: "I still like it!!! And / that blows my mind, knocks me out that / I still like it here."

Der geheime Flügel: Die vielen Richtungen, Literatur zu betreiben

Annette Jael Lehmann

Einleitung

Dieser Beitrag ist ein Logbuch bzw. Forschungstagebuch der 14 Tage zwischen dem 27. Oktober und dem 9. November 2021. Es befasst sich mit der Frage des Schreibens im und als Exil als eine Möglichkeit, die Relation von Verletzlichkeit und Zugehörigkeit darzustellen. Meine Argumentation lautet, dass Verletzlichkeit eine Bedingung für das Schreiben im und als Exil ist und als solche auch eine Handlung, die von körperlichen Subjekten ausgeführt wird. Wenngleich dieses Schreiben auf einem umkämpften Terrain stattfindet – wodurch Vertreibung und Diaspora in den Vordergrund rücken, nomadische Bewegung umfasst und Deterritorialisierung offenlegt –, ist es zugleich abhängig von Zugehörigkeit, vom Teilen eines Ortes mit anderen als Schutz, vielleicht als Zufluchtsort oder als vielschichtiges Geflecht relationaler Umgebungen. Dieses Verhältnis von Schreiben und Zugehörigkeit im Exil ist ein besonders heikles.

27. Oktober: „Sanctuary“

Ein Zufluchtsort ist eine räumliche Metapher für einen Ort, an dem jemand oder etwas beschützt oder aufgenommen wird. Es ist ein Ort, der vor Gefahren oder einer schwierigen Situation sicher ist. Es ist ein Ort der Sicherheit. Ich recherchiere das Wort *„sanctuary“* bei Google. Ich lande auf einer Website mit dem Titel: „Welcome to the Crossword Solver“ („Willkommen beim Kreuzworträtsel-Löser“). Die dort gelistete Definition ist jedoch herausfordernd: ein geweihter Ort, an dem heilige Objekte aufbewahrt werden.

28. Oktober: Eine Bewegung in viele Richtungen

Um meine Untersuchung ein wenig sachgerechter zu beginnen, versuche ich, eine heuristische Forschungsfrage zu stellen. Ich versuche, eine erste Version zu formulieren: Fördert das Schreiben im und als Exil eine Erkennbarkeit von Verletzlichkeit und schafft es damit eine Möglichkeit der Ermächtigung? Ich werde mich dieser Frage aus einem bestimmten Blickwinkel nähern: Können wir Verletzlichkeit als eine Möglichkeit zur Ermächtigung neu denken? Um mich dieser Frage zu nähern, lese ich Judith Butlers Essay „Rethinking Vulnerability and Resistance“ (2016). Darin definiert sie Verletzlichkeit nicht im Sinne des Bedürfnisses nach Schutz und einem sicheren Raum, sondern als Nährboden für Widerstand. Folglich wird der Körper durch seine Relationalität und Interdependenz zu einem Ort des politischen Handlungsvermögens. Das Schreiben im Exil wird durch die gemeinsame Erfahrung einer komplexen körperlichen und emotionalen Verletzlichkeit mobilisiert, und darüber hinaus konstituiert das Exil die Verletzlichkeit als ihre ontologische und existenzielle Bedingung. Schreiben im und als Exil konstituiert und manifestiert sich in verschiedenen Formen der Ermächtigung und des Widerstands und entsteht dennoch nicht nur trotz, sondern gerade aufgrund der Verletzlichkeit.

29. Oktober: Griechische Tragödie und Ostrazismus

Exil ist ein häufiges Thema in der griechischen Tragödie. Das Motiv erreichte seinen Höhepunkt in Euripides Tragödie *Medea*, geschrieben im fünften Jahrhundert vor Christus. Darin ist das Exil gleichzeitig eine Realität der Vergangenheit, eine drohende Gefahr und ein innerer Zustand. Medea und Jason sind Exilant:innen, bevor die Handlung des Stücks überhaupt beginnt. Aber auch im Stück selbst ist das Exil beziehungsweise das drohende Exil Medeas einer der Hauptstränge der Handlung. Exil ist jedoch nicht nur ein physischer Zustand für Medea, Jason und ihren Haushalt, sondern auch ein emotionaler und affektiver Zustand. Sowohl für Jason als auch für Medea dient der Schmerz des gegenwärtigen Exils, gepaart mit der Angst vor einem zukünftigen Exil, als Motivation und Rechtfertigung für ihr Handeln im Stück. Sie befinden sich stets in einer verletzlichen Position.

Die Exilierung in der Antike ist eng mit dem Ostrazismus (griechisch: *ostrakismos*), dem Scherbengericht, verbunden, einem Verfahren im Stadtstaat Athen, bei dem ein jeder Bürger für zehn Jahre der Stadt verwiesen werden konnte. Über dieses Schicksal wurde in einem demokratischen Verfahren entschieden, bei dem Tonscherben als Stimmzettel verwendet wurden. Da das Scherbengericht von Tausenden von Menschen über viele Jahrzehnte hinweg in einer sich wandelnden politischen Situation und Kultur praktiziert wurde, diente es nicht einem einzelnen monolithischen Zweck. War das Verfahren in manchen Fällen zwar tatsächlicher Ausdruck des öffentlichen Zorns auf den jeweiligen Bürger, so wurde es doch oft vorbeugend angewandt, um jemanden zu neutralisieren, den man als Bedrohung für den Staat oder potenziellen Tyrann ansah. Allgemein gesprochen, ist die häufigste Form der Ausgrenzung die Weigerung, mit einer Person zu kommunizieren. Auch dies kann viele Formen annehmen. Wird einer Person die Kommunikation verweigert, wird sie effektiv ignoriert und von einer bestimmten Gemeinschaft ausgeschlossen.

1.–3. November: „Wo ich bin, ist Deutschland" – oder Exil in den Vereinigten Staaten
Ich gehe weiter der Frage des Schreibens im und als Exil in Relation zu Zugehörigkeit und Handlungsfähigkeit nach, womöglich im Widerspruch zu meiner anfänglichen Hypothese von Verletzlichkeit und Ermächtigung. Was wäre, wenn das Schreiben im Exil einer Teleologie der Anerkennung und der sozialen Inklusion folgt, die ihr eigenes Netzwerk der Zugehörigkeit etabliert? Damit komme ich zurück auf Thomas Manns sehr effektive Strategie der Selbstmonumentalisierung als Schriftsteller im Exil. Exemplarisch lässt sich das an einer seiner Aussagen aufzeigen: „Wo ich bin, ist Deutschland". Diesen Satz diktierte Thomas Mann am 21. Februar 1938, dem Tag seiner Ankunft in New York, in die Notizblöcke der Journalisten, die den weltberühmten Nobelpreisträger erwarteten. Der Grund für seine Reise an Bord der Queen Mary war eine Vortragsreise durch Amerika. Im Frühjahr 1938 zahlten schätzungsweise 43.000 Amerikaner:innen Eintritt, um eine der fünfzehn Vorlesungen des deutschen Schriftstellers zu hören, der auf Plakaten und in Zeitungsanzeigen als „The Greatest Living Man of Letters" beworben wurde. Aber im Exil verkörperte Thomas Mann vor allem eines: Er war Deutschland. Interessanterweise hatte Thomas Manns Bruder Heinrich Mann in seinem Band *Ein Zeitalter wird besichtigt* dieselbe Proklamation mit einer kleinen, aber keineswegs unwichtigen Bedeutungsverschiebung notiert: „Wo ich bin, ist die deutsche Kultur."

4. November: Der geheime Flügel I. Der Fall Mariana Marin
Während ich mich in den letzten Tagen mit der Geschichte von Thomas Mann beschäftige, habe ich das Gefühl, dass meine Recherchen in eine Sackgasse geraten sind. Ich stecke fest und komme nicht weiter. Ich komme auf den Namen dieses Labyrinths zurück: *„sanctuary"*. Ich stoße auf eine neue Metapher im Zusammenhang mit dem Zufluchtsort: der geheime Flügel – *the secret wing.* Ich erfahre, dass *Secret Wing* der Titel eines Gedichtbandes von Mariana Marin (1956–2003) ist, einer der charakteristischsten und kompromisslosesten Autor:innen der 1980er-Generation in Rumänien. Die Metaphern des Zufluchtsortes und des geheimen Flügels hängen zusammen mit Ostrazismus und verschiedenen Möglichkeiten, mit der Verletzlichkeit umzugehen, indem das Schreiben zur Lebenshilfe, zum Schutz, zur Stärkung und zur Resilienz wird. In ihrem Gedichtband *Secret Wing* artikuliert Marina Marin eine widerstandsfähige Art des poetischen Denkens, indem sie sich ihren eigenen „geheimen Flügel" vorstellt, eine Form der inneren Architektur, in der das Selbst tiefgreifende Möglichkeiten des poetischen Ausdrucks in Resonanz mit der kollektiven Geschichte entdeckt. Dies weckt meine spekulative Neugier: Verweist die Metapher des geheimen Flügels auf die topologische Dimension eines Palastes und einen imaginären Raum der Zugehörigkeit für topografisches Schreiben? Oder spielt sie gar auf die andere Bedeutung des Flügels an: einen Körperteil, der sich auf- und abbewegen lässt und dem Körper dadurch das Fliegen ermöglicht, eine Metapher für das poetische Schreiben als erhebende und transzendierende Kraft?

30.–31. Oktober: *Morir en Berlín* – oder Exil in Deutschland
Carlos Cerda war ein chilenischer Schriftsteller, der 1973 ins Exil in die DDR ging. In *Morir en Berlín* (1993) lässt Cerda die Erfahrung des Exils Revue passieren und setzt sich kritisch mit den Lebensbedingungen der Chilenen in der DDR auseinander. Als fiktionales Werk über die DDR und die Erfahrungen des Exils sticht *Morir en Berlín* in mehrfacher Weise heraus als eine literarische Erkundung des repressiven Systems der DDR und der Gruppe der Exilant:innen, die in sozialer sowie ideologischer Hinsicht sowohl privilegiert als auch kontrolliert waren, wobei die meisten von ihnen in einem Getto lebten, das vom Regime als Zufluchtsort dargestellt wurde. Der Roman zeigt die ständigen Spannungen im Umgang mit einem politischen System und seinen Repressionen auf der einen Seite und der widersprüchlichen Loyalität vieler chilenischer Exilant:innen im Kampf um Zugehörigkeit auf der anderen. Ihre Kollektivschuld als Exilant:innen, politische Geflüchtete und linke Aktivist:innen bestand in dem Gedanken, sich selbst gerettet zu haben, während andere, die Märtyrer:innen, zu Hause in Chile weiterkämpften und ihr Leben opferten. Vor diesem Hintergrund wird das Exil in der DDR zum kollektiven, historischen Gedächtnis und zum Trauerprozess um eine widersprüchliche Erfahrung nicht nur in Form von Verlust und Flucht, sondern auch als Konflikt zwischen Zugehörigkeit und politischem Handeln.

5. November: Hélène Cixous' Buch *The Exile of James Joyce* (fast 800 Seiten lang, ein Buch, das sie später als „Pissertation" bezeichnete)
Ich mache einen weiteren Umweg, in der Hoffnung, die Verflechtungen zwischen dem Schreiben im und als Exil und der biografischen Praxis zu verstehen. Hélène Cixous' Entwicklung als Schriftstellerin kreist um die Motive des Exils als autobiografische Quelle, in der sie die Grenzen zwischen Autobiografie, Literaturkritik und biografischem Subjekt verschiebt und verwischt. Die ästhetischen, epistemologischen, ethischen und politischen Dimensionen des Schreibens im Exil werden zu ihrer Methode der Autobiopoiesis. Im Exil in Algerien erlebt Cixous ein Gefühl der Nicht-Zugehörigkeit zu festen Strukturen wie Nation oder Staat, zumal sie in dieser Zeit einer toxischen Mischung aus kolonialem Rassismus, Imperialismus und Antisemitismus ausgesetzt ist. Das Exil ist ein mehrdeutiger und instabiler Ort der Nicht-Zugehörigkeit, und ihr Schreiben entspringt aus und kehrt zurück in diesen Raum der Verwundbarkeit. In *The Exile of James Joyce* setzt Cixous das Exil als generativen Ort und als Metapher für sein (und ihr) Schreiben ein. Paradigmatisch betrachtet ist das Exil hier die Voraussetzung für die Möglichkeit des Schreibens, eines Schreibens mit einem ausgeprägt autobiografischen Zug, ein Akt der Autobiopoiesis.

6. November: Villa Aurora
Heute Morgen habe ich ein wenig Zeit, um weiterzurecherchieren, und ich erinnere mich an Teile eines seltsamen Traums von letzter Nacht: Ich war zu Gast in einer Fernsehshow mit einer Reihe von Germanistik-Professor:innen an US-amerikanischen Universitäten. Mir wurde eine Quizfrage gestellt: „Wer schrieb das beste deutsche Tagebuch während des Zweiten Weltkriegs im amerikanischen Exil: Thomas Mann, Stefan Zweig oder Klaus Mann?" Ich antworte „Leo Trotzki" und fliege aus der Sendung. Als ich am nächsten Morgen aufwache, google ich „Trotzki-Tagebuch"? Ich finde eine interessante Anekdote: Trotzki behauptete, dass das Schreiben eines Tagebuchs während seiner 24 Jahre im Exil die bedeutendste Leistung seines Lebens war. Ich erinnere mich, dass es in jenen Jahren Trotzkisten in Kalifornien gab, zu denen Thomas Mann, Klaus Mann oder Lion Feuchtwanger natürlich nicht gehörten. Sie trafen sich oft in einer Villa in Pacific Palisades, Los Angeles, namens „Villa Aurora", auch ein Ort des Konflikts zwischen Zugehörigkeit und politischer Handlungsfähigkeit. Feuchtwanger schrieb an diesem Ort sechs historische Romane, es waren aber keine leichten Jahre. Feuchtwanger hatte in dem Buch *Moskau 1937* die Sowjetunion und die Diktatur Stalins verherrlicht und sogar die Schauprozesse gegen Trotzkisten verteidigt, was später bei Exilkollegen wie Franz Werfel und Stefan Zweig auf starke Ablehnung stieß. Anfang der 1950er-Jahre, während der McCarthy-Ära, wurde Feuchtwanger, wie viele andere, des Kommunismus bezichtigt und vom House Un-American Activities Committee verhört.

7. November: Der geheime Flügel II. Der Fall Anne Lister
Heute ist Sonntag, und ich werde mir etwas Zeit nehmen, um meine Lektüre der Tagebücher von Anne Lister aus den Jahren 1821 bis 1823 fortzusetzen. Anne Lister war eine Tagebuchschreiberin aus West Yorkshire. Sie hinterließ 26 handgeschriebene Bände über ihr öffentliches und privates Leben, die schätzungsweise fünf Millionen Wörter enthalten, teilweise in einem „Krypthand"-Code, den sie für ihre intimsten Überlegungen erfand. Diese Tagebücher wurden von der UNESCO als „Schlüsseldokument" der britischen Geschichte anerkannt und 2011 in das Register des UNESCO Memory of the World Program aufgenommen. In ihrer Gesamtheit sind Listers Tagebücher die umfassendste und gründlichste tägliche Lebensaufzeichnung *(life-writing)*, die uns bekannt ist. Sie zeigen, wie eine Frau, die sich nicht den Normen ihrer Zeit unterwarf, die gesellschaftliche, wirtschaftliche, emotionale und sexuelle Politik ihrer Zeit sorgfältig analysierte. In der Tat berichtet sie über zahlreiche romantische und sexuelle Beziehungen zu einem Netzwerk von Frauen. Lister glaubte, dass ihr Code aus griechischen und lateinischen Wörtern, mathematischen Symbolen, Satz- und Tierkreiszeichen, in den sie ihre intimsten Gedanken kleidete, absolut unentzifferbar war. Doch der Code wurde geknackt, und so sind die Tagebücher von Anne Lister ein eindrucksvolles Beispiel für einen fast lebenslangen Schreibprozess in und als Hinwendung nach innen, ein inneres Exil, das ein Bekenntnis als geheimen und damit sicheren Ort festschreibt. Dies mag seine Metonymie in einem geheimen Flügel als hybrider Raum für ein Schreiben finden, das ohne ein Publikum oder einen Leser/eine Leserin im Sinn ausgeführt wurde, unerbittlich, skrupellos und widerstandsfähig. Lister entwickelte dabei eine Kommunikationstechnik, die Kommunikation ausschließen sollte und die Worte stattdessen dem Schweigen, der Vergessenheit und der Unsichtbarkeit übergab, während sie gleichzeitig auch als Überlebens-, Widerstands- und Ermächtigungsstrategie dienten. Listers Tagebücher lassen sich im weiteren Sinne in die Kategorie der „Exilschriften" einordnen; sie sind ein einzigartiges Beispiel für die schriftliche Offenbarung eines fortlaufenden und intrinsischen Prozesses des Selbstexils.

8. November: Verletzlichkeit
Mir läuft die Zeit davon. Ich fühle den Druck, kohärentere (und wissenschaftskonforme) Ergebnisse zu diesem Thema vorzulegen. Verletzlichkeit ist oft eng verbunden mit der Erfahrung von Gewalt und den Grenzen ihrer Darstellbarkeit. Die ethischen Anforderungen und Grenzen der Repräsentation innerhalb unterschiedlicher Figurationen von Gewalt und Verletzlichkeit sind vielfach diskutiert worden. In *Raster des Krieges* konzentriert sich Judith Butler auf diese existenzielle Dimension der Wahrnehmung von Verletzlichkeit, die im Konzept der Klagbarkeit zum Ausdruck kommt. Analog zu Michel Foucault räumt auch Butler ein, dass ein bestimmtes Wahrheitsregime darüber entscheidet, was eine erkennbare Form des Seins ist oder nicht. Diejenigen, die zum Beispiel einer verdächtigen ethnischen Gruppe anzugehören scheinen, werden als weniger beklagenswert wahrgenommen und daher als weniger verletzlich verstanden als andere Individuen oder sogar als unmenschlich abgetan. In der Folge schlägt Butler vor, anstelle von Identitäten Vulnerabilität anzuerkennen, wodurch Leben als verletzliche Leben erkannt werden und das Teilen dieser Verletzlichkeit mit einer soziokulturellen Gemeinschaft möglich wird.
Wenn das Schreiben im und als Exil eine vielschichtige Praxis ist – die sich als multidirektionale Aktualisierung in unterschiedlichen Kontexten und Situationen entfaltet –, hat es das Potenzial, uns der Verletzlichkeit des Lebens auszusetzen und es zu einer gemeinsamen Verletzlichkeit zu erweitern, die die Grenzen des Sagbaren berührt. Und dieses Schreiben im und als Exil entwirft eine enterritorialisierte Kartografie des Werdens, einer nicht fixierbaren „nomadischen Identität". Vor diesem Hintergrund können wir schlussfolgern, dass ein Zufluchtsort ein vorübergehender sicherer Raum ist, in dem Verletzlichkeiten offengelegt werden, indem Deutungsrahmen als nomadische Aneignungen verworfen werden.

9. November: Eine Liste
Mein letzter Eintrag zu diesem Thema ist wieder spekulativ und fragmentarisch. Meine täglichen Recherchen enden mit einer kontingenten Bestandsaufnahme, ähnlich wie in einem Fundbüro. 9. November: Ich fühle mich von diesem Tag magnetisch abgestoßen. Also stöbere ich – online – in einer unheimlichen Fülle von Dokumenten, Schriften, Büchern, Objekten und Bildern, die sich um dieses Datum und seine historischen Verästelungen drehen. Die Fokussierung auf den 9. November eröffnet einen Raum für ein immersives Labyrinth aus einer Sammlung von miteinander verflochtenen und verstrickten Archivmaterialien und Dokumenten – und natürlich Geschichten. Ein solches Labyrinth schafft Wege zu Ereignissen, Erfahrungen und Erinnerungen, die sonst vielleicht unzugänglich oder verloren wären. Heute zähle ich auf meiner Liste der verlorenen und gefundenen Gegenstände 14, die sich nicht in eine bestimmte Kategorie zur Betrachtung und Analyse einordnen lassen. Infolgedessen bleibt meine Suche unbestimmt genug, um in verschiedene Richtungen zu gehen. Hier ein kurzer Blick auf den letzten Punkt auf meiner Liste: Vierzehn: „Ein Brief über ein Wanderbuch". Ein besonderes Zeugnis aus den Tagen des Novemberpogroms 1938 ist ein Brief, den der ehemalige Berliner Felix Pinczower einige Monate nach seiner Emigration nach Palästina an den Schriftsteller S. J. Agnon schrieb. Pinczower fügte seinem Brief ein kleines Buch bei, Agnons *Im Herzen der Meere* in einer hebräischen Ausgabe des Schocken-Verlags in Berlin. Es ist ein seltenes Dokument der Kultur und der Barbarei zugleich. Etwa zwei Jahre später, in den Wintermonaten 1939/1940, schrieb Walter Benjamin nach seiner Entlassung aus einem französischen Internierungslager in Südfrankreich, in dem er als Deutscher zu Beginn des Krieges inhaftiert worden war, seine 18 Thesen „Über den Begriff der Geschichte". In diesem fragmentarischen Text stellte Benjamin bekanntlich fest:
„Es ist niemals ein Dokument der Kultur, ohne zugleich ein solches der Barbarei zu sein."

The Secret Wing: The Many Directions of Doing Literature

Annette Jael Lehmann

Introduction

This contribution is a logbook, or research diary, of the fourteen days from October 27 until November 9, 2021. It engages with the question of writing in and as exile as a way to enact the relationship between vulnerability and belonging. I argue that vulnerability is a condition of writing in and as exile and, as such, also an action performed by corporeal subjects. Despite the fact that this writing takes place on contested territory, a fact that foregrounds displacement and diaspora, encompassing nomadic movement and exposing deterritorialization, it also depends on belonging, on sharing a place with others as a safeguard, maybe as a sanctuary, or a multilayered web of relational surroundings. This relationship of writing and belonging in exile is a particularly tricky one.

October 27: Sanctuary

A sanctuary is a spatial metaphor for a place where someone or something is protected or given shelter. It is a place safe from danger or a difficult situation. It is a place of safety. I do a little research on the word "sanctuary" on Google. I land on a website titled: "Welcome to the Crossword Solver." It lists a definition of sanctuary that is challenging: a consecrated place where sacred objects are kept.

October 28: A Move in Many Directions

To start my inquiry a bit more properly, I try to pose a heuristic research question. I try to formulate an initial version: Does writing in and as exile encourage a recognizability of vulnerability and, as such, create a possibility for empowerment? I will approach this question by asking: Can we rethink vulnerability as a possibility for empowerment? I read Judith Butler's 2016 essay "Rethinking Vulnerability and Resistance." In this essay, vulnerability is defined not in terms of a need for protection and a safe space, but reframed as the very ground for resistance. Consequently, the relationality and interdependency of the body makes it a site of political agency. Writing in an exilic condition is mobilized from the shared experience of inhabiting complex physical and emotional vulnerabilities, and exile constitutes the ground of vulnerability as its ontological and existential condition. Writing in and as exile constitutes and manifests itself in various forms of empowerment and resistance and emerges not despite vulnerability but precisely because of it.

October 29: Greek Tragedy and Ostracism

Exile is a common theme in Greek tragedy. The motif reached its peak with Euripides' tragedy *Medea*, written in the fifth century BC. Here, exile is simultaneously a past reality, an impending threat, and an internal state. Medea and Jason are exiles before the action of Euripides' play even begins. In the play itself, exile, or Medea's impending exile, is one of the main drivers of the plot. In addition, exile, beyond being a physical condition for Medea, Jason, and their household, is also an emotional and affective state. For both Jason and Medea, the pain of present exile, coupled with the fear of future ones, serves as motivation and justification for their actions. Their position is constantly vulnerable.

Exile in ancient times is closely connected with ostracism (in Greek: *ostrakismos*), which in the city-state of Athens was a procedure in which any citizen could be expelled for a ten-year period. Such a fate was decided through an Athenian democratic procedure where pottery shards were used as voting tokens. Because ostracism was carried out by thousands of people over many decades of an evolving political situation and culture, it did not serve a single monolithic purpose. While, in some instances, it was a clear expression of popular anger at a particular citizen, ostracism was often used preemptively. It was employed as a way of neutralizing someone thought to be a threat to the state or a potential tyrant. In more general terms, the most common form of ostracism is refusing to communicate with a person. This, too, can take many forms. Refused communication, a person is effectively ignored and excluded from a given community.

October 30–31: *Morir en Berlín* – or Exile in Germany

Carlos Cerda was a Chilean writer who went into exile to the GDR in 1973. In *Morir en Berlín* (1993), Cerda revisits the experience of exile and critically examines the conditions under which Chileans lived in the GDR. As a work of fiction about the GDR and the experience of exile, *Morir en Berlín* stands out in several ways, because it is a literary inquiry into the repressive system of the GDR and the group of exiles who were both privileged and controlled, socially as well as ideologically, most of them living in a ghetto framed by the regime as a sanctuary. The novel shows the constant double bind of coping with a political system and its repressions on the one hand and the contradictory loyalty of most Chilean exiles as a struggle for belonging on the other hand. As exiles, political refugees, and left-wing activists, their collective guilt was about having saved themselves while others, the martyrs, continued to fight and to sacrifice their lives back home in Chile. Against this backdrop, exile in East Germany is presented as a collective, historical memory and a process of grieving about a conflicting experience not only through the figures of loss and escape, but also as a conflict between belonging and political agency.

November 1–3: “Where I am is Germany” – or Exile in the United States

I further inquire into the question of writing in and as exile in relation to belonging and agency, potentially in opposition to my initial hypothesis of vulnerability and empowerment. What if writing in exile follows a teleology of recognition and social inclusion that establishes its own network of belonging? I thus come back to Thomas Mann’s very effective strategy of self-monumentalization as a writer in exile. One example is his statement “Where I am is Germany” – a phrase that was widely and successfully circulated. Thomas Mann dictated these words on February 21, 1938, the day of his arrival in New York, to the journalists who had been waiting for the world-famous Nobel Prize winner. Mann had come to the United States on the Queen Mary to embark on a lecture tour across the country. In the spring of 1938, an estimated 43,000 Americans paid admission to listen to a total of fifteen lectures by the German writer, who was advertised on posters and in newspapers as “The Greatest Living Man of Letters.” But, in exile, Thomas Mann embodied above all something else: He was Germany. Interestingly, Heinrich Mann in his memoirs, *Ein Zeitalter wird besichtigt* (An age reviewed), recorded his brother’s proclamation with a small but by no means insignificant shift of meaning: “Wo ich bin, ist die deutsche Kultur” (“Where I am is German culture”).

November 4: Secret Wing I. The Case of Mariana Marin

While focusing on the story of Thomas Mann over the last days, I feel my research has hit a dead end. I am stuck and unable to move on. I return to the name of this maze: sanctuary. I come upon a new metaphor, related to the sanctuary: the secret wing. I learn that *Secret Wing* is the title of a volume of poetry by Mariana Marin (1956–2003), one of the most emblematic and uncompromising authors of the 1980s generation in Romania. The metaphors of the sanctuary and the secret wing are related to ostracism and different ways of coping with vulnerability, by developing writing as a life-tool for protection, empowerment, and resilience. In *Secret Wing*, Mariana Marin articulates a resilient mode of poetic thinking by imagining her own “secret wing,” a form of inner architecture where the self discovers profound resources of poetic expression in resonance with collective history. This triggers my speculative curiosity: Does the metaphor of the secret wing connotate the topological dimension of a palace and an imaginary space of belonging in topographic writing? Or does it allude to the other meaning of wing: a body part that can be moved up and down and that enables the body to fly, a metaphor for poetic writing as an uplifting and transcending force?

November 5: Hélène Cixous’ *The Exile of James Joyce* (almost 800 pages long, a book she later described as a “pissertation”)

I take another detour, hoping to understand the entanglements between writing in and as exile and biographical practice. Hélène Cixous’ development as a writer revolves around the motifs of exile as an autobiographical source, in which she pushes and blurs the boundaries between autobiography, literary criticism, and biographical subject. The aesthetic, epistemological, ethical, and political dimensions of writing in exile become her method of autobiopoiesis. Her exile in Algeria leads Cixous to experience a sense of non-belonging to fixed entities such as a nation or a country, since it was during that time that she was exposed to a toxic mixture of colonial racism, imperialism, and antisemitism. Exile is an ambiguous and unstable place of non-belonging, and her writing both comes from and returns to this space of vulnerability. In *The Exile of James Joyce*, Cixous uses exile as the generative locus and metaphor of Joyce’s (and her) writing. Paradigmatically, exile here is the precondition for the possibility of writing, a writing with a strong autobiographical current, an act of autobiopoiesis.

November 6: Villa Aurora

This morning I have a little time to do some more research, and I remember parts of a strange dream I had last night: I was a contestant in a TV game show together with professors from German departments across the United States. I was given a quiz question: “Who wrote the best German diary while in exile in the United States during the Second World War: Thomas Mann, Stefan Zweig or Klaus Mann?” I answer “Leon Trotzky” and I am expelled from the show. Waking up the next morning, I google “Trotzky diary.” I find an interesting anecdote: Trotzky claimed that during his twenty-four years in exile his writing of a diary was the most significant achievement of his life. I recall that there were Trotskyites in California in those years, and of course Thomas Mann, Klaus Mann or Lion Feuchtwanger weren’t among them, often meeting in a mansion in Pacific Palisades, Los Angeles, called Villa Aurora, which was also a place of conflict between belonging and political agency. Feuchtwanger wrote six historical novels in the Villa Aurora, but these were far from easy years. Feuchtwanger had glorified the Soviet Union and the dictatorship of Stalin in the book *Moskau 1937* and even defended the show trials against the Trotskyists, for which he met with strong disapproval from exiled colleagues such as Franz Werfel and Stefan Zweig. In the early 1950s, during the McCarthy era, Feuchtwanger, like many others, was accused of communist sympathies and interrogated by the House Un-American Activities Committee.

November 7: Secret Wing II. The Case of Ann Lister
Today it is Sunday and I will spend some time continuing to read the diaries of Ann Lister from the years 1821 to 1823. Ann Lister was a West Yorkshire diarist, leaving behind twenty-six handwritten volumes on her public and private life, containing an estimated five million words, partly in a "crypthand" code she devised for her most private reflections. These particular diaries were recognized by UNESCO as a "pivotal document" in British history and were added to the register of the UNESCO Memory of the World Program in 2011. Taken as a whole, Lister's diaries represent the most sustained and thorough daily account in the known archive of life-writing. They reveal how one non-conforming woman thoughtfully analyzed the social, economic, emotional, and sexual politics of her time. Indeed, she records extensive romantic and sexual engagements with a network of women. Lister believed that her code – devised from Greek and Latin, mathematical symbols, punctuation, and the zodiac to disguise her innermost thoughts – was completely indecipherable. But the code has been cracked and the diaries of Ann Lister are a striking example of an almost life-long writing process in and as an inward turn, an inner exile, establishing a testimonial as a secret and thereby safe location. This may find its metonymy in a secret wing as a hybrid space for a writing conducted without an audience or reader in mind, relentless, unscrupulous and resilient, developing a communication technique that was supposed to foreclose communication, confining the words to silence, oblivion and invisibility, all the while being also a strategy of survival, resistance and empowerment. In a broader sense, these diaries fit in the category of "exile writings" and are an unprecedented document for revealing a subject in writing, encoding an ongoing and intrinsic process of self-exile.

November 8: Vulnerability
I am running out of time. I feel pressured to present some more coherent (and academia-conforming) results on this topic. Vulnerability is often closely related to the experience of violence and the limits of representation. The ethical demands and limits of representation within divergent figurations of violence and vulnerability have been widely discussed. In *Frames of War*, Judith Butler focuses on this existential dimension of the recognizability of vulnerability as expressed in the concept of grievability. In accordance with Michel Foucault, Butler acknowledges that a particular regime of truth decides what will or will not be a recognizable form of being. Those who appear to belong to, for instance, a suspect ethnic group are perceived as less grievable and are thus less intelligible as vulnerable than other individuals or even abjected as inhuman. Consequently, Butler suggests to shift the emphasis from the recognition of identities to the recognition of vulnerability, allowing us to recognize lives as vulnerable lives and sharing vulnerability within a socio-cultural community.
If writing in and as exile is a multi-layered practice – unfolding as a multidirectional actualization in variegated contexts and situations – it has the potential to reveal the vulnerability of life and extend to a shared vulnerability, touching upon the limits of the sayable. And this writing in and as exile maps a de-territorialized cartography of becoming, of an unfixable "nomadic identity." Against this backdrop, we may conclude that a sanctuary is a temporary safe space for exposing vulnerabilities by disposing frames of recognition as nomadic appropriation.

November 9: A List
My last entry on the subject is once again speculative and fragmentary. My daily research ends with an inventory, much like a lost and found. November 9 – I feel magnetically repulsed by that day. I rummage online through an uncanny abundance of documents, writings, books, objects, and images revolving around this date and its historical ramifications. Focusing on November 9 opens a space for an immersive labyrinth of a collection of intertwined and entangled archival materials and documents, and of course stories. Such a labyrinth creates pathways to events, experiences, and memories that might otherwise be inaccessible or lost. Today, on my lost and found list, I count 14 items that do not fit into one distinctive category for reflection or analysis. Instead, this keeps my search unsettled enough to move in multiple directions. Here is the last item on my list: "A Letter about a Travelling book." A special testimony to the days of the November pogrom in 1938, it is a letter written by a former Berliner, Felix Pinczower, to the writer S. J. Agnon a few months after Pinczower's emigration to Palestine. With his letter Pinczower enclosed a small book, Agnon's *Im Herzen der Meere* (*In the Heart of the Seas*) in a Hebrew edition published by Schocken-Verlag in Berlin. The letter is a rare document of both culture and barbarism at the same time. About two years later, in the winter months of 1939/40, Walter Benjamin wrote his eighteen Theses on the Philosophy of History (*Über den Begriff der Geschichte*) after his release from a French internment camp in southern France, where he had been imprisoned as a German since the beginning of the war. In this fragmentary text, Benjamin famously stated: "There is no document of civilization which is not at the same time a document of barbarism."

Innen Leute Außen Leute

Ann Cotten

Sanctuary –
„Wer jetzt kein Haus hat, baut sich keines mehr“: Der Rilke’sche Satz donnerte drohend von einem Kalender an der Klowand, als ich während meiner Teenagerzeit täglich vor der engen Familienwelt in die Wälder floh. Dort streifte ich mit dem Hund herum, bis der Hund streikte, und während er ausruhte, holte ich das jeweilige Taschenbuch aus der Manteltasche und las Brecht-Gedichte, Wittgenstein, Max Frischs *Gantenbein* oder Heinrich Bölls *Ansichten eines Clowns*. Ich hatte Schwierigkeiten, zu begreifen, woran ich mich immer noch nicht gewöhnt habe: Die Welt, die mich interessiert, ist eine Welt der Herren; mir bleibt ein Herumstreifen an den Rändern, ich bin, solange ich unsichtbar bin. Daran muss ich wieder denken, weil ich gerade Legacy Russells *Glitch Feminism Manifesto* übersetze, worin auch sie das Frauwerden so schildert, als würde einerm[1] von der Gesellschaft ein Bein gestellt, dass maufrn flach aufs Gesicht fällt, und ab da regelmäßig noch einen Tritt drauf, bis maufrn es gar nicht mehr merkt.
Die Welt ist von Anfang an kein *safe space* für Frauen, die wir ständig unsere Ausgesetztheit vorgesagt bekommen, identifiziert mit Vergewaltigbarkeit und mit Aufopferung für Fortpflanzung, und wenn dieser Diskurs Klagen und Proteste sind, hilft es auch nicht, die Definitionen und Vorstellungen davon zu verändern, was es heißt, weiblich geboren zu sein.
Wir können nicht mit blanker Gewalt einen Weichenhebel umlegen. Wenn wir nicht resignieren wollen, müssen wir einfach *trotzdem* normal bleiben, auf die Straße gehen, leben, müssen uns dabei eben die ganze Zeit gegen diese verbreiteten Vorstellungen stemmen, gegen die ungerichtete Ängstlichkeit, die uns eingebläut wird, und gegen die Versuche, uns durch diese ständigen Warnungen zu „schützen“ – letztlich: vor dem Leben selbst.

1 Polnisches Gendering: alle für alle Geschlechter benötigten Buchstaben in gefälliger Reihenfolge ans Wortende.

Schutzräume sind immer wichtige provisorische Stationen, ändern aber nichts am Grundproblem, das herrscht, wenn maufrn nicht, als wer auch immer, unbehelligt unter anderen Werauchimmers durch die Welt gehen kann. Für mich ganz persönlich klingt der Begriff eines Schutzraums meist eher danach, als wollte man sich vor jemandem wie mir schützen. Ich komme kaum auf die Idee, diese Räume wären etwas für jemanden wie mich. Zumindest liegt es nahe, sich zu fragen, wie schnell so etwas umschlagen kann. Schutzräume vor Gewalt, zum Beispiel vor Polizei- und institutioneller Gewalt von außen, werden oft erst wieder zu Stätten häuslicher Gewalt. Maufrn kann aus der doppelten Gefährdung von innen und außen nirgendwohin entfliehen.
Als Teil der vormals sogenannten Ersten Welt leben wir in Labyrinthen von Infrastrukturen, die als Schutzräume vor der Wahrnehmung von Problemen fungieren. Schließlich hätte man, wäre man sich der Gesamtsituation auf der Welt bewusst, Grund zu allen Angststörungen, die der Körper hergibt. Um funktional zu bleiben, muss man filtern. So führt kein Weg an einem Leben in gedanklichen Blasen vorbei, auch wenn die Vision des atomaren Zeitalters – das noch genauso wenig vorbei ist wie die große, lange schon erwartete Pandemie – sich noch nicht erfüllt hat, dass Menschen nur noch in Bunkern, Kapseln und Raumanzügen ihr Leben fortführen können. Für viele ist der Pkw ein wichtiger Wohnraum und für viele ein gefühlter Schutzpanzer. Die eingezäunte Villa oder das „gesunde“ Viertel, das mittels „Neigborhood Watch“ überwacht wird – ein Euphemismus für Denunziantenkultur, der mir schon als fremdes Kind auf Urlaub bei der Oma ein mulmiges Gefühl gab, wenn ich durch die Straßen ging. Auch wenn ich als weißes Mittelklassemädchen wahrscheinlich nicht hoch auf der Abschussliste stand, so wusste ich doch, wo ich ideologisch stand: auf der Seite der Hausierernnni, Rumtreibernnni, Kinderverzahrernnni, Einbrechernnni, Spechtlernnni. Letzteres immerhin wirklich, mit immer neuen Mischungen aus Grauen und Sehnsucht schaute ich obsessiv in der Dämmerung in die erleuchteten Fenster. Zuhausesein war etwas Befremdliches. Etwas, was andere Leute tun und was wie eine Art Theater aussieht.
Was Schriftkultur und Bibliotheken betrifft, die ich ja liebe, aber die mir auch das Leben kaputtmachen wie jede Sucht, scheint mir, dass wir darin bestärkt werden, vor den gesellschaftlich inopportunen Teilen unserer Identität zu flüchten, dass wir ermutigt werden zu träumen, auch im Sinn davon, uns selektiv selbst zu narrieren, die unerwünschten Aspekte auszublenden. Während der Zugang zu Bildung ein Grundrecht ist, das niemals aufgelassen werden darf, ist es zugleich wichtig, sie nicht in Kontrast zur „wilden Straße“ zu sehen – zum Teil ist sie viel zersetzender. Kritik an Leseratten (und anderen Nerds) ist grausam, aber es ist leider etwas dran: maufrn neigt dazu, Mitmenschen zu unterschätzen bzw. kein Vertrauen in sie zu haben, und verlernt die Kunst, mit anderen gemeinsam ein rhythmisches Gespräch zu führen, bei dem es um allerhand mehr als um Informationsaustausch geht – etwa um gemeinsames Wahrnehmen und um feineren, die Umwelt mit einbeziehenden, sensiblen Informationsaustausch – das aber Zeit braucht, sich zu entfalten und einzustimmen.

Wenn zugelassen wird, dass die Schere zwischen Arm und Reich, zwischen Unbehausten und Verbarrikadierten weiter auseinanderklafft, wird auch die Tendenz verstärkt, dass jedre zartfühlendre Mensch sich verbarrikadieren muss, um nicht mit allen Sinnen vergewaltigt zu werden. Dann wird der Ton draußen vielleicht wirklich rauher – drinnen aber auch. Draußen Bitterkeit und kein Grund zur Milde, drinnen aber auch eine ständige Angst, draußen zu landen, Konkurrenz auf engem Raum. In der Scheinmeritokratie der freien Marktwirtschaft werden mit der gleichen Rührkeule Existenzängste und Aufstiegsfantasien geschürt. Auch die Frauenemanzipation erscheint manchmal in diesem sozialdarwinistischen Licht, als müsste man sich einfach nur Moralfimmel und Helfersyndrom abgewöhnen, die in der bürgerlichen Empfindsamkeit zum Los der Frauen erklärt wurden, und sich eine am weißen Mann geschulte Ellbogentechnik antrainieren, um im Rennen an die Spitze zu kommen. So der nicht unberechtigte Vorwurf heutiger (intersektionaler) Feministennni an die Erste Welle. Um dem leeren Grinsen der Totentanz-Cheerleader mit ihrem Banner der unsichtbaren Hand des Marktes zu entkommen, kann man sich dem Anarchismus anschließen: einer Bewegung, bei der es um Organisation von Zusammenleben geht und um die Bedingung einer nicht räuberischen Freiheit, Balance, Toleranz und gegenseitige Hilfe in des Orografen Kropotkins Lesart von Darwin.

Austausch –
Geld ist Wald, durch den du gehst, ohne Spuren zu hinterlassen, wie eien Anderre auch; *currency* das Laufen, unendlich, über Wege, deren Sicherheit in ihrer Hindernislosigkeit, Stabilität, Sustainability bestehen. Ein Weg ist keine Eroberung, kein Abstecken von Forderungen. Sogar Heere konnten immerhin Abwechslung vom Alltag bieten, wie Napoleons Armee, die durch deutsche Dörfer zog. Man muss sich vor Augen halten, dass die Schlachten selbst der kleinste Teil des Krieges waren, sind. Marketendernnnie, Handwerkernnnie, Köchennnie. Zurück blieben Erinnerungen, dorfpolitische Umwälzungen, Kinder, und der *code civile*.
Solange ich gehe, tut nichts weh, jeder Gedanke scheint entfliehbar, durch eigene Tätigkeit. Vielleicht ist der Mensch eine wirklich unselige Verquickung von Beutetier und Fluchttier, Wiederkäuerni und Winterschläferni. Was der Körper, in vage verstörtem Zustand, veranlagt ist, ohne Bewusstsein, ohne Anfang und Ende zu tun: zu schnappen, zu konsumieren, argumentativ zu zerbröseln oder aber zu horten. Und das alles zu verwechseln, bis wir, selbst als Massentiere gehalten, dien Nächstne mit uns selbst verwechseln, dementsprechend angreifen, vernichten wollen. Und das alles gedanklich als Flucht angelegt, um nicht alles zu sehen. Um nicht alles zu sehen, die Augen auf zwei Seiten.
Von dem allen pausieren: schlafen.

Triage –
Alles ist von überall aus generell möglich. Begriffe fallen räumlich in eins. Nachwachsende Foci nehmen Raum ein und schieben andere aus dem Fokus. Das Resultat ist ein Brodeln wie von kochendem Wasser.
Besonders, wenn man dabei physisch an einem Ort feststeckt (von dem aus theoretisch alles möglich ist) oder alles auf einem einzigen Bildschirm, in sich stapelnden Lagen, zugleich im eigenen Körper passiert, den man am Fliehen hindert, wobei man das eigene Begehren ersticken muss. Diese Selbstdämpfung hat keine gute Wirkung auf die Organisation der Psyche und Gedanken. Das Körpergedächtnis beginnt, sich selber zu fressen. Energien, die sonst auf Wege oder wenigstens Holzhacken und Jäten verteilt wären – und jeweils mit einem schönen, kleinen, angemessenen Resultat der jeweiligen Energieeinwirkung erfreuen und bestätigen –, finden in der reduzierten Umwelt Ventile, deren Feedback sich auf Selbstbestätigung beschränkt, ohne dass die Kraftanwendung an etwas anderem orientiert wäre: Fitnesscenter, Straßenkämpfe oder verbale Hickhacks in Onlineforen. Kein Hindernis erst einmal, der Mensch liebt das Dekadente und Sinnlose, weil Freiheit, und aus lauter Koketterie. Dass gerade in Zeiten, wo sogar Krieg per Mausklick geführt wird, der Trend zu affektierter Muskelbildung erblüht, ist Ironie der Geschichte – ihre Ironie, aber von menschlicher Seite aus gesehen vielleicht eher ein Ausdruck des Trauerns, ein letztes Aufbäumen gegen die eigene Sinnlosigkeit: diese Sinnlosigkeit zu feiern, zu zelebrieren. Worum trauern wir? Um „den Ort" vielleicht, der gerade flächendeckend mit Gülle gedüngt und verwüstet wird. Kaum ein Ort, wo die Brunnen noch trinkbares Grundwasser haben.
Nishida Kitarô hat recht, über Sein und Nichtsein kann man überhaupt nicht nachdenken, ohne den Ort mitzudenken – und doch ist es die europäische Denkübung schlechthin, dass wir wirbelnd abstrakte Welten in Ortlosigkeiten ausfalteten.
Hat es damit zu tun, dass wir in elenden Wintermonaten traditionell in Stuben hockten, von Sauerstoffmangel high, körpervergessen mit dem Spinnrocken verschmolzen? Watsuji Tetsurô denkt den Menschen mit dem Klima zusammen, und abzüglich der dem Ton des Zeitalters geschuldeten apodiktischen Charakterisationen ist es eine interessante Perspektive, die unsere unermüdlichen Universalismen ergänzt, spiegelt. Es ist aber schwierig, den Kontext niemals aus dem Auge zu lassen, wenn es nie einen Kontext für eine Aussage gab. Tatsächlich merke ich durch die Lektüre nichteuropäischer Texte, wie merkwürdig die Ortlosigkeit in der westlichen Denk- bzw. Ignoranztradition des Universalismus ist. Merkwürdig und stressig: Während man liest, steht man eigentlich unter Druck, nicht da zu sein. Die Autorennni versuchen selbstvergessen, sich einer denkbaren, aber beileibe nicht lebbaren idealen Position anzunähern.

Mir ist das ja zutiefst plausibel. Texte haben für mich genau deswegen so große Bedeutung, weil sie die Möglichkeit bieten, ein Leben unter selbstbestimmten Bedingungen zu entwerfen und zu gestalten – eine sehr interessante Option, wenn maufrn als Frau in diese Welt geboren ist. So schildert auch Legacy Russel in ihrem *Glitch Feminism Manifesto*, wie sie als Teenager das frühe Internet dazu nutzte, sich die Skills anzutrainieren, ihre Identität selbst zu verhandeln – wozu unter dem Druck der Straße nie der Raum und die Zeit war. Auch Hegel betont bei der Frage nach dem Sinn und Zweck der Kunst ihre Funktion als eine Art Safe Space und Mischgefäß, bei der Ideal und sinnliche Wirklichkeit, Gedanke und Zweifel in einem virtuellen, aber konkret geerdeten Raum aufeinandertreffen und ausprobiert werden können. Das ist also wichtig und gut, und zugleich ist es wuchernd und abgehoben.
Wenn man Texte liest, kommt man in guten Momenten in einen Rausch totaler Selbstvergessenheit, die Buchstaben der Reihe nach aufschnaufend wie Erdnussflips. Andererseits fühlt man sich immer unzulänglich; je mehr maufrn die schiere Menge an existenten Texten ahnt, desto ruheloser rast man durch den aktuellen Text, um zum nächsten zu kommen, nach welchem schon wieder der nächste im offenen Tab lauert. Der Rausch des Nichtdaseins kippt, und es wird einem direkt übel von der Masse.
Beruhigend ist: Die Texte sind gedruckt, und die Diskurse gehen weiter, ob man sie mitbekommt oder nicht. Genauso wie im Leben komme ich nur manchmal hinzu. Es wird klar, dass es eine Illusion war, im Reich der Kunst und des Texts mehr Kontrolle, mehr Handlungsspielraum zu haben als in der Natur, der Luft.
Erst wenn jedes Feld geadelt ist, werdet ihr draufkommen, dass man Text nicht atmen kann.

Gated Community –
Ahasver – Ahasver – Ahasver – Ahasver – Ahasver – Ahasver
Ahasver – Ahasver – Ahasver – Ahasver – Ahasver – Ahasver
Ahasver – Ahasver – Ahasver – Ahasver – Ahasver – Ahasver
Ahasver – Ahasver – Ahasver – Ahasver – Ahasver – Ahasver
Ahasver – Ahasver – Ahasver – Ahasver – Ahasver – Ahasver
Ahasver – Ahasver – Ahasver – Ahasver – Ahasver – Ahasver
Ahasver – Ahasver – Ahasver – Ahasver – Ahasver – Ahasver
Ahasver – Ahasver – Ahasver – Ahasver – Ahasver – Ahasver
Ahasver – Ahasver – Ahasver – Ahasver – Ahasver – Ahasver
Ahasver – Ahasver – Ahasver – Ahasver – Ahasver – Ahasver
Ahasver – Ahasver – Ahasver – Ahasver – Ahasver – Ahasver
Ahasver – Ahasver – Ahasver – Ahasver – Ahasver – Ahasver
Ahasver – Ahasver – Ahasver – Ahasver – Ahasver – Ahasver
Ahasver – Ahasver – Ahasver – Ahasver – Ahasver – Ahasver
Ahasver – Ahasver – Ahasver – Ahasver – Ahasver – Ahasver
Ahasver – Ahasver – Ahasver – Ahasver – Ahasver – Ahasver
Ahasver – Ahasver – Ahasver – Ahasver – Ahasver – Ahasver
Ahasver – Ahasver – Ahasver – Ahasver – Ahasver – Ahasver
Ahasver – Ahasver – Ahasver – Ahasver – Ahasver – Ahasver
Ahasver – Ahasver – Ahasver – Ahasver – Ahasver – Ahasver
Ahasver – Ahasver – Ahasver – Ahasver – Ahasver – Ahasver
Ahasver – Ahasver – Ahasver – Ahasver – Ahasver – Ahasver
Ahasver – Ahasver – Ahasver – Ahasver – Ahasver – Ahasver
Ahasver – Ahasver – Ahasver – Ahasver – Ahasver – Ahasver
Ahasver – Ahasver – Ahasver – Ahasver – Ahasver – Ahasver
Ahasver – Ahasver – Ahasver – Ahasver – Ahasver – Ahasver
Ahasver – Ahasver – Ahasver – Ahasver – Ahasver – Ahasver
Ahasver – Ahasver – Ahasver – Ahasver – Ahasver – Ahasver
Ahasver – Ahasver – Ahasver – Ahasver – Ahasver – Ahasver
Ahasver – Ahasver – Ahasver – Ahasver – Ahasver – Ahasver
Ahasver – Ahasver – Ahasver – Ahasver – Ahasver – Ahasver
Ahasver – Ahasver – Ahasver – Ahasver – Ahasver – Ahasver
Ahasver – Ahasver – Ahasver – Ahasver – Ahasver – Ahasver
Ahasver – Ahasver – Ahasver – Ahasver – Ahasver – Ahasver
Ahasver – Ahasver – Ahasver – Ahasver – Ahasver – Ahasver
Ahasver – Ahasver – Ahasver – Ahasver – Ahasver – Ahasver
Ahasver – Ahasver – Ahasver – Ahasver – Ahasver – Ahasver
Ahasver – Ahasver – Ahasver – Ahasver – Ahasver – Ahasver
Ahasver – Ahasver – Ahasver – Ahasver – Ahasver – Ahasver
Ahasver – Ahasver – Ahasver – Ahasver – Ahasver – Ahasver
Ahasver – Ahasver – Ahasver – Ahasver – Ahasver – Ahasver
Ahasver – Ahasver – Ahasver – Ahasver – Ahasver – Ahasver

Inside People Outside People

Ann Cotten

Schrödinger's Douchebag –
is someone who says something and waits for the reaction of the audience to either laugh it off or build on it. I was touched by the expression. While it was designed to mean a certain type of right-wing provocateur-entertainers seeing what they can get away with, as a non-situated person, a travelling poet with largely cut-off roots, I feel there is a Schrödinger's Douchebag in me as well. Instinctively people react to this opportunism that hums and purrs like a gyroscope in the place of a heart. It is driven by fear. But I'm not a douchebag, if anything, when I see that the krass sentences I am apt to reveal about my own situation are too shocking and might bother the smalltalk patter, I'm always ready to frame them as jokes, and these jokes are highly self-destructive. "Shifu, you'll do anything for a laugh", Nobel Prize winner Mo Yan titled a collection of short stories, chilling me to the bone. Many people with some kind of migration background in Europe are annoyed because they are expected to represent this background at bid and call of conversations meant as gestures of inclusion but really more like being enveloped in heavy folds of discourse. At the same time one is supposed to demonstrate one's perfect and fluent functioning in the traditional style of the discourse-wrapping country. To express this situation where one is coerced to be or not to be, present or not to present one's otherness, it occurs to me to use, for example, the Austrian pejorative name for foreign labourers, and call oneself Schrödinger's Tschusch.

Hermitage –
The cats are famous here. And the conversations, eternal, between the guardians. Like the rustling of perspective, they go one wherever one is, as a visitor, not. The ladies let their hands holding sandwiches sink to their laps or set down their tea-glass frames, briefly pausing to take in the entertainment as one passes, then continue their conversation.

Scapegoat –
When refugees from Constantinople reached England in the 15th century, English scholars got access to Greek, and William Tyndall was able to retranslate the bible. He translated the Hebrew term azazel as "(e)scape goat". The term refers to a ritual in which, of two kids, one is slaughtered – the pure one – and the other burdened with all problems, faults, sins, curses of the people and sent into the wilderness. In the King James translation, seemingly a collective editing job noted for "majesty of style", the escape goat was *verballhornt* into scapegoat. The story resonates, to me, with the parable of the lost son. The whole confused *Doppelmoral* of hospitality is also brought to a peak in this story, which also explains how one must be extra nice to foreign guests so that they go away again with a good impression: quite like deities are treated. With luck this fawning can pay off, or lead to reciprocal help the other way around. Everyone who does business with other humans knows the importance of atmosphere on the decisions made, the generosity of the deals or their prohibitative, distrustful control. How simply not everything can be controlled, the control mechanisms becoming the problem themselves.

A mix of curiosity, desire, respect and fear is proffered to deities in most religions. Thick layers of unknown factors characterize our functional relationship with the forces that be, and this makes fuzzy laws and treaties a good way to go. Like walking pandora's boxes and devils, as well as the fallen angels and tricksters that have also been associated with the azazel, travellers can be counted on to bring good mixed with bad. While the azazel's own way of dealing with such things is probably to keep moving, the family's strategy is to send the problems off again with the azazel, together with blessings and gifts.

In a modern version of scapegoat practice, families and whole towns in Germany and France would gather their collective funds to send the problematic children to the USA, where the colonial mechanisms were destroying the system of collective land use by installing one of ownership. As a steady flow of azazels poured into the US, the opportunity machine for European – and Chinese – and flowed west over land grabbed from the previous users, vast prairies full of massacres of humans and buffalo, soon to be desertified by industrial scale agriculture, business practices of fraud and ripoff flourished that would not be viable in communities where businesses rely on their reputation. Business models relying on naive customers are successful in places through which migrants flow, indeed tourism can often be seen to ruin markets that until then had a kind of price-quality balance, maintained by the exacting knowledge of both buyers and sellers. And at the same time, this naivety allowed things to happen that would not have happened otherwise. The internet, for example – for better or for worse – came about through the naivety of the pentagon about the nature of the research it was funding: a network has no nature.

If the USA is a nation of scapegoats, if that is the genealogy of that characteristic mix of naivety and showmanship, I can almost feel my origins. There is also something stubborn and perverse that reminds me that the azazel is a goat, but might also be an Irish person. To speak of Homeland, Homeland Security and the like when virtually all specific local ecological knowledge and way of life has been eradicated and replaced by ignorant generalizations, universalist sects, and sheer franchises, can be nothing but a hotly defended lie, something a cornered azazel clings to frantically when there is nothing more substantial left in sight. The idea of a home is of course oppressive when one cannot get away; but it is a sickening perversion to speak of Homeland when the situated knowledge that one would need to acquire to live here properly has been trampled to oblivion by fictions of control, often called freedom.

Ghetto –
I've never been able to hear the expression "safe space" without a bitter taste. I immediately see the sign in contrast to the slightly-safer-spaces, momentary breathing spaces, five-minute breaks that most of us have to make do with. My fear of being inside arises, the anaerobic life forms that build toxic gases, the blocked-out, unmonitored outside. Basically, inside is not a place I want to be for any length of time. I am much more enthused about public transportation, unspoken rules of conduct, open shelters, libraries, schools. This type of safe spaces – the ones that are open to foreigners, meaning also that they are willing to teach some kind of local code of conduct to newcomers, so that the space can work – mean the world to me, precisely because they are not guarded by anything except their specific qualities, their failure, perhaps, to interest those interested in places to exploit. We need a safe world, meaning one where the accumulation of value is limited, by rules or by physical difficulty. A world where the relative power of money is reduced, meaning that the remote control is limited that does so much damage by automatizing the so profitable combination of ignorance and greed.

Travel bans have been an important step, though of course we don't like not travelling. There was always a part of us that felt in need of catching up, felt like the collected unlived tough parts of live would some day fall back on us in a concentrated mass, a Damokles' bale of toxic waste. A lot of necessary changes will not be in the direction of continuing to raise the agency of the already overprivileged.

So – check out your local gardening group.

Gaps –
The real existing space is larger than that portion of it that is controlled, monitored, "owned", valorized. People need a bit of leeway, *spiel.*
Gaps are where we can exist, in doubt. They allow us to breathe and to be human, i.e. weird animal. Are there gaps in virtual reality? If all the gaps and leaks in security systems are closed, will we be able to breathe, survive? Although virtual space is endless, it only exists as code, meaning also: there is no uncoded space. All empty space is defined als such. No definition means no field. And it all depends on servers that are actually standing somewhere and using energy that someone is paying for, in monetary and in ecological sense. The net is a great place to cruise, but it is not a place where a body can be at all, let alone safe or happy. Someone has to be having your back while you enjoy your possibilities as citizen of the internet.
While it is important to actively provide communication and information networks and spaces to protect and shelter all of us who are intellectually and physically homeless for whatever reason, at the same time structurally it would be timely – actually far too late already – to loosen the network of definition in the most general sense, in a linguistic sense; to de-engage language from legal text; to always remember to include gaps, loopholes, mistakes and leeway in the architectures of control and security made by inside-oriented communities. Because many of us may not be able to, may have reason to not even *want to* be inside of communities. Spaces in which we who are homeless, intellectually and/or physically, can relax, not go crazy with survival issues, calm the automatised escapism of the soul, and slowly tune in to a way of life that perhaps doesn't totally exclude us after all.

Gated Community –
Ahasver – Ahasver – Ahasver – Ahasver – Ahasver – Ahasver
Ahasver – Ahasver – Ahasver – Ahasver – Ahasver – Ahasver
Ahasver – Ahasver – Ahasver – Ahasver – Ahasver – Ahasver
Ahasver – Ahasver – Ahasver – Ahasver – Ahasver – Ahasver
Ahasver – Ahasver – Ahasver – Ahasver – Ahasver – Ahasver
Ahasver – Ahasver – Ahasver – Ahasver – Ahasver – Ahasver
Ahasver – Ahasver – Ahasver – Ahasver – Ahasver – Ahasver
Ahasver – Ahasver – Ahasver – Ahasver – Ahasver – Ahasver
Ahasver – Ahasver – Ahasver – Ahasver – Ahasver – Ahasver
Ahasver – Ahasver – Ahasver – Ahasver – Ahasver – Ahasver
Ahasver – Ahasver – Ahasver – Ahasver – Ahasver – Ahasver
Ahasver – Ahasver – Ahasver – Ahasver – Ahasver – Ahasver
Ahasver – Ahasver – Ahasver – Ahasver – Ahasver – Ahasver
Ahasver – Ahasver – Ahasver – Ahasver – Ahasver – Ahasver
Ahasver – Ahasver – Ahasver – Ahasver – Ahasver – Ahasver
Ahasver – Ahasver – Ahasver – Ahasver – Ahasver – Ahasver
Ahasver – Ahasver – Ahasver – Ahasver – Ahasver – Ahasver
Ahasver – Ahasver – Ahasver – Ahasver – Ahasver – Ahasver
Ahasver – Ahasver – Ahasver – Ahasver – Ahasver – Ahasver
Ahasver – Ahasver – Ahasver – Ahasver – Ahasver – Ahasver
Ahasver – Ahasver – Ahasver – Ahasver – Ahasver – Ahasver
Ahasver – Ahasver – Ahasver – Ahasver – Ahasver – Ahasver
Ahasver – Ahasver – Ahasver – Ahasver – Ahasver – Ahasver
Ahasver – Ahasver – Ahasver – Ahasver – Ahasver – Ahasver
Ahasver – Ahasver – Ahasver – Ahasver – Ahasver – Ahasver
Ahasver – Ahasver – Ahasver – Ahasver – Ahasver – Ahasver
Ahasver – Ahasver – Ahasver – Ahasver – Ahasver – Ahasver
Ahasver – Ahasver – Ahasver – Ahasver – Ahasver – Ahasver
Ahasver – Ahasver – Ahasver – Ahasver – Ahasver – Ahasver
Ahasver – Ahasver – Ahasver – Ahasver – Ahasver – Ahasver
Ahasver – Ahasver – Ahasver – Ahasver – Ahasver – Ahasver
Ahasver – Ahasver – Ahasver – Ahasver – Ahasver – Ahasver
Ahasver – Ahasver – Ahasver – Ahasver – Ahasver – Ahasver
Ahasver – Ahasver – Ahasver – Ahasver – Ahasver – Ahasver
Ahasver – Ahasver – Ahasver – Ahasver – Ahasver – Ahasver
Ahasver – Ahasver – Ahasver – Ahasver – Ahasver – Ahasver
Ahasver – Ahasver – Ahasver – Ahasver – Ahasver – Ahasver
Ahasver – Ahasver – Ahasver – Ahasver – Ahasver – Ahasver
Ahasver – Ahasver – Ahasver – Ahasver – Ahasver – Ahasver
Ahasver – Ahasver – Ahasver – Ahasver – Ahasver – Ahasver
Ahasver – Ahasver – Ahasver – Ahasver – Ahasver – Ahasver
Ahasver – Ahasver – Ahasver – Ahasver – Ahasver – Ahasver

Safe Space

Tanja Dückers

Die Villa Aurora war, lange bevor dieser Begriff in aller Munde war, ein Sanctuary Place – für Lion und Martha Feuchtwanger und auch für andere ihrer Gäste, denen sie Austausch an einem geschützten Ort bot. Ein Sanctuary Place ist sie auch noch heute, und das nicht zuletzt, da viele verfolgte und bedrohte Schriftsteller:innen mit den Feuchtwanger-Fellowships nach Los Angeles eingeladen werden, wo sie, zu ihrem Schutz, oft an unbekanntem Ort wohnen. Einige von ihnen bleiben nach Ablauf des Stipendiums in den USA.
Doch die Mehrzahl der Schriftsteller:innen, die seit der Instandsetzung der Villa und dem Beginn des Stipendiat:innenprogramms hier am Pacific residiert, flieht höchstens vor einem oft als anstrengend, missgünstig und kompetitiv erlebten Kulturbetrieb in Deutschland oder aus dem eigenen (Familien-)Leben zu Hause, um sich auf das Schreiben konzentrieren zu können.
In die Villa Aurora werden also zwei denkbar verschiedene Arten von Schriftsteller:innen eingeladen, derzeit in Deutschland erfolgreiche und derzeit in ihren Heimatländern verfolgte. Während meines Stipendiums in der Villa Aurora (Sommer 2000) war es die algerische Schriftstellerin Zineb Laouedj, die als Writer in Exile für ein Jahr Zuflucht in Los Angeles erhielt. Laoudj, die mal sagte, „Ne pas céder au poids de la peur" („Gib nicht dem Gewicht der Angst nach"), wurde mittlerweile rehabilitiert und ist jetzt Professorin für arabische Literatur in Algier. Doch die Angst blieb dennoch ihr ständiger Begleiter. Im Dezember 2020 schrieb sie:

Mon coeur est terrifié
poisson égaré en mer
dans l'attente dune larme
tombant du ciel,
don d'un nuage vierge,
fuyant le feu
la cendre et la tempête

Mein Herz ist erschrocken
verloren der Fisch im Meer
wartet auf eine Träne
die vom Himmel fallen wird
Geschenk einer jungfräulichen Wolke
auf der Flucht vor dem Feuer
der Asche und dem Sturm*

* Nachgedichtet von mir

An einem Abend las ich aus den Tagebüchern von Lion Feuchtwanger, nahm seine Perspektive ein. Unvergesslich die Beschreibungen seiner Internierung in Südfrankreich. Doch abgesehen von diesen schauspielerischen Einlagen, gehörte ich zu den Glücklichen, die nur nach Los Angeles gekommen waren, um für ein Buch zu recherchieren.
Um sich andeutungsweise vorzustellen, was Menschen erleben, die alles zurücklassen müssen, ist es mir in den vergangenen Jahren hilfreich gewesen, mich an eigene Erlebnisse von Fremdheit und Nichtzugehörigkeit zu erinnern. Und mir dann vorzustellen, dass diese Erlebnisse um einen Faktor X multipliziert werden müssten, um das Unvorstellbare auch nur ansatzweise nachvollziehbar zu machen.
Deshalb möchte ich hier im Kleinen von den Irritationen im Alltag berichten, die schon die Fremdheit eines anderen europäischen Landes oder das Leben in den USA mit sich bringen kann, um anschließend auf Safe Spaces zu sprechen zu kommen. Ich werde mich bei jedem aufgeführten Land auf wenige Erfahrungen von Fremdheit und Nichtzugehörigkeit beschränken. Dabei erhebe ich keinen Anspruch darauf, etwas Allgemeingültiges oder auch nur Richtiges über das jeweilige Land zu sagen. Die Erfahrung von Fremdheit und Einsamkeit ist immer hochsubjektiv, und bei all meinen zum Teil mehrjährigen Auslandsaufenthalten hatte ich, um mit Hildegard Knef zu sprechen, immer den Luxus eines „Koffers in Berlin" besessen. Was für ein psychisches Polster an Wohlbefinden dieses Wissen bedeutet, ist kaum beschreibbar. Es gab zahllose Situationen, in denen ich dachte: „Gott sei Dank muss ich das nicht immer ertragen" oder „Zum Glück bin ich Weihnachten wieder in Berlin".

Tschechische Republik
Ich habe zweimal mehrere Monate in Prag gelebt. Bis heute pflege ich enge Kontakte in die tschechische Hauptstadt, fühle mich ihr verbunden. Dennoch: Hätte ich ohne Rückfahrtsticket dort bleiben müssen, wäre ich kreuzunglücklich gewesen.
Es gibt eine Skala, auf der Schwierigkeitsgrade einer Sprache abgebildet werden. Die Skala ist germanozentrisch, behauptet aber auch nichts anderes von sich. Es geht nur darum, wie schwer es für jemanden mit Muttersprache Deutsch ist, eine andere Sprache zu erlernen. Von sechs Stufen befindet sich Tschechisch erst auf Stufe drei. Allein Arabisch und Chinesisch sind auf Stufe sechs angesiedelt. Das sagt im Umkehrschluss auch etwas darüber aus, wie schwer es für jemanden mit Chinesisch oder Arabisch als Muttersprache sein muss, sich das Deutsche anzueignen.
Kurz gesagt: Meine beiden Tschechisch-Volkshochschulkurse halfen mir gar nicht. Die Vorstellung, man würde mir von heute auf morgen meine Heimat wegnehmen und mich dazu verdonnern, im tschechischen Alltag zurechtzukommen und z. B. auf Tschechisch zu publizieren, wäre alptraumhaft. Nuancen, Genauigkeit, Humor, Schlagfertiges – all das würde ich selbst nach vielen Jahren nicht so beherrschen, als dass ich mich in meiner Haut wohlfühlen könnte. Ich kenne nur eine einzige Deutsche, auch eine Schriftstellerin, die nach über 15 Jahren Leben in Böhmen einigermaßen akzentfrei Tschechisch spricht – aber selbst sie traut sich nicht, auf Tschechisch zu schreiben.

Meine Kreise in Prag beschränkten sich folglich vornehmlich auf gut Deutsch oder Englisch sprechende Tschech:innen. Doch nicht nur aufgrund der Sprache waren meine Kontakte sozial sowie vom Milieu her begrenzt: Wenn man keinen Alkohol trinkt, kann man nicht Fuß fassen in der tschechischen Gesellschaft, weil das Herzstück, DER Ort des Sich-Kennenlernens, des Austausches, der Anbändelei, des politischen Gezänks, der Geschäfte die hospoda oder die pivnice, die Kneipe, ist.
Ein anderes Wort für Kneipe ist krčma, was ich nicht einmal richtig aussprechen kann. So wie es bei den Inuit zwanzig verschiedene Worte für Schnee gibt, so gibt es bei den Tschech:innen sehr viele Worte für „Kneipe". In Jaroslav Rudis' großartigen Gegenwartsromanen spielen sie eine nicht zu unterschätzende Rolle. Noch schwieriger wird es, wenn man obendrein Vegetarierin ist. Trotz Ökowelle und ufoartigen veganen Eateries in Prags amerikanisiertem Zentrum sind derlei Ernährungs- und Lebensweisen nicht wirklich in der tschechischen Gesellschaft angekommen. Ich wäre dort immer eine Außenseiterin gewesen mit meinen Kräuterteechens. Unvergessen der missbilligende Gesichtsausdruck meiner tschechischen Austauschkollegin Iva Pekárková: schwer enttäuscht davon, mit mir nicht richtig saufen zu können.

Polen
Während Tschechien ein sehr säkulares Land ist, ist das Nachbarland Polen bekanntlich tief katholisch geprägt. Naiv wie ich war, glaubte ich, als ich für ein halbes Jahr nach Krakau ging: Ach, in der modernen, aufgeklärten Kulturszene werden die Dinge anders liegen. Wie viel Arroganz schon in dieser Auffassung von mir steckte! Es begab sich, dass ich zufällig in einem besonders wichtigen Moment in der neueren Geschichte Polens in Krakau war: nämlich als Papst Johannes Paul II. schwer erkrankte und schließlich starb. Man kann sich in Deutschland nicht vorstellen, wie die Pol:innen über Wochen mitlitten mit ihrem Papst, wie sehr er und sein Gesundheitszustand die Gespräche beherrschten. Selbst die flippigsten Leute, die ich kannte, bezeichneten den Papst als „lieben, alten Bären", dem sie von Herzen wünschten, dass er wieder auf die Beine komme. Er sei doch wie ein Papa für sie ... Unvorstellbar, dass junge deutsche Künstler:innen so etwas über Papst Benedikt XVI. gesagt hätten.
Als der Papst schließlich an urämischer Sepsis starb, zog halb Krakau in einem großartigen, bewegenden, mittelalterlich anmutenden Klagezug durch die Stadt. Es war ergreifend. Doch ich kam mir wie eine Schauspielerin vor. Nicht mitzukommen, hätte meine Gastgeber:innen jedoch zutiefst verletzt.
Wie muss es jemandem gehen, der aus einem ferneren Land nach Deutschland kommt, wenn ich schon das Nachbarland Polen als zum Teil derart befremdlich erlebe?

Niederlande
Die Niederlande sind das Land, in das ich am leichtesten eintauchen kann. Amsterdam ist weltoffen und multikulturell, wohl eine der tolerantesten Städte weltweit. Und dennoch gab und gibt es bis heute viele Mikroerlebnisse, die mir deutlich machen, dass ich auch dort „nicht zugehörig" bin.
Da die Niederlande in vielen Bereichen progressiver als Deutschland sind, wurden mir hier meine eigenen Traditionalismen und Borniertheiten vor Augen geführt, gewisse Denkmuster von mir, die wenig schmeichelhaft sind. So lächelte eine niederländische Freundin nachsichtig, als ich ihr gestand, dass sich bei mir gelegentlich diesbezüglich sentimentale Reflexe regen und mir bei manch kirchlichem Lied Tränen in die Augen steigen, obwohl ich aus der katholischen Kirche ausgetreten bin. Die Niederlande sind strukturell viel säkularer aufgestellt als Deutschland. Kirchensteuern-Eintreiben, kirchliche Kindergärten, die zu neunzig Prozent vom Staat bezahlt werden – undenkbar dort.
Auch kam ich mit der aufgeklärten Direktheit der Niederländer:innen nicht immer zurecht. Essen, Schlafen, Krankheit und Tod, Sex, Humor, alles liegt in der täglichen Unterhaltung plan da wie das Land selbst.
Der niederländische Pragmatismus stellte die altmodisch-romantische Ästhetin aus dem östlichen Nachbarland manchmal auf die Probe. Da wurden auf schön gedeckte Tische neben das Tafelsilber Ketchup-Flaschen gestellt und obendrein auch noch äußerst hässliche Geräte, die an Toilettenentstopfer erinnerten, mit denen das letzte Quäntchen Ketchup aus den Flaschen befördert werden sollte. Ökologisch betrachtet ist es natürlich empfehlenswert, wirklich jeden Rest griffig auszukehren ... auch bei Kerzenschein.

Katalonien / Spanien

Wenn ich an die drei Jahre, die ich in Barcelona gelebt habe, denke, fallen mir neben vielen schönen Erinnerungen auch die vielen Hürden ein, mit denen ich mich im Kulturbetrieb als Nicht-Katalanin konfrontiert sah. Aus Berlin war ich eine gewisse Durchlässigkeit der sozialen Schichten gewöhnt. Vielleicht liegt es an der Zäsur des Zweiten Weltkriegs, aber es gibt in Berlin keine homogene, in sich abgeschlossene Gruppe, die die Geschicke der Stadt in Politik, Wirtschaft und Kultur seit Jahrzehnten dominiert. Filz bekanntlich ja, aber doch auch Lücken und Aufstiegschancen, Quereinsteiger:innen, Überraschungen. Künstler:innen aus unterschiedlichsten Ländern kommen nach Berlin, machen dort Karriere, sprechen oft nur Englisch. Nicht so in Barcelona. Wer um die Jahrtausendwende nicht aus einer alteingesessenen katalanischen Familie kam, konnte im Kultursektor nichts werden. Viva Catalunya! Und wer nicht perfekt Katalanisch sprach, hatte sowieso keine Chance. Im Herbst 1999, ich war erst seit sechs Wochen in Spanien, vermittelte mich das Goethe-Institut Barcelona an den Regionalsender Radio Catalyna, um ein Interview zum zehnjährigen Jubiläum des Mauerfalls zu geben. Auf das Interview hatte ich mich gründlich vorbereitet. Doch dann stellte sich heraus, dass man von mir als Berlinerin erwartete, das Interview in fließendem Katalanisch zu geben. Castellano wurde nicht akzeptiert. Ich wurde wieder nach Hause geschickt, der Sendebeitrag fiel aus.

Es war zudem schwer einzuschätzen, wer welche Haltung zur Unabhängigkeitsbewegung einnahm. Allerorts stieß ich auf seltsame, unerwartete Allianzen. Begriffe wie „links" und „rechts" waren in Deutschland schon vage geworden; in Spanien hatten sie sich vollends verflüssigt. Sich nicht zu positionieren, mag Touristen gelingen, aber funktioniert nicht, wenn man mehrere Jahre lang in Katalonien lebt und arbeitet.

Siebenbürgen / Rumänien

Eine Reise in die Vergangenheit. Ich fuhr mit dem Zug über Dresden, Prag, Brünn, Wien, Bratislava und Budapest bis hin nach Siebenbürgen. So weit, um, nachdem ich Sprachräume wie das Tschechische und Ungarische hinter mir gelassen hatte, plötzlich wieder Deutsch zu hören, wenn auch ein anders gefärbtes. Und dann: Hirten, die Schafe durchs Dorf treiben. Hirten, die noch mit der Elektrizität fremdeln. Ich fühlte mich zum Teil um hundert Jahre zurückversetzt. Und jedes Dorf ist anders, die Dorfgemeinschaft zählt viel. Als Berlinerin ist man hier eine vollkommen fremde Person. In dem 2000-Seelen-Dorf Cata (Katzendorf), in dem ich ein Jahr lang in einem alten Pfarrhaus hätte leben können, wurde mir klar, dass ich niemals dazugehören können würde, einfach weil ich hier nicht geboren worden bin. Mein Mitgefühl mit den vielen Roma, die um die achtzig Prozent der Einwohnerschaft Catas ausmachen, verriet mich zudem gleich als privilegierten Menschen aus einem wohlhabenden Land, in dem es weniger Verteilungskämpfe gibt und mich diese Haltung nichts kostet.

Und dann auch das: Nirgendwo in Europa habe ich so viele seelisch verwundete, zerstörte Menschen wie in Rumänien getroffen. Die Härte der Ceaușescu-Diktatur war noch zwanzig Jahre nach ihrem Ende in ihren Auswirkungen auf die Gesellschaft deutlich spürbar. Da gab es Leute, die sich bei meinen Lesungen gegenseitig laut beschimpften, einander an die Securitate verraten und somit jahrelang ins Gefängnis gebracht zu haben; ferner furchtbare Geschichten von Menschen meines Alters, die ihre Geschwister als Kinder an Krankheiten wie Bronchitis, Lungen- oder Nierenbeckenentzündung verloren hatten, weil es in einem der ärmsten Länder Europas keine Antibiotika gab. Immer wieder das Gefühl: ohne jedes eigene Zutun so viel Glück gehabt zu haben. Anders zu sein. Es leichter gehabt zu haben. Einfach so.

Belgrad / Serbien

Belgrad. Ruinen vom Zweiten Weltkrieg neben Ruinen vom NATO-Bombardement. Peter Handke. Ich war gerade als Stipendiatin des Goethe-Instituts und des serbischen Schriftstellerverbands „Krokodil“ in Belgrad, als er den Nobelpreis verliehen bekam. Welch unterschiedliche Beurteilung dieser Vergabe in Serbien und in Deutschland! Begeisterte Serben, die mich umarmten und mir gratulierten, entsetzte Freunde am Telefon zu Hause in Berlin. Handke, der Held und Brückenschlager, Handke, der politisch Verirrte, der rechts abgedriftete Spinner. Mein Versuch, hier eine vermittelnde Haltung einzunehmen, wurde weder hier noch dort gern gesehen. Plötzlich schien ich weder zu Hause noch in der Fremde dazuzugehören. Doch dann war da Mila, mit der ich mich anfreundete, die Bibliothekarin vom Goethe-Institut Belgrad, eine gebürtige Serbin, die, im NATO-Bombenhagel 1999, schwanger um ihr Leben gefürchtet hatte (das Haus neben ihrem wurde völlig zerstört) und doch Berlin, Deutschland und die deutsche Sprache liebt.
Mein Rückflug: Die vielen jungen Leute auf dem Weg mit mir nach Schönefeld, die versuchen wollen, in Немачка Fuß zu fassen. Jeder, der kann, geht weg. Der Leiter vom Goethe-Institut ist beschämt: „Jetzt befördern wir mit unseren Sprachkursen auch noch den Braindrain!“ Verdammt. Und ich bin ein Mosaiksteinchen darin.

USA

In den USA habe ich die meiste Zeit außerhalb Deutschlands verbracht, zusammen genommen mehrere Jahre. Die Mannigfaltigkeit des Landes, die junge Geschichte (zum Vergleich: Die Siebenbürger Sachsen haben eine achthundertjährige Geschichte in Rumänien), die Tatsache, dass so viele Menschen von „woandersher“ stammen, machte den Einstieg leichter als in vielen anderen Ländern. Da ich schon als Schülerin in den USA gelebt hatte, war mir vieles nicht fremd. Übergroße Dinge, Autokultur, Nettsein, all das befremdete mich nicht. Und das, obwohl ich aus Berlin stamme, wo Nettsein schnell als unauthentisch, also als unsympathisch, gewertet wird.
Doch machte ich auch in den USA spezifische Erfahrungen mit dem Fremd- und Anderssein. Im Rahmen eines Schüleraustauschs lebte ich zunächst ein halbes Jahr in Pennsylvania, dann, nachdem die Ehe meiner Gasteltern implodierte und die Situation dort unerträglich wurde, bei einer anderen Gastfamilie in South Carolina.
In Pennsylvania leben viele deutschstämmige Amerikaner:innen mit zum Teil nostalgischen Vorstellungen von Deutschland. Entsprechend wurde ich oft mit „positiven Vorurteilen“ konfrontiert. Zum Beispiel als ich im Physikunterricht zur Überraschung meiner Lehrerin eine Niete war. Sie konnte sich das nicht erklären. „Germans have produced many Nobel Prize winners in physics and chemistry“, erzählte sie mir stirnrunzelnd. Ich wurde auch gleich für einen Aufräumjob eingesetzt, „because you love order“. Unvergesslich die Tochter meiner Gastfamilie, die eifersüchtig auf mich war, weil ich als Neuankömmling bessere Schulnoten als sie nach Hause brachte. „You always analyze everything!“, warf sie mir vor, wenn ich im Auto auf dem Schulweg noch über dieses und jenes nachdachte. Ich war ihr leider nicht „funny“ genug. Die Begeisterung der Familie dafür, mit allen Kindern plus Hund abends zusammen Horrorfilme zu sehen, teilte ich nicht. Als ich nach einem fürchterlichen Film, bei dem ein Mann allen Menschen, die ihm entgegenkamen, mit einer Axt den Kopf spaltete, einmal weinte, wurde ich beim Psychologen vorgestellt: „She is too afraid of life.“ Der Psychologe sollte mit mir ein Desensibilisierungstraining machen, an dessen Ende das Ziel stand, ohne Aufregung oder Abneigung Horrorfilme angucken zu können. Der Familienvater, ein Arzt, fabulierte etwas von „German Angst“, von der ich wohl befallen sei und von der ich kuriert werden müsse. Die Therapie war nicht erfolgreich, noch heute sehe ich mir nur ungern Horrorfilme an. Ich verließ Pennsylvania und diese Familie, fuhr 17 Stunden nach South Carolina zu meiner zweiten Gastfamilie. Hier machte der Gastvater, ein Arbeiter bei Michelin-Reifen, ein paar gut gemeinte Bemerkungen über deutsche Techniker, akzeptierte aber, dass mir andere Fächer mehr lagen als Physik und Mathe.
In South Carolina ging ich in eine Highschool, die ungefähr zur Hälfte von Schwarzen Schüler:innen besucht wurde. Aus dem multikulturellen Berlin stammend, mit türkischen, griechischen und jugoslawischen Kindern in meiner Klasse und Nachbarschaft, ging ich davon aus, dass Rassismus Mitte der Achtzigerjahre kein großes Thema mehr sein würde. Damit lag ich natürlich falsch. Mein Schulbus hielt in anderen, weniger propperen Gegenden, wenn die Schwarzen Kids zustiegen. In meiner Highschool gab es bei gut tausend Schüler:innen nur ein einziges „mixed couple“. Es war befremdlich für mich, zu erleben, welch unsichtbaren Trennlinien zwischen Kindern, die dieselbe Schule besuchten, verliefen. Als Neuankömmling verstand ich diese Grenzen zunächst nicht, übersah sie. Im Schulbus setzte ich mich nach vorn zu Allen Chameko, einer Schwarzen Busfahrerin, und unterhielt mich mit ihr. Aber die anderen weißen Mädchen setzten sich nach hinten, am liebsten auf die lange Rückbank mit dem besten Ausblick – das war unausgesprochen die für sie reservierte Zone. Jahrzehnte nach Rosa Parks gab es noch eine Art Demarkationslinie im Bus. Jahrzehnte später würde ich als Gastprofessorin in den USA Seminare erleben, bei denen Schwarze Studierende sich separat hinsetzten, die weißen Kommiliton:innen nicht in ihren Reihen duldeten. Mit Blick auf die (bis heute andauernde) „Historie“ und im Zuge der Identitätspolitik mag das zwar nachvollziehbar sein – tieftraurig ist es aber doch.
Mit Allen Chameko hatte ich ein mich sehr beschämendes Erlebnis, das unserer beginnenden Freundschaft einen Dämpfer versetzte: Meine Gastfamilie (die demokratisch wählte und somit zu einer progressiven Minderheit im sogenannten Peach State zählte) verbot mir, sie mal nach der Schule für einen Nachmittag zu uns einzuladen. Begründung: „Because of the neighbors.“ Es war mir sehr unangenehm, Allen dies übermitteln zu müssen.

Doch der Bumerang kam schon bald zurück: Eine Woche später wollte ich eine Klassenkameradin, ein Mädchen aus dem Iran, zu uns einladen. Meine Gastmutter legte sich mächtig ins Zeug, kochte fantastisch für die junge Perserin „aus gutem Hause", wie sie meinte. Doch die Mitschülerin sagte mir in der Schule ab und wand sich ihrerseits mit der Erklärung: Die Eltern hätten ihr verboten, zu einer amerikanischen Familie nach Hause zu gehen. So durfte ich weder die eine noch die andere Freundin nach der Schule treffen. Stattdessen blieb ich mit Jessica, der achtjährigen Tochter, und mit Sam, dem großen Hund meiner Gastfamilie, allein zu Hause im stillen Garten neben dem Pool ... Suburbia pur.
Befremdlich war auch eine Reise im Jahr 1998 nach New Orleans, vor allem der Besuch einiger „Herrenhäuser" ehemaliger Plantagenbesitzer in der Umgebung. Für Europäer:innen höchst unspektakuläre Villen wurden dort besichtigt, hier und da durfte eine alte Truhe, ein hübsch bezogener Stuhl oder ein in Gold gefasster Spiegel bewundert werden. Einmal Schloss Charlottenburg besichtigt, und man wird auf den Besuch dieser Häuser gut verzichten können. Aus US-amerikanischer Sicht waren sie jedoch „marvelous". Frecherweise erlaubte ich mir eine Frage nach dem Wohlergehen der Sklav:innen, die für den Besitzer dieses Hauses gearbeitet hatten. Ich bekam in für US-amerikanische Verhältnisse ungewohnt scharfem Ton zu hören, dass es den „slaves" hier „very good" ergangen sei. Unser Guide wies von dem obersten Geschoss des Hauses mit ausladender Geste auf die Felder vor uns: Dort irgendwo hätten die Sklav:innen ihre Hütten gehabt, durften da auch „tanzen und singen".
Das alles ist erst gut zwanzig Jahre her. Wer heute demonstriert, Denkmäler vom Sockel stürzt und plündert, ist, bei aller Kritik an gewalttätigem Agieren, in *diesem* Amerika aufgewachsen.
Zwei Jahre später, im Sommer 2000, war ich Stipendiatin in der Villa Aurora. Die Villa, Pacific Palisades, das alles fühlte sich schon damals wie ein Film an. Das Fremdheitsgefühl wurde durch den drei Monate anhaltenden, perpetuierten, cineastischen Moment aufgehoben, vielmehr plausibel gemacht. Doch es gab auch Filmrisse:
Einmal verfuhr ich mich und landete mit der Komponistin Charlotte Seither, bis heute eine gute Freundin, in South Central. Homeless People in verdreckten Schlafsäcken, nicht ein paar wie hier und dort in Berlin, sondern viele Hundert, mitten auf der Straße. Später sagte uns Joachim Bernauer, damaliger Leiter der Villa Aurora, dass man in solchen Gegenden nicht anhalten, sondern bei Rot über die Ampeln fahren sollte.

Ich bin in Berlin in der Nähe vom Bahnhof Zoo aufgewachsen. Meine Eltern sammelten in den Siebzigerjahren auf den Spielplätzen erstmal Spritzen auf, bevor sie uns Kinder dort toben ließen. Christiane F. war in aller Munde. Wir hatten die Mauer vor der Nase, wurden an Grenzübergängen schikaniert. Ich bin nicht in einer heilen Welt aufgewachsen, aber South Central und andere Gegenden in L.A. waren etwas anderes. Hier begegneten sich die Welten kaum mehr.
Was mich in Los Angeles, allem Zauber zum Trotz, befiel, war ein Gefühl von Agoraphobie. Nach drei Monaten fehlte mir physisch das enge „europäische Stadtgefüge", das offenbar eine so zerstörte, zerstückelte, vernarbte, lange Zeit geteilte Stadt wie Berlin noch hatte vermitteln können. Urbane Geborgenheit, wie sie auch Manhattan ausstrahlt, Häuser wie Schutzschilde, war hier schwer zu finden. Das war aufregend und schön für eine begrenzte Zeit. Dann schmerzhaft. Über der Villa kreiste einen Abend lang zum Greifen nahe ein Hubschrauber auf der Suche nach jemandem, schraubte sich noch in den Schlaf. Die Alarmanlage, stets zur Fehlmeldung bereit, wenn man das Essen ein wenig hatte anbrennen lassen, setzte Akzente der Angst.
Im Herbst 2001 lebte ich als Writer in Residence in den USA. Den 11. September dort erlebt zu haben, hat mich mit den USA stark verbunden. Doch: Wenn die Leute, die sonst nett zu einem sind, ernsthaft Angst um sich und um ihre Nächsten haben, wenn wirklich Not herrscht, dann gehört man plötzlich nicht mehr dazu. Die befremdlichsten Gespräche führte ich damals, am Ufer des Lake Eries, jedoch per Telefon mit Freund:innen in Berlin. „Wieso regt man sich über ein paar Tausend tote Amerikaner auf? In Afrika sterben genauso viele täglich an Malaria ...", sagte ein Freund. Eine Freundin schlug in die gleiche Kerbe. Eines der Flugzeuge war nur achtzig Kilometer von meinem College in P. A. abgestürzt, mit Onkel und Tante einer Studierenden an Bord. Da fehlten mir die Empathie und ein Denken über den Tellerrand habituell gepflegter antiamerikanischer Ressentiments hinaus. Nun war ich also in Berlin zu amerikafreundlich und in den USA zu europäisch-anders.

Safe Space America? Von Zufluchtsorten und rosa Winkeln

Im Herbst 2016, während der heißen Phase des Wahlkampfs, der sein Ende in Trumps Sieg fand, lehrte ich am Oberlin College in Ohio. In dem 8 000-Seelen-Städtchen gibt es mehrere Fahrradverleihgeschäfte, vegane Läden, Boutiquen mit gebatikten Klamotten, Yogastudios, erstaunlich viele kleine Theater und andere Bühnen – als kleines Portland wurde Oberlin auch schon beschrieben. Hier wird das Publikum bei Theateraufführungen mit „Ladies and Gentlemen and everybody in between" begrüßt. Berühmt ist das linksliberale Oberlin College jedoch dafür, dass hier landesweit die ersten Schwarzen studieren durften, ab 1835, Jahrzehnte vor dem Bürgerkrieg. Heute werden am Oberlin College LGBTQI*-Rechte großgeschrieben, Cross Dresser laufen in großer Zahl und mit der gleichen Selbstverständlichkeit über den Campus, mit der wenige Meilen entfernt die Trucks über die Maisfelder zuckeln. Ich bin auch während anderer USA-Aufenthalte auf die rosafarbenen Dreiecke, die „Safe Space!"-Aufkleber, aufmerksam geworden, aber nirgendwo sah ich so viele wie in Oberlin.

Zunächst: Diese kleinen „Safe Space!"-Aufkleber an den Türen von Professor:innen oder Staff haben etwas ebenso Anrührendes wie Absurdes, denn die hier ausgerufene Sicherheit kann ja nicht garantiert werden. Man deklariert die Orte nur als *safe*. In solchen selbstbewusst-proklamativen Aktionen sind die US-Amerikaner:innen den Deutschen, wenn man dies als etwas Fortschrittliches begreifen will, weit voraus. In den USA verweist man nicht gern auf den Staat, sondern hängt selber ein Schild auf, das eo ipso wirksam sein soll – und es oft auch ist. In Deutschland hingegen vertraut man gern auf staatliche Siegel. Neben der Tür der damaligen Kita unseres Sohnes hängt ein Schild: „Haus der kleinen Forscher. Land der Ideen. Bundesrepublik Deutschland". In der Kita wurde ein bisschen gebastelt, die Kinder durften auch mal, oh Wunder, in ein Kaleidoskop schauen. Nichts unterschied diese Einrichtung von anderen ohne Gütesiegel der Bundesrepublik Deutschland, aber das Vertrauen der erstbesichtigenden Eltern in diese Einrichtung stieg sogleich enorm.

Doch die amerikanische Safe-Space-Kultur wirft die Frage auf, wer hier vor wem geschützt werden muss und ob solche Einhegungen und Eingrenzungen nicht freiheitsbeschneidend für beide Seiten sein können. Grenzen wirken immer in zwei Richtungen. *Safe space – for whom?*

Als ich in New Hampshire am Dartmouth College, einer altehrwürdigen Ivy-League-Einrichtung, Writer in Residence mit Lehrauftrag war, bat mich ein Professor in sein Büro. Es ging um die Besprechung einer Lesung von mir im Rahmen seines Seminars. Er war ein angenehmer, liebenswürdiger, äußerst höflicher Kollege, der vermutlich auf die Siebzig zuging. Seine Frau hatte ich auch schon kennengelernt. Als ich nun das Büro betrat, schloss ich automatisch die Tür. Auf dem Flur war es laut, da die Basketballmannschaft des Colleges ein Match gewonnen hatte. Der Professor forderte mich freundlich auf, die Tür offen zu lassen. Dies sei zu seiner und meiner Sicherheit, damit nicht einer von uns nachher behaupten könne, vom anderen sexuell belästigt worden zu sein – eine Richtlinie des Colleges. Ich war baff. Der Safe Space war also ein Unsafe Space, das Böse lauerte in seinem Inneren.

Natürlich: Immer wieder haben sich Menschen, vor allem Frauen, in Situationen wiedergefunden, mit deren Eintreten sie nicht gerechnet haben. Die Regel dient zudem zum Schutz beider Seiten. Jedes Jahr werden in den USA Tausende Klagen eingereicht, bei denen die Beweislage schwierig ist, und die schnell dazu führen können, dass jemand nicht nur seinen Job, sondern auch sein Haus, sein Auto, alles verliert. Dennoch, dieses Regularium legte sich wie ein Bleiring um unser locker gedachtes Gespräch. Und es war laut, wegen den Basketballern.

Für diejenigen, die einen mit „Safe Space!" markierten Raum betreten, beginnt, ob bei geöffneter oder geschlossener Tür, eher eine Grauzone als eine Rosa-Wolkenlandschaft. Denn ungerechte Noten, Begünstigungen und Vorteile bei Stipendienvergaben sowie Projektanträgen, also Rassismus, Sexismus jenseits der Makroebene – all das kommt weiterhin vor. Rassistische, sexistische, misogyne, homophobe, antisemitische, antimuslimische und andere diskriminierende Einstellungen, auch gegenüber Männern, Weißen etc., lenken Entscheidungsträger:innen oft unbewusst. Und davor schützt kein Aufkleber, kein Zeichen. Schnell wird hier nur Symbolpolitik betrieben.

Doch mein erster Impuls angesichts des rosa Dreiecks war: Wie traurig, dass eigentlich selbstverständliches Verhalten nur in einer besonders gekennzeichneten Schutzzone garantiert zu sein scheint. Auch wenn dies nicht beabsichtigt ist, so wird hier etwas zum Sonderfall erklärt, was man sich nicht nur als Ausnahmeerscheinung wünschen würde. Das schadet dem Anspruch auf Allgemeingültigkeit solcher Verhaltensweisen. Es stellt aber auch alle nicht gekennzeichneten Räume bloß und unter Generalverdacht und somit Menschen, denn es sind ja Professor:innen oder andere Mitarbeitende, die sich, aus welchen Gründen auch immer, vielleicht Abneigung gegen die ubiquitär um sich greifende Aufkleberitis, solch einen Hinweis nicht an ihre Tür pappen.

Leider droht den Safe Spaces natürlich nicht nur von innen Gefahr, durch Machtmissbrauch der einen wie der anderen Seite, sondern stellt die Menschen in den Räumen gut sichtbar den Feind:innen solcher Ideen aus. Wer um echte Sicherheit besorgt ist, verzichtet manchmal lieber auf das plakative Signum.

Zudem erinnert mich als Deutsche das rosafarbene Dreieck sofort an den Rosa Winkel, das Abzeichen, mit dem die Nazis Homosexuelle in KZs kennzeichneten.

Safe Space Berlin
Während meiner zum Teil mehrjährigen Auslandsaufenthalte gab es immer einen Safe Space für mich: meine Heimatstadt Berlin. Ich kam von den fernsten Reisen, aus Japan, Saudi-Arabien, Südafrika, Brasilien und Indien, mal gesund, mal krank, mal froh, mal niedergeschlagen, stets zurück ins zwar im Wandel begriffene, sich dabei jedoch erstaunlich treu bleibende Berlin. Immer lebten auch meine Eltern und mein Bruder dort. Nie musste ich mich in meiner Abwesenheit um sie fürchten.
Seit fünf Jahren bin ich in Kontakt mit einer Familie aus Syrien und Saudi-Arabien, die versucht, sich in Deutschland ein neues Leben aufzubauen. Der Vater der Familie, Galal Alahmadi, ist Saudi jemenitischer Abstammung, die Mutter, Noor Akhteb, ist eine Drusin und stammt aus Syrien. In Düren, bei Köln, ihrer zweiten Station, bekamen die beiden eine kleine Tochter, die heute vier Jahre alt ist. Nun leben sie in Berlin Weißensee. Die Eltern, beide Dichter:innen, habe ich im Rahmen eines *Versschmuggel*-Projekts im Haus für Poesie kennengelernt und sie später zu *Weiter Schreiben* gebracht (einem Kulturprojekt vom Verein *wir machen das*, der sich für Geflüchtete bzw. Menschen aus Krisengebieten einsetzt).
Der Kontakt ist, allein sprachlich, nicht immer einfach, stattdessen herausfordernd, lehrreich; er stimmt mich oft demütig. Wenn ich mit Galal spreche, was einem Sprachkauderwelsch gleichkommt (ich kann kein Arabisch, er kaum Deutsch oder Englisch), sind die Familien in ihren Herkunftsländern stets Thema. Er macht sich große Sorgen um sie. Doch die Beziehungen zu den Familien sind nicht einfach, unter anderem, weil sie von Galal und seiner Frau nun erwarten, in Deutschland glücklich zu sein. Weil ihnen keine Bomben auf den Kopf fallen. Weil es genug zu essen gibt, weil ihnen der Strom nicht abgedreht wird. Für Familienangehörige und Freunde zu Hause ist „Gejammer", sind Gefühle von Trauer, Unzufriedenheit, Verlorenheit wenig nachvollziehbar. Das verstärkt jedoch Galals und Noors Gefühl von Einsamkeit – sind sie doch privilegiert und haben nun froh zu sein.
Ich gebe zu: Manchmal regen mich die beiden etwas auf. Wieso wissen sie nach fast sieben Jahren in Deutschland immer noch nicht, dass ... Warum können sie bei einem guten Lesungsangebot nicht innerhalb von einer Woche zurückrufen ... Ist ihnen klar, dass vieles im Kulturbetrieb auch für schon immer in Deutschland lebende Autor:innen nicht selbstverständlich ist? In anderen Situationen wiederum, in denen ich von ihnen Irritation über seltsame deutsche Verhaltensweisen und bürokratische Eigenheiten erwarte, kommen sie besser zurecht als vermutet, sind sie unglaublich großherzig, nachsichtig. Ich liege oft falsch mit dem, was ich glaube, was sie denken, ertappe mich beim Nichtverstehen, ärgere mich über meine Begrenztheit und erinnere mich manchmal an mein Mikro-Leid, meine Nano-Fremdheitsgefühle, an Phasen der Einsamkeit in anderen Ländern, an die Möglichkeit der Rückkehr, die mir stets gegeben war.
Die hitzigen Debatten über „Parallelgesellschaften" und über die „deutsche Leitkultur" kommen mir dann in den Sinn, dabei habe ich selber im Ausland fast nur in Parallelgesellschaften gelebt und keineswegs die jeweilige „Leitkultur" eines Landes angenommen. In Serbien hätte dies doch etwa bedeutet, die Jogginghose zum liebsten Kleidungsstück zu erklären (ich schrieb dort einen Gedichtzyklus mit dem Titel „Ode an die Jogginghose") und streng auf Diät zu gehen. In Tschechien hätte ich ihr Bier trinken, die pivnices bevölkern und mir einen derberen Humor zulegen müssen, in Krakau hätte ich wiederum in die katholische Kirche eintreten und eine andere Art von demütiger Schicksalsgläubigkeit – Bóg to naprawi! Gott wird es richten! – zur Lebensmaxime erheben müssen. Und natürlich hätte ich dort wie in Tschechien sehr viel Zeit für das Erlernen der Landessprache aufbringen müssen, vermutlich ohne je zu meiner Berliner Schlagfertigkeit, einem Teil meiner Identität, zu finden.
In Siebenbürgen hätte ich sächsische Eltern, Großeltern, Urgroßeltern und Ururgroßeltern erfinden und seltsame Breispeisen zu lieben vorgeben müssen. Ein gepflegter Antiziganismus hätte mitunter auch nicht fehlen dürfen.
In den Niederlanden und den USA wäre ich zurückrechtgekommen, in Katalonien nicht. Allerdings hätte ich in Amsterdam etwas direkter, zupackender auftreten müssen, nicht so deutsch-romantisch-kompliziert (und ich hätte nicht wieder behaupten dürfen, dass das Niederländische „niedlich" klänge). In den USA, mehr ein Kontinent als ein Land, hätte es davon abgehangen, wo ich gelebt hätte. Eine Cityscape wie L.A. hätte mein inneres Feng-Shui auf die Dauer nachhaltig gestört.
Auch wenn ich mich im Ausland nicht abgekapselt, sondern versucht habe, meiner Umwelt mit Offenheit zu begegnen, so ist mir doch aufgefallen: Überall, wo ich länger gewesen bin, bin ich tiefere Freundschaften eher mit Menschen eingegangen, die einen „migrantischen Hintergrund" haben. Selbst in den USA sind meine guten Freund:innen bis heute eher „migrantischer Herkunft".
Mit diesen Gedanken und Erinnerungen im Gepäck frage ich mich, wie Ausgrenzung dort funktioniert, wo ich Teil der Mehrheitsgesellschaft bin. Viele wichtige Stimmen migrantischer Berliner:innen, darunter auch Galal Alahmadi und Noor Akhteb, haben in den letzten Jahren hierüber Auskunft gegeben, den Blick geweitet.

Was ich sagen will: Safe Spaces, ja.
But there's always somebody outside the bubble.
Ale zawsze znajdzie się ktoś poza bańką.
Ale vždy je někdo mimo bublinu.
Däu äs ain iemand vun aißen.†
Pero siempre hay alguien fuera de la burbuja.
Maar er is altijd iemand buiten de luchtbel.

† Dank an Carmen Gräf

Safe Space

Tanja Dückers
translated by Bradley Schmidt

Long before the term was widely-used, the Villa Aurora was a sanctuary place – both for Lion and Marta Feuchtwanger and some of its other guests – that enabled the exchange of ideas in a protected location. It is still a sanctuary place today, not least because of the Feuchtwanger Fellowship program, which invites many persecuted and threatened writers to work and reside in Los Angeles. Here, for their protection, they often live in undisclosed locations. Some of them remain in the US after their fellowship comes to an end.
However, the majority of the writers who have resided here in Pacific Palisades since the Villa underwent renovations, and since the start of the fellowship program, are at worst fleeing from a cultural establishment in Germany that is often experienced as stressful, resentful, and competitive, or from their own (family) life at home in order to concentrate on their writing.
For this reason, two very different types of writers are invited to Villa Aurora: those who are currently successful in Germany and those who are currently being persecuted in their home countries. During my fellowship at Villa Aurora (Summer 2000), it was the Algerian writer Zineb Laouedj who was given refuge in Los Angeles for a year as a writer-in-exile. Laouedj, who once said, "*Ne pas céder au poids de la peur*" ("Don't give in to the weight of your fear"), has since been rehabilitated and is now professor of Arabic literature in Algiers. Yet fear still remained her constant companion.
In December 2020 she wrote:

Mon coeur est terrifié
poisson égaré en mer
dans l'attente d'une larme
tombant du ciel,
don d'un nuage vierge,
fuyant le feu
la cendre et la tempête

My heart is terrified
a fish lost in the sea
awaiting a tear
falling from the sky,
the gift of a virgin cloud
fleeing the fire
the cinders and the storm

One evening at the villa I read from Lion Feuchtwanger's diaries and adopted his perspective. The descriptions of his internment in southern France are unforgettable. Yet apart from briefly slipping into this role, I was one of the lucky ones who had only come to Los Angeles to do research for a book.
In order to imagine what those who have to leave everything behind experience, it has been helpful to me in recent years to remember my own experiences of foreignness and non-belonging. And then to imagine that these experiences would have to be multiplied by an x factor in order to make the unimaginable even somewhat comprehensible.
That is why I would like to report here about experiences in everyday life that the strangeness of another European country or life in the USA can bring with it. I will then talk about how they relate to safe spaces. For each country listed, I will limit myself to a few experiences of foreignness and non-belonging. In doing so, I do not claim to say anything that is broadly applicable or even correct about the respective country. The experience of strangeness and loneliness is always highly subjective, and in all of my stays abroad, some of them lasting several years, I had always had (to quote Hildegard Knef) the luxury of a "suitcase in Berlin." What kind of psychological padding for one's well-being this knowledge signifies can hardly be described. There were countless situations in which I thought: "Thank God I don't always have to endure this" or "fortunately, I'll be back in Berlin for Christmas."

The Czech Republic
I have twice spent several months in Prague. To this day I remain in close contact with friends and colleagues in the Czech capital. Nevertheless: If I had to have stayed there without a return ticket, I would have been absolutely miserable.
There is a scale that shows a language's difficulty level. The scale is Germanocentric, though it does not claim otherwise. It's purpose is to indicate how difficult it is for someone with German as their mother tongue to learn another language. Czech is only level three out of six with Arabic and Chinese as the lone level six languages. Conversely, this also says something about how difficult it must be for someone with Arabic or Chinese as their mother tongue to pick up German.
In short: my two Czech adult education courses did not help me at all. The notion that my home country would be taken away from me overnight and that I would be condemned to cope with everyday Czech life (e.g., having to publish in Czech) would have been nightmarish. Nuances, humor, fine tuning, quick-wittedness – even after many years I would not have been able to master all of this to a degree where I would feel comfortable in my own skin.
I only know one German woman, also a writer, who, after living in the region Bohemia for more than 15 years, speaks Czech to some extent without an accent – but even she, to this day, does not dare to write in Czech.

As a result, my circles in Prague were mainly limited to Czechs who spoke good German or English. But it was not only due to language that my contacts within my social life and milieu were limited: if you don't drink alcohol, you can't gain a foothold in Czech society, because the centerpiece, THE place to get to know each other, to exchange, to flirt, to bicker over politics, to make deals, is the *hospoda* or the *pivnice* – that is to say: the pub. Another word for pub is *krčma*, which I can't even pronounce properly. Just as the Inuit have twenty different words for snow, the Czechs have many words for "pub." They play a role that cannot be overestimated, as Jaroslav Rudis' brilliant contemporary novels illustrate. Life becomes even more difficult if you are also a vegetarian. Despite environmentally friendly trends and UFO-like vegan eateries in Prague's Americanized city center, these kinds of diets and lifestyles have not really arrived in Czech society.
I would have always been an outsider there with my herbal teas. The disapproving expression on my Czech exchange colleague Iva Pekárková's face will never be forgotten, one that severely disproved of the fact that she couldn't properly booze with me.

Poland
While the Czech Republic is a very secular country, the neighboring country Poland is known to be deeply Catholic. Naive as I was, my mindset when I was on the cusp of going to Krakow for six months was "oh, things will be quite different in the modern, enlightened cultural scene." How much arrogance there was in this notion of mine!
I happened to be in Krakow at a particularly significant moment in the recent history of Poland: when Pope John Paul II fell seriously ill and eventually died. In Germany one cannot imagine how the Poles suffered along with their Pope for weeks, how much he and the state of his health dominated the conversation. Even the hippest people I knew called the Pope a "dear old bear" whom, from the bottom of their hearts, they wished would get back on his feet. He is like a grandpa to them ... it is inconceivable that young German artists would have said something like that about Pope Benedict XVI. When the Pope finally died of uremic sepsis, half of Krakow marched through the city in a magnificent, touching, medieval-looking mourning procession. It was moving. However, I felt like an actress, but not attending the funeral march would have offended my hosts deeply.
What must it be like for someone who comes to Germany from a distant country when even I to some extent feel very out of place in neighboring Poland?

The Netherlands
The Netherlands was the easiest country for me to immerse myself in. Amsterdam is cosmopolitan and multicultural, probably one of the most tolerant cities in the world, and yet, there have been and still are many microexperiences that make it clear to me that I "don't belong" there either.
Since the Netherlands is in many aspects a more progressive country than Germany, I became aware of my own traditionalisms and narrow-mindednesses, certain thought patterns of mine that are not so flattering. A Dutch friend smiled indulgently when I confessed to her that although I had left the Catholic Church, I occasionally had sentimental reflexes relating to it, such as tears welling up in my eyes when I heard certain hymns. In terms of social structure, the Netherlands is much more secular than Germany. Here it would be unthinkable to collect church taxes or have church kindergartens, where in Germany, 90 percent of them are subsidized by the state.
I also didn't always cope well with the enlightened directness of the Dutch. Eating, sleeping, illness and death, sex, humor —in everyday conversation, everything is as plain and clear as the country's landscape itself.
Pragmatism in the Netherlands sometimes tests this old-fashioned romantic esthete from the country's eastern neighbor. Ketchup bottles were placed on nicely-laid tables next to the silverware and, along with them, extremely ugly utensils that reminded one of plungers for unclogging toilets. These are used to remove the last ounce of ketchup from the bottles. From an ecological point of view, it is, of course, advisable to scoop out all that's left ... even by candlelight.

Catalonia / Spain
When I think of the three years that I lived in Barcelona, in addition to many wonderful memories, I also think of the many hurdles I was confronted with in the cultural sector as a non-Catalan. From Berlin I was used to a certain permeability of the social classes. Perhaps it is due to the break with the past that was brought about by the Second World War, however, there hasn't been nor is there a homogeneous, self-contained group in Berlin that has dominated the city's fate in politics, economy, and culture for decades. Everyone knows about corruption, of course, but there are also vacancies and opportunities for advancement, career changers, and surprises. Artists from different countries come to Berlin, make careers there, and often only speak English. Not so in Barcelona. Anyone who did not come from a long-established Catalan family could not become anything in the cultural sector at the turn of the millennium. *Viva Catalunya*! And if you didn't speak Catalan perfectly, you had no chance anyway. In autumn 1999, when I had only been in Spain for six weeks, the Goethe-Institut Barcelona arranged for me to go on the regional broadcaster Radio Catalunya to give an interview on the tenth anniversary of the fall of the Berlin Wall. I had prepared myself thoroughly for the interview, but then it turned out that, as a Berliner, I was expected to give the interview in fluent Catalan. Castellano was not accepted. I was sent home and the segment was canceled.

It was also difficult to comprehend who was taking what stance on the independence movement. Everywhere I turned I came across strange, unexpected alliances. Terms like “left” and “right” had already become vague in Germany; in Spain they had become completely fluid. Tourists may manage without taking a position, but you can't get away with that if you have lived and worked in Catalonia for several years.

Transylvania / Romania
A journey back into time. I took the train to Transylvania via Dresden, Prague, Brno, Vienna, Bratislava, and Budapest. A long enough of journey that, after leaving behind language regions where Czech or Hungarian are spoken, I suddenly heard German again, albeit one that has a different sound to it. And then I saw cattle, wild meadows, the Carpathian Mountains, fortresses, people on horses – sometimes you feel like you have been transported back a hundred years. Shepherds herding sheep through the village. Shepherds who are still wary of electricity. And every village is different, the village community matters a lot. As a Berliner, you are a complete stranger here. In Cata (Katzendorf), the village of a mere 2,000 souls where I could have lived for a year in an old rectory, I realized that I would never been able to belong, simply because I was not born there. My sympathy for the many Roma, who make up around eighty percent of Cata's population, betrayed that I was a privileged person from a wealthy country where there are fewer struggles for distribution and where this attitude does not cost me anything.
And then there was this as well: nowhere in Europe have I met so many mentally-wounded, devastated people as in Romania. Decades after the end of the Ceausescu dictatorship, the effects of its hardship on society were still clearly noticeable. There were people who shouted at each other during my readings, who accused each other of having betrayed them to the *Securitate* (Department of State Security) and in consequence of that of being responsible for them being imprisoned for years. Furthermore, there were terrible stories of people my age who as children lost their siblings to diseases such as bronchitis, pneumonia or pelvic inflammation because there were no antibiotics in one of the poorest countries in Europe. Again and again, there was the feeling: to have been so lucky without doing anything on my own. To be different. To have had it easier. For no reason.

Belgrade / Serbia
Belgrade. Ruins from World War II next to ruins from NATO bombing. Peter Handke. At the time that he was awarded the Nobel Prize, I was in Belgrade as a fellow of the Goethe-Institut and the Serbian writers' association “Krokodil.” It is hard to understate how differently the Serbians and Germans viewed this decision! Enthusiastic Serbs hugged me and congratulated me, friends back home in Berlin expressed their horror over the phone. Handke, the hero and bridge-builder, Handke; the weirdo, who lost his way politically, who drifted to the right. My attempt to take a mediating stance in this debate was welcomed neither here nor there. Suddenly I didn't seem to belong, either at home or abroad. But then there was Mila, the librarian from the Goethe-Institut Belgrade whom I befriended, a native Serb who, during the hail of NATO bombs in 1999, was pregnant and feared for her life (the house next to hers was completely destroyed). Yet she loves Berlin, Germany, and the German language.
On my return flight to Schönefeld Airport, there are many young people on board who want to try to gain a foothold in *Немачка* (“Germany”). Everyone who can leaves the country.The director of the Goethe-Institut is ashamed: “Now we, with our language courses, are also promoting the brain drain!” Damn it. And I'm a piece of this mosaic.

USA
The USA is where I've spent the most time outside of Germany – altogether, several years. The diversity of the country, its short history (for comparison: the Transylvanian Saxons have eight hundred years of history in Romania), the fact that so many people come from “elsewhere” made it easier to get one's bearings than in many other countries. Since I had already lived in the USA when I was a schoolgirl, many things were familiar to me. Oversized things, car culture, being nice – none of that seemed strange to me, even though I come from Berlin, where being nice is quickly seen as inauthentic, i.e., disagreeable.
However, in the US, I also had unique experiences with being a stranger and being different. As part of a student exchange, I at first lived in Pennsylvania for six months. Many Americans with German heritage live in Pennsylvania who to some extent have nostalgic notions of Germany. Accordingly, I was often confronted with “positive prejudices.” For example, when, to the surprise of my teacher, I was a failure in physics class. She couldn't account for it. “Germans have produced many Nobel Prize winners in physics and chemistry,” she told me with a frown. I was also immediately assigned a cleanup task because I “love order.” I can't forget how the daughter of my host family was jealous of me because, as a newcomer, I came home from school with better grades than she did. “You always analyze everything!” she accused me when I was still thinking about this and that in the car on the way to school. Unfortunately, I wasn't “funny” enough for her. I didn't share the family's enthusiasm for watching horror films in the evening, which even included all the children and the dog. When I was crying after watching a terrible film in which a man used an ax to split the head open of everyone who came toward him, I was introduced to the psychologist: “She is too afraid of life.” The psychologist was supposed to give me a training in desensitization, the goal of which was to make me capable of watching horror films without getting upset or feeling revulsion. The father of the family, a doctor, made up something about the “German Angst” with which I was probably afflicted and which I had to be cured of. The therapy was unsuccessful, and to this day I still hate watching horror films.
After my host parents' marriage imploded and the situation there became unbearable, I moved in with a different host family in South Carolina. Here the host father, a worker at Michelin Tires, made a few well-intentioned remarks about German engineers, but accepted that I was more interested in subjects other than physics and math.

In South Carolina, I went to a high school where African-Americans made up half the student body. Coming from multicultural Berlin, with Turkish, Greek and Yugoslav children in my class and neighborhood, I assumed that racism would no longer be a big issue in the mid-1980s. I was wrong about that, of course. When the African-American kids got on, my school bus would be stopping in other, not-so-swanky areas. In my high school of a thousand students there was only one "mixed couple." It was strange for me to see the invisible dividing lines that ran between children who attended the same school. As a newcomer, I did not understand these boundaries at first, and overlooked them. On the school bus, I sat in front near Allen Chameko, an African-American bus driver, and talked to her. But the other white girls sat in the back, preferably on the long back seat with the best view – that was, implicitly, the section reserved for them. Decades after Rosa Parks there was still a kind of demarcation line on the bus. As a visiting professor in the United States decades later, I was involved in seminars in which African-American students would sit down separately rejecting being mixed with white students in their ranks. In light of a racist "history" (which continues to this day) and in the wake of identity politics, this may be understandable – but it is still deeply sad.

I had a very embarrassing experience with Allen Chameko that put a damper on our incipient friendship: my host family (who voted Democrat and thus belonged to a progressive minority in the so-called Peach State) forbade me from inviting her to visit me sometime after school. The reason: they didn't want the neighbors to see it. I was very uncomfortable having to convey this to Allen.

But the boomerang quickly returned: a week later I wanted to invite over a classmate, a girl from Iran. My host mother put in a lot of effort and cooked fantastic food for the young Persian "from a good family," as she put it. But my classmate said no to me at school that day and, for her part, squirmed as she gave her explanation: her parents had forbidden her to go to the home of an American family. So, I wasn't allowed to meet either friend after school. Instead, I stayed at home and spent my time in the garden next to the pool, with no one to accompany me but Jessica, the eight-year-old daughter, and Sam, my host family's big dog ... it was pure suburbia.

A trip to New Orleans in 1998 was also disconcerting, especially a visit to some of the "manors" of the area's former plantation owners. We visited villas that were most unspectacular for Europeans, here and there we were able to admire an old chest, a beautifully upholstered chair or a mirror set in gold. Anyone who has visited Charlottenburg Palace can do without a visit to these houses. From the American point of view, however, they were "marvelous." I insolently took the liberty of asking about the welfare of the slaves who had worked for the owner of this house. In an abrasive tone that was unusual by American standards, our guide responded that the "slaves" had fared "very well" here. With a sweeping gesture, our guide pointed from the top floor of the house to the fields in front of us: the slaves would have had their huts out there somewhere, where they were also allowed to "dance and sing."

All of this is only a good twenty years ago. Anyone today who demonstrates, topples monuments, and loots – despite all the criticism of violent behavior – grew up in *this* America.

Two years later, in the summer of 2000, I was a fellow at Villa Aurora. The Villa, Pacific Palisades – even back then it all felt like a movie. The perpetuated, cinematic moment that lasted for three months canceled out any feeling of foreignness – if anything, it made it seem more real. Nonetheless, there were also some tears in the film:

Once I got lost and ended up in South Central with the composer Charlotte Seither, who is still a good friend to this day. In the middle of the street there were homeless people in filthy sleeping bags – not just a few, as one sees here and there in Berlin, but several hundred. Later, Joachim Bernauer, who was the director of Villa Aurora at the time, told us that one shouldn't stop in these neighborhoods, but instead drive through the red traffic lights.

I grew up in Berlin near Zoo Station. During the 1970s, my parents would first pick up any syringes on the playgrounds before letting us children romp around in them. Everyone was talking about Christiane F. (a famous drug addict at that time). We had the wall right in front of our faces and were harassed at border crossings. I didn't grow up in an idyllic world, but South Central and other parts of L.A. were different. Here, the respective worlds hardly came into contact with one another anymore.

But what afflicted me in Los Angeles, despite all the magic, was a feeling of agoraphobia. After three months, I was physically missing the narrow "European urban fabric" that a city such as Berlin – destroyed, dismembered, scarred, and long-divided – had evidently been able to convey. An urban security such as the kind Manhattan exudes, with its buildings like protective shields, was hard to find here. That was exciting and nice for a limited time. But then it was painful. For one whole evening a helicopter hovered above the Villa within one's reach as it searched for someone, and spiraled itself into my sleep. Even the fire alarm system, always ready to go off after the food had burnt just a little, made one fearful.

In the fall of 2001, I was living in the USA as a writer-in-residence. Being there on September 11th made me feel a strong connection with the United States. However, when people who are otherwise nice to you are seriously afraid for themselves and for their loved ones, when there is real distress – then you suddenly no longer belong. But the strangest conversations I had back then were not on the shore of Lake Erie, but by phone with friends in Berlin. "Why do you worry about a few thousand dead Americans? Just as many people die of malaria every day in Africa," said one friend. Another friend took the same line. One of the planes had crashed just fifty miles from my Pennsylvania college with a student's uncle and aunt on board. There I missed the empathy and was unable to habitually cultivate anti-American sentiments that thought outside the box. Now I was too America-friendly in Berlin and too European in the USA.

Safe Space America?
Of Sanctuaries and Pink Triangles

In the fall of 2016, during the final strech of the election campaign that ended in Trump's victory, I was teaching at Oberlin College in Ohio. In the small town of 8,000 people there are several bike rental shops, vegan shops, boutiques with tie-dyed clothing, yoga studios, and an astonishing number of small theaters and other stages. Because of this, Oberlin has also been described as a small version of Portland. Here, the audience is greeted at theater performances with "Ladies and Gentlemen and everybody in between." However, what the left-wing Oberlin College is famous for is the fact that it was the first college in the nation that allowed African-Americans to study there, decades before the Civil War, in 1835. Today, LGBTQI* rights are a top priority at Oberlin College – cross dressers walk across campus in large numbers with the same naturalness that trucks rumble across the corn fields a few miles away. During other stays in the US, I became aware of the pink triangles, the "Safe Space!" stickers, but never saw as many anywhere else as I did in Oberlin.

To begin with, these little "Safe Space!" stickers on the doors of professors and staff have something touching and absurd about them. This is because the security that they declare cannot truly be guaranteed. The places are only declared to be safe. In these confident, declarative campaigns, the Americans are way ahead of the Germans, if this is to be understood as something progressive. In the US, people do not like to refer to the state, but hang up a sign that is supposed to be effective ipso facto – and it often is. In Germany, on the other hand, people like to trust official seals of approval. Next to the door of our son's day care center at the time hung a sign that said: "House of Little Researchers. Land of ideas. Federal Republic of Germany." In the daycare center, they did a little arts and crafts once in a while, and the children were also allowed – amazingly – to look into a kaleidoscope. Nothing differentiated this facility from others without a seal of approval from the Federal Republic of Germany, but the trust of the parents visiting the facility for the first time increased enormously.

But the American safe-space culture raises the question of who has to be protected from whom here and whether such enclosures and perimeters might actually restrict freedom for both sides. Borders always work in two directions. Safe space – but for whom?

When I was a writer-in-residence and lecturer at Dartmouth College, New Hampshire, a venerable Ivy League institution, a professor invited me into his office. It was to discuss a reading I was to give as part of his seminar. He was a pleasant, amiable, extremely polite colleague who was probably nearing seventy. I had already met his wife. When I entered the office, I automatically closed the door. It was noisy in the hallway as the college's basketball team had just won a game. The professor kindly asked me to leave the door open. This is for his and my safety, so that one of us cannot claim to have been sexually molested by the other – a college policy. I was flabbergasted. So the safe space was actually an unsafe space, with evil lurking inside it.

Of course, time and again people, especially women, have found themselves in situations that they did not expect to occur. The rule also serves to protect both sides. Every year thousands of lawsuits are filed in the US that are difficult to prove and which can quickly result in someone not only losing their job, but also their house, their car – everything. Nevertheless, these regulations were wrapped like a lead ring around what was intended to be a casual conversation. And it was loud because of the basketball players.

Anyone entering a room marked with "Safe Space!," whether with the door open or closed, crosses into a gray area and not a landscape of pink clouds. This is because unjust grades, as well as preferential treatment and advantages in the awarding of grants and project applications, i.e., racism and sexism beyond the macro level – all of this continues to occur. Decision-makers are often unconsciously moved by racist, sexist, misogynist, homophobic, anti-Semitic, anti-Muslim and other discriminatory attitudes, even toward men, whites, etc. And no sticker, no sign protects against that. The only thing that is quickly pursued here is symbolic politics.

But my first reaction when I viewed the pink triangle was: how sad that actual normal behavior only seems to be guaranteed in a protection zone that's been specially marked for this purpose. Even if it is not intended, here something is declared to be an exceptional case, one that you wish would be more than an exception. This not only damages such behavior's claim to universality, it also compromises all unmarked rooms and places them under general suspicion. There are indeed professors or other employees who, for whatever reason, perhaps dislike the ubiquitous rampant stickeritis – do not stick such a declaration on their door.

Unfortunately, the safe spaces are of course not only threatened from within, through the abuse of power by one side or the other, they also expose the people in the room – in a clearly visible manner – to the enemies of these ideas. Those who are concerned about real security sometimes prefer to do without the eye-catching sign.

In addition, the pink triangle immediately reminds me as a German of the badges that the Nazis used to mark homosexuals in concentration camps.

Safe Space Berlin

During my stays abroad, which sometimes lasted several years, there was always a safe space for me: my hometown of Berlin. I came back to Berlin – which is changing but always surprisingly remains true to itself – from the most distant journeys, from places such as Japan, Saudi Arabia, South Africa, Brazil, and India, and sometimes in good health, sometimes sick, sometimes happy, and sometimes depressed. My parents and my brother always lived here too. I never had to fear for them in my absence.

For five years I have been in contact with a family from Syria and Saudi Arabia who have been trying to start a new life in Germany. The father of the family, Galal Alahmadi, is of Saudi-Yemeni descent, the mother, Noor Akhteb, is a Druse and originally from Syria. In Düren, near Cologne, their second place of residence in Germany, the two had a little daughter who is now four years old. Now they live in Berlin Weißensee. I got to know the parents, both poets, as part of a *Versschmuggel* project at the Haus für Poesie ("House for Poetry") and later brought them to the *Weiter Schreiben* (a cultural project run by the *wir machen das* ("we do that"), which advocates for refugees and people from crisis areas). Contact with them is not always easy, solely in terms of language. Rather, it is challenging and instructive; it often humbles me. When I speak to Galal, which amounts to a sort of gibberish (I don't speak Arabic, he hardly speaks German or English), their families in their home countries are a constant subject. He's very worried about them. But their relationships with their families are not easy, partly because they now expect Galal and his wife to be happy in Germany. Because no bombs fall on their heads. Because there is enough to eat, because their electricity doesn't get turned off. For family members and friends at home, "whining," feelings of sadness, dissatisfaction, and forlornness are difficult to understand. However, this reinforces Galal's and Noor's feeling of loneliness – after all, they are privileged and now have to be happy.

I admit: sometimes the two of them annoy me a bit. "Why do they still not know that after seven years of living in Germany," I say to myself, "why can't they call back within a week if you've received an exciting invite to read somewhere? Don't you realize that authors who've always lived in Germany also cannot take a lot of things in the cultural sector for granted?" On the other hand, in situations in which I supposed that they would be irritated by strange German behavior and bureaucratic peculiarities, they manage better than expected: they are incredibly generous and indulgent. I am often wrong in what I believe they think, I catch myself not understanding, I get annoyed at my narrowmindedness and sometimes remember my micro-suffering, my nano-foreignness, phases of loneliness in other countries, the option of returning that was always given to me.

Then heated debates about "parallel societies" and the "dominant German culture" come to mind, although I myself have lived almost exclusively in parallel societies abroad and have by no means accepted each country's respective "dominant culture." In Serbia this would have perhaps meant declaring sweatpants to be your favorite clothing item (I wrote a cycle of poems there with the title "Ode to Sweatpants") and going on a strict diet. In the Czech Republic I would have had to drink their beer, basically lived in the *pivnices* and develop a coarse sense of humor, in Krakow I would have reentered the Catholic Church and elevated a different kind of humble belief in fate – *Bóg to naprawi*! God will fix it! – to my maxim. And of course, there, like in the Czech Republic, I would have had to spend a lot of time learning the national language, presumably without ever finding my Berlin repartee, part of my identity. In Transylvania I would have invented Saxon parents, grandparents, great-grandparents, and great-great-grandparents, and pretended to love strange porridge. An occasionally cultivated anti-Romany sentiment would have been expected. I would have managed in the Netherlands and the US, but not in Catalonia. In Amsterdam, however, I would have had to have behaved a bit more direct, more straightforward, not so complicated like a German Romantic (and wouldn't be able to make the claim again that Dutch sounded "cute"). In the USA, more of a continent than a country, it would depend on where I would live. A cityscape like L.A. would have seriously disturbed my inner Feng Shui in the long run.

Even if I didn't seclude myself while living abroad, but instead tried to approach my environment with openness, I did notice that in the places where I lived longer, the deeper friendships I made were with people with a "migrant background." Even in the US, my good friends tend to be of "migrant origin."

With these thoughts and memories in mind, I wonder how marginalization works where I am part of the majority society. Many important voices from migrant Berliners, including Galal Alahmadi and Noor Akhteb, have provided information on this in recent years, which has broadened the perspective.

What I want to say: safe spaces, yes?
But there's always somebody outside the bubble.
Ale vždy je někdo mimo bublinu.
Ale zawsze znajdzie się ktoś poza bańką.
Däu äs ain iemand vun aißen.[†]
Pero siempre hay alguien fuera de la burbuja.
Maar er is altijd iemand buiten de luchtbel.

† Thanks to Carmen Gräf

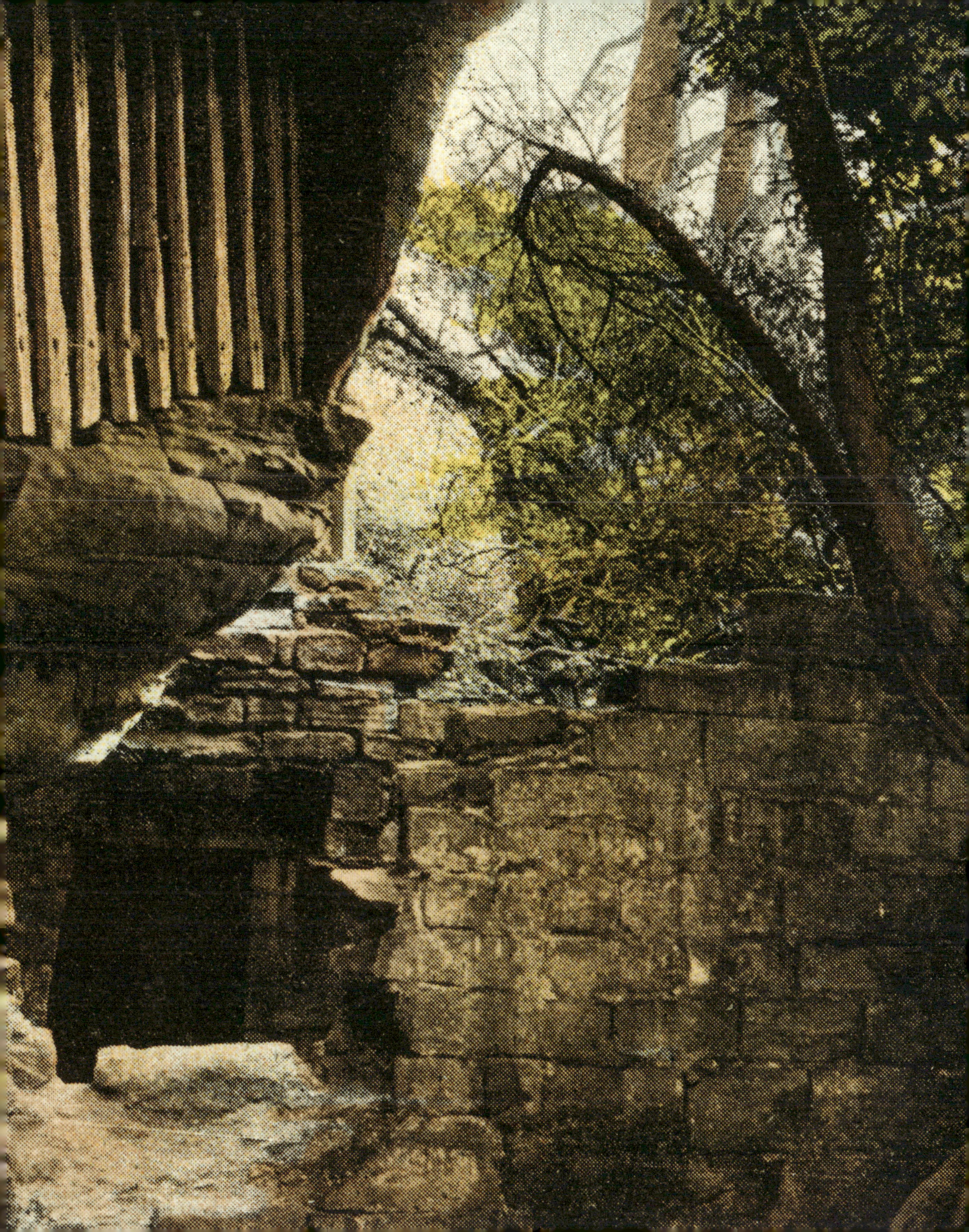

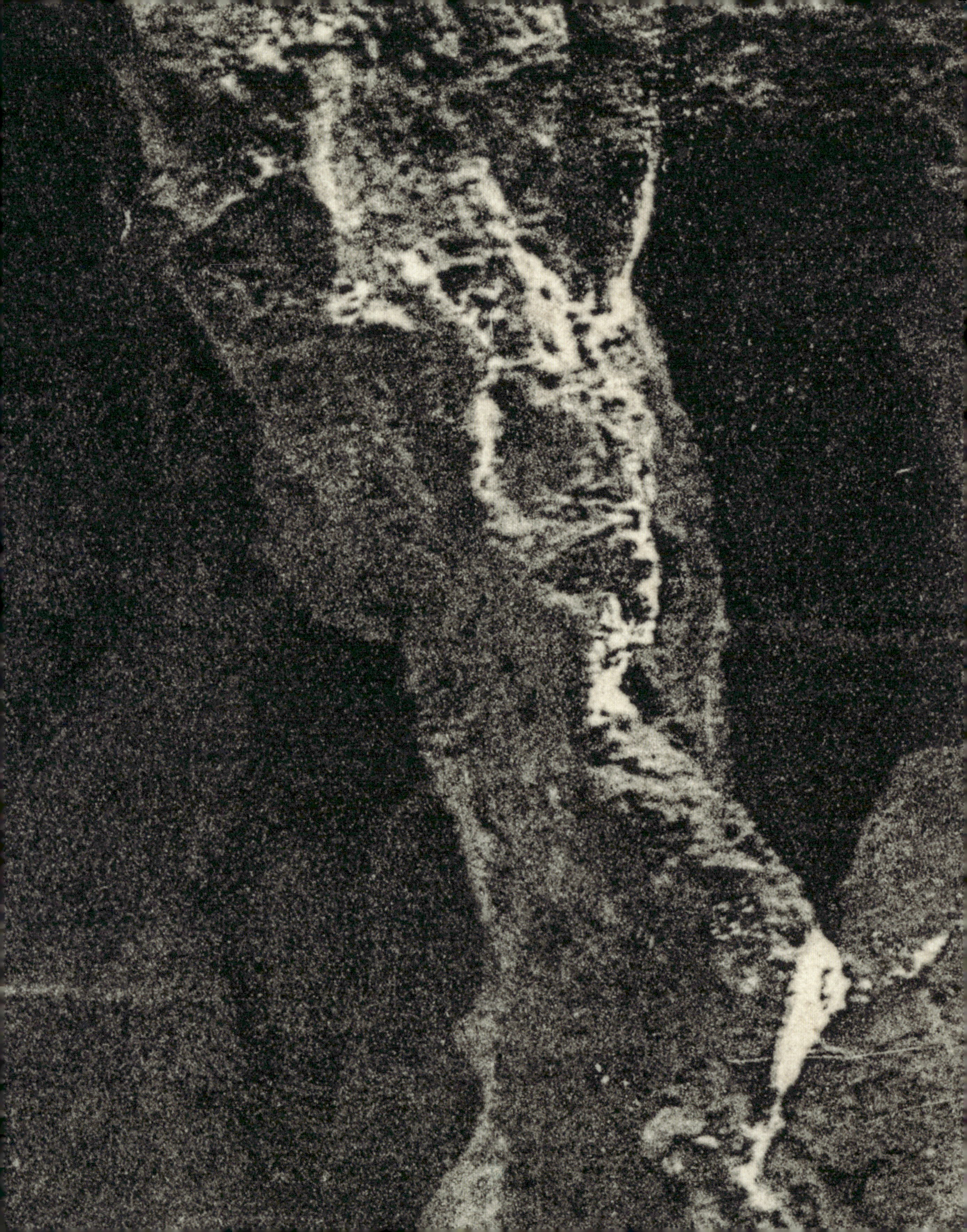

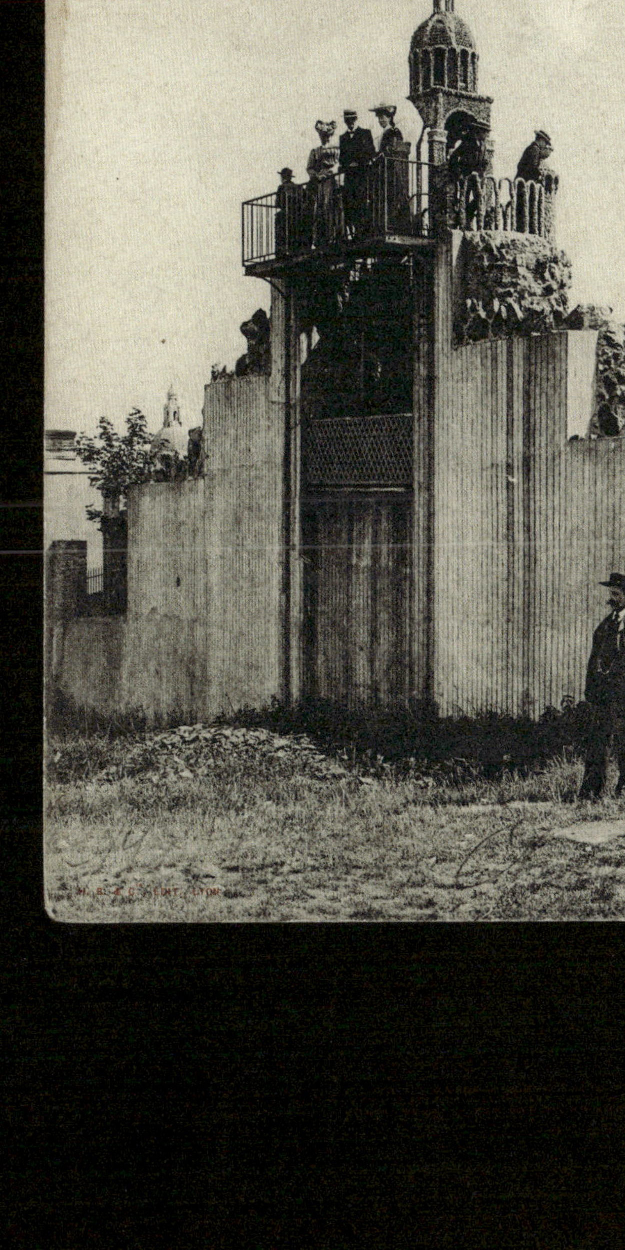
LE MONT-CINDRE. - Tour de l'Hermite

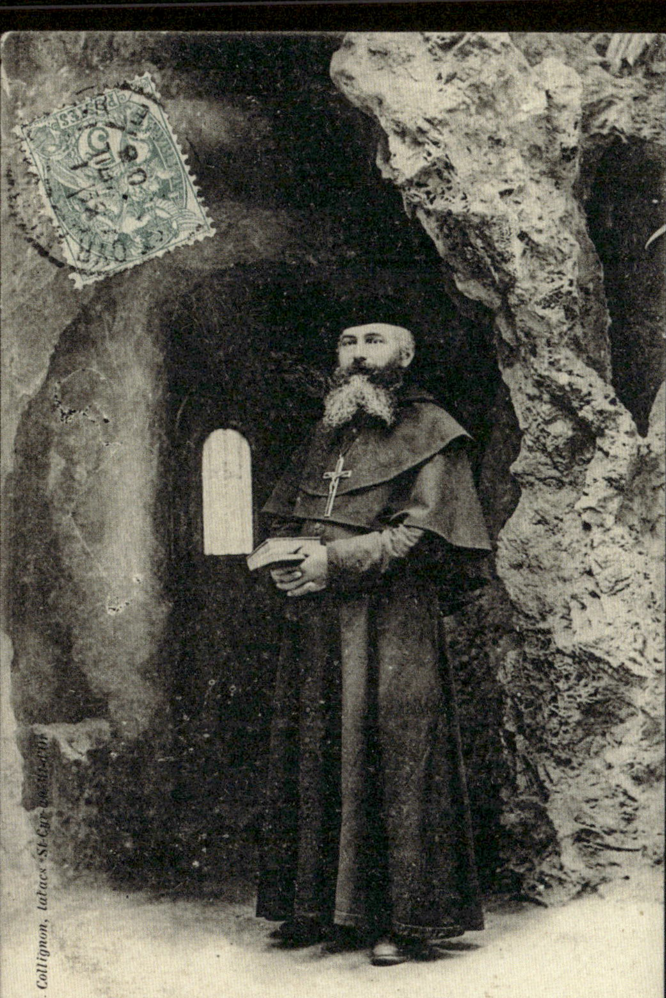
J. Collignon, tabacs, St-Cyr
St-CYR-AU-MONT-D'OR. — Hermitage du Mont-Cindre
Mitre Baciers.

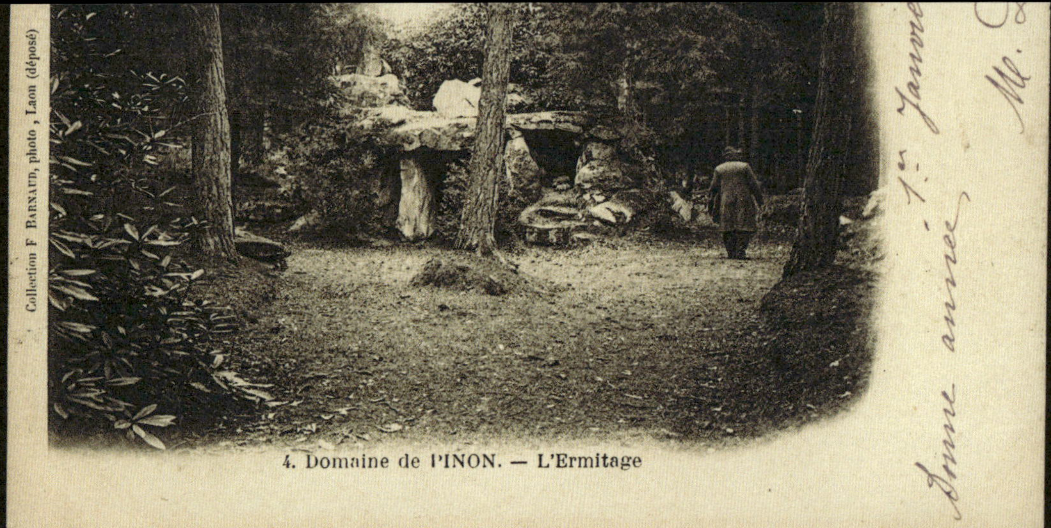
Collection F. Barnaud, photo, Laon (déposé)
4. Domaine de l'INON. — L'Ermitage

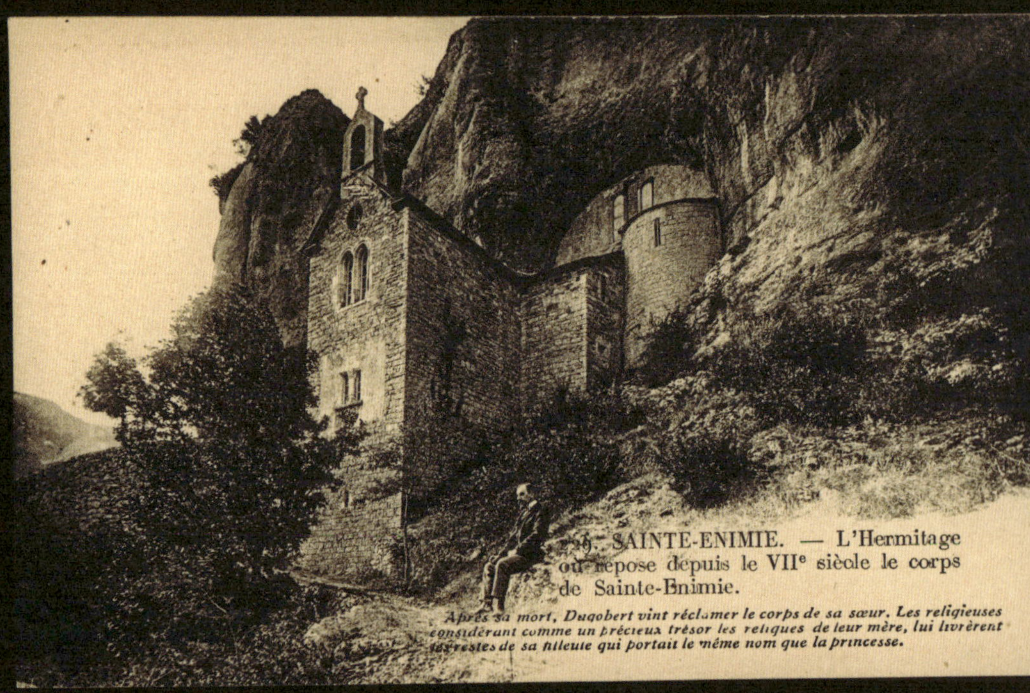
SAINTE-ENIMIE. — L'Hermitage
où repose depuis le VIIe siècle le corps
de Sainte-Enimie.
Après sa mort, Dagobert vint réclamer le corps de sa sœur. Les religieuses
considérant comme un précieux trésor les reliques de leur mère, lui livrèrent
les restes de sa filleule qui portait le même nom que la princesse.

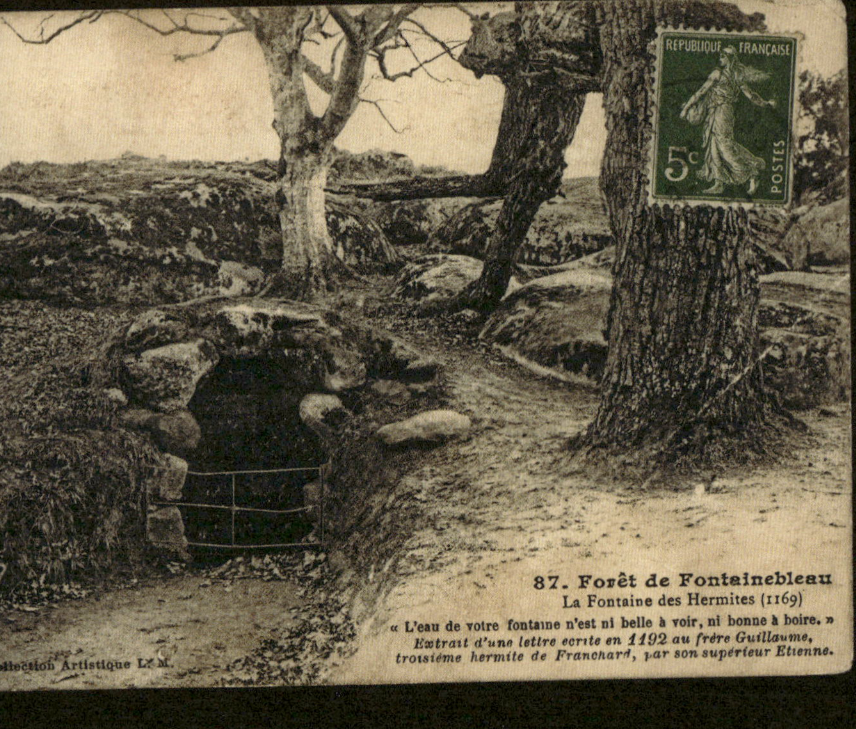
REPUBLIQUE FRANÇAISE
5c
POSTES
87. Forêt de Fontainebleau
La Fontaine des Hermites (1169)
« L'eau de votre fontaine n'est ni belle à voir, ni bonne à boire. »
Extrait d'une lettre ecrite en 1192 au frère Guillaume,
troisième hermite de Franchard, par son supérieur Etienne.
Collection Artistique L. M.

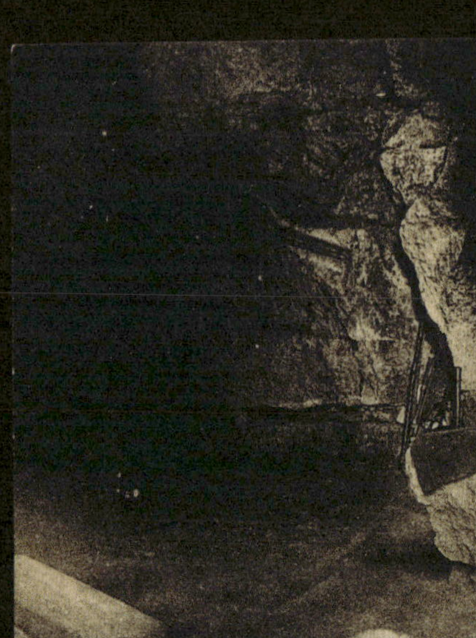

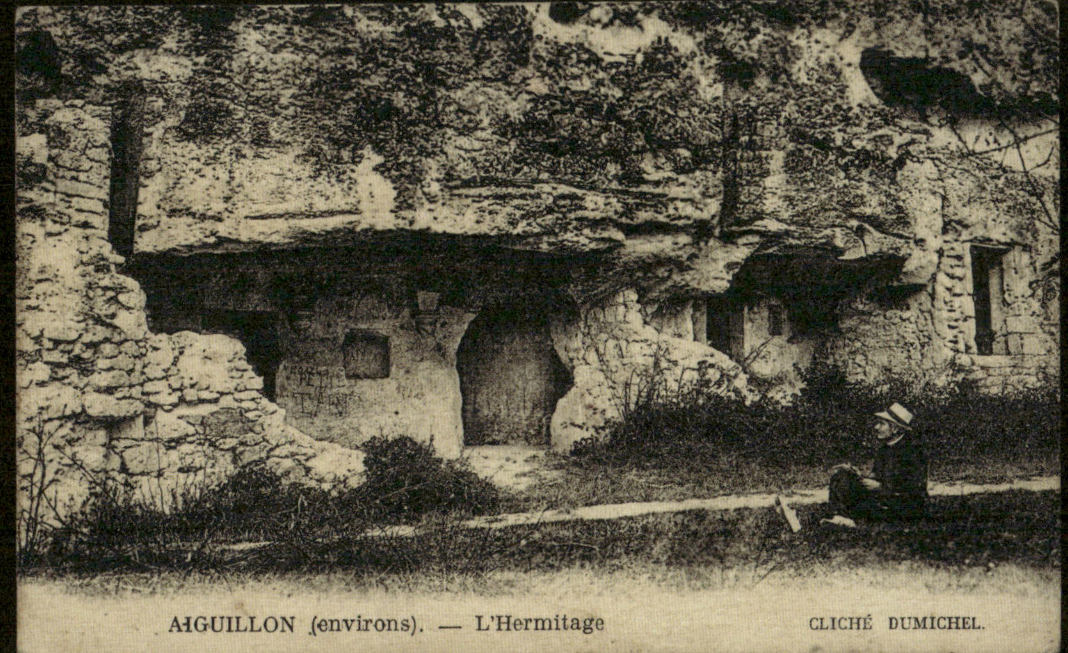
AIGUILLON (environs). — L'Hermitage
CLICHÉ DUMICHEL.

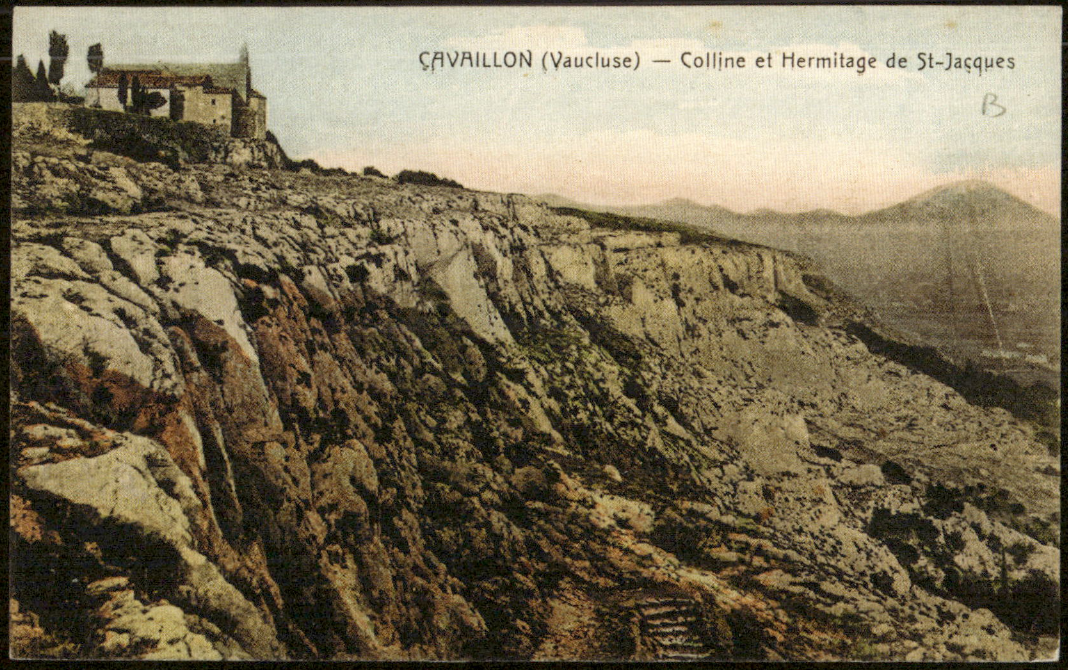
CAVAILLON (Vaucluse) — Colline et Hermitage de St-Jacques
B

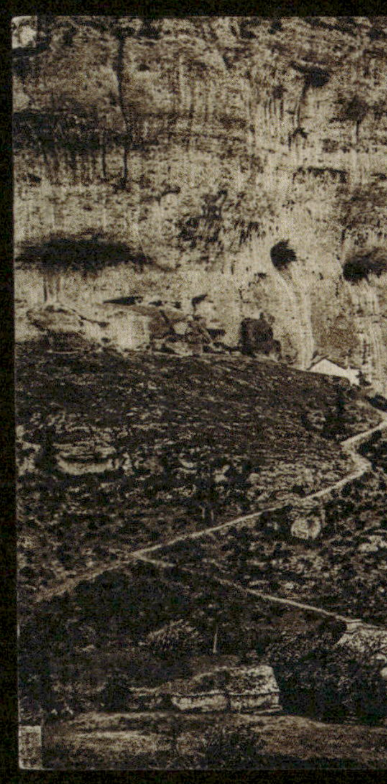

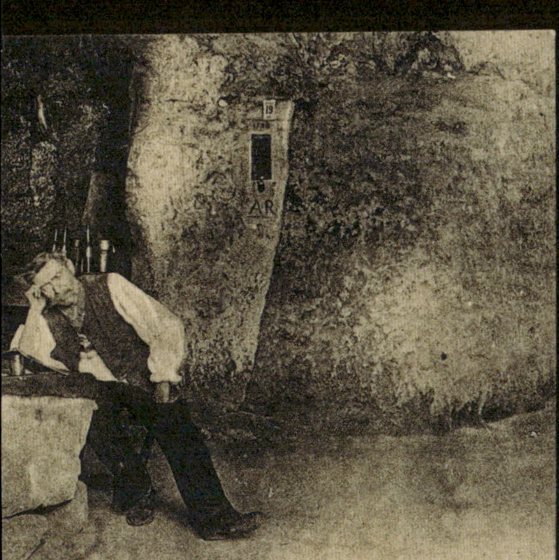

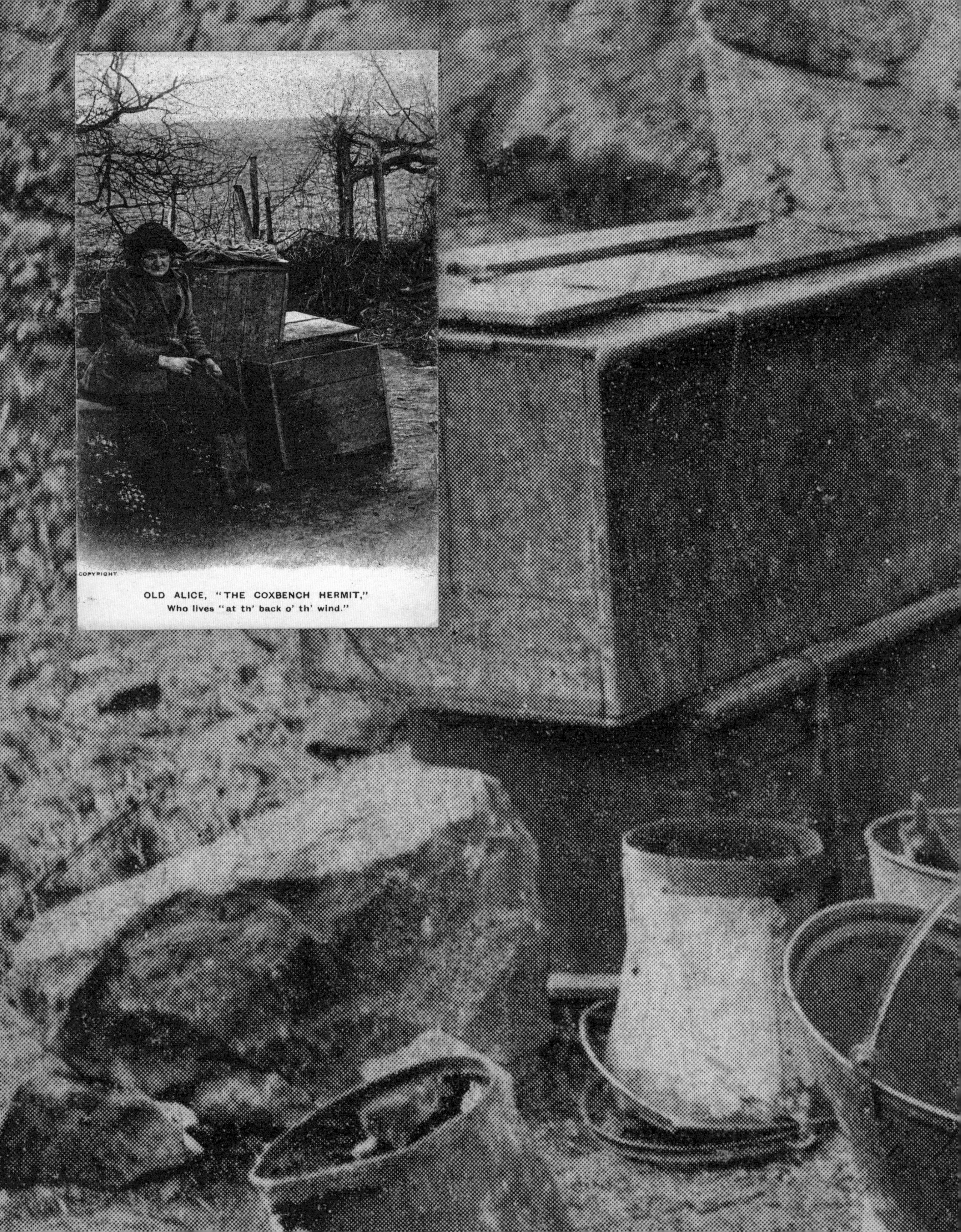
COPYRIGHT.
OLD ALICE, "THE COXBENCH HERMIT,"
Who lives "at th' back o' th' wind."

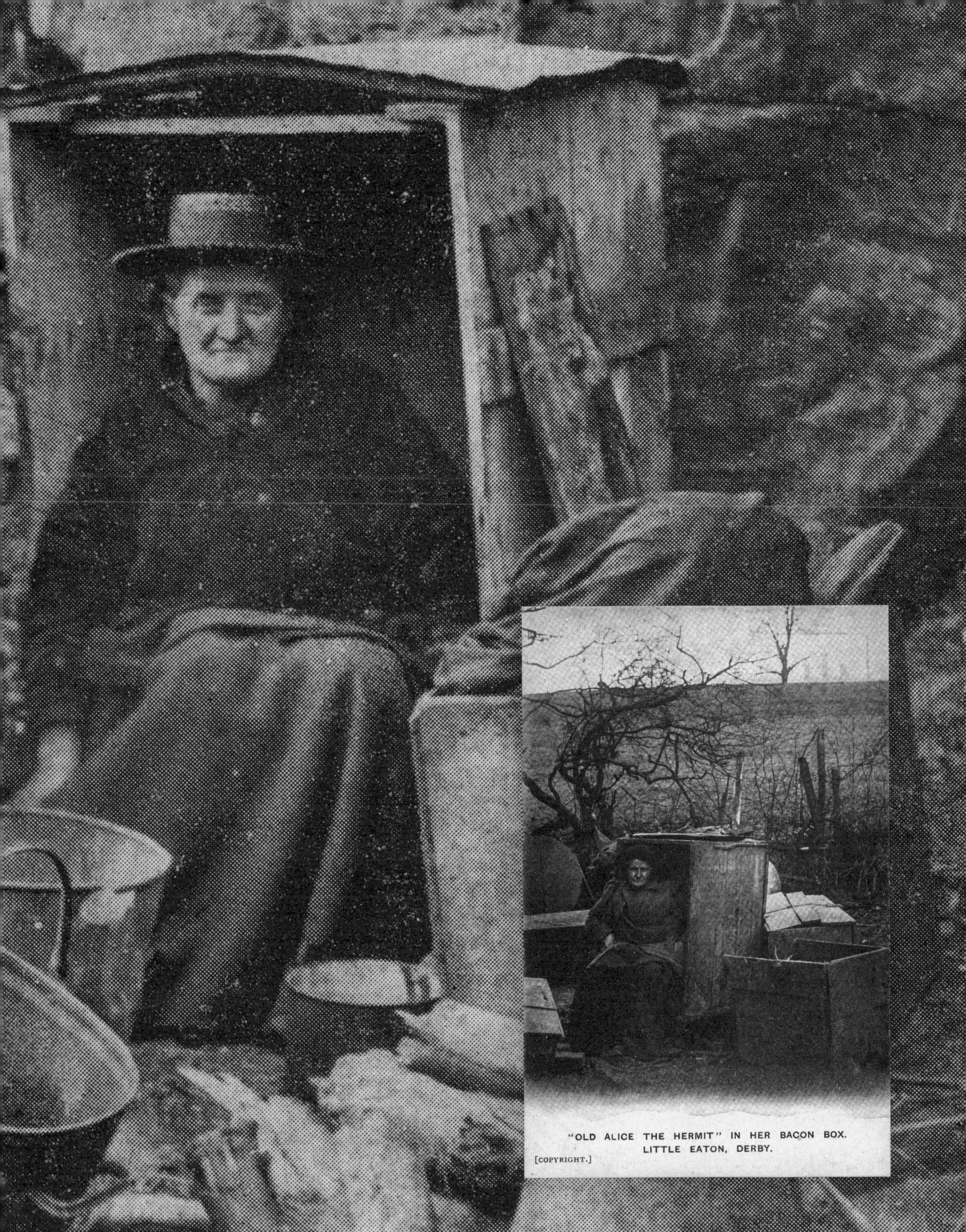

"OLD ALICE THE HERMIT" IN HER BACON BOX.
LITTLE EATON, DERBY.

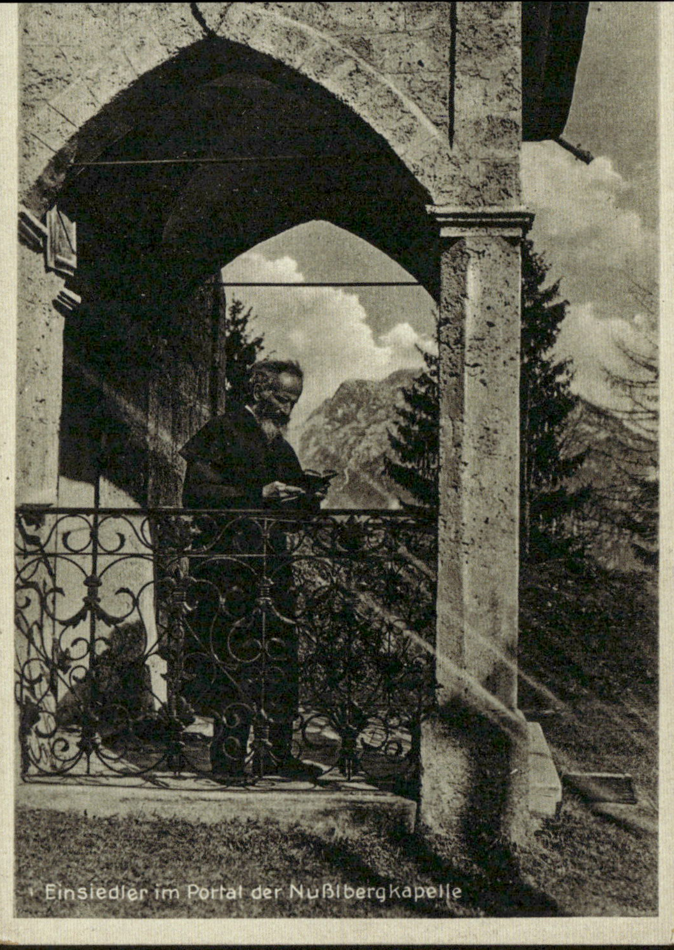
Einsiedler im Portal der Nußbergkapelle

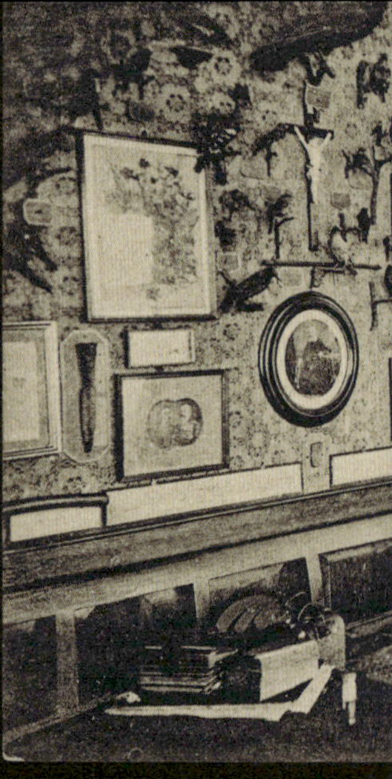

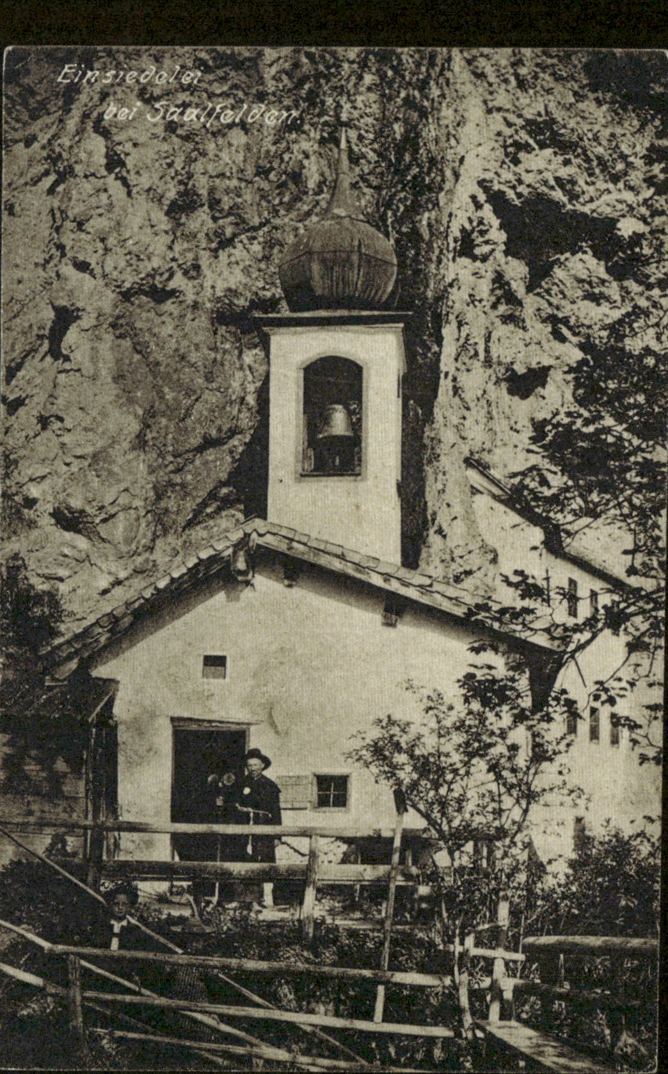
Einsiedelei
bei Saalfelden

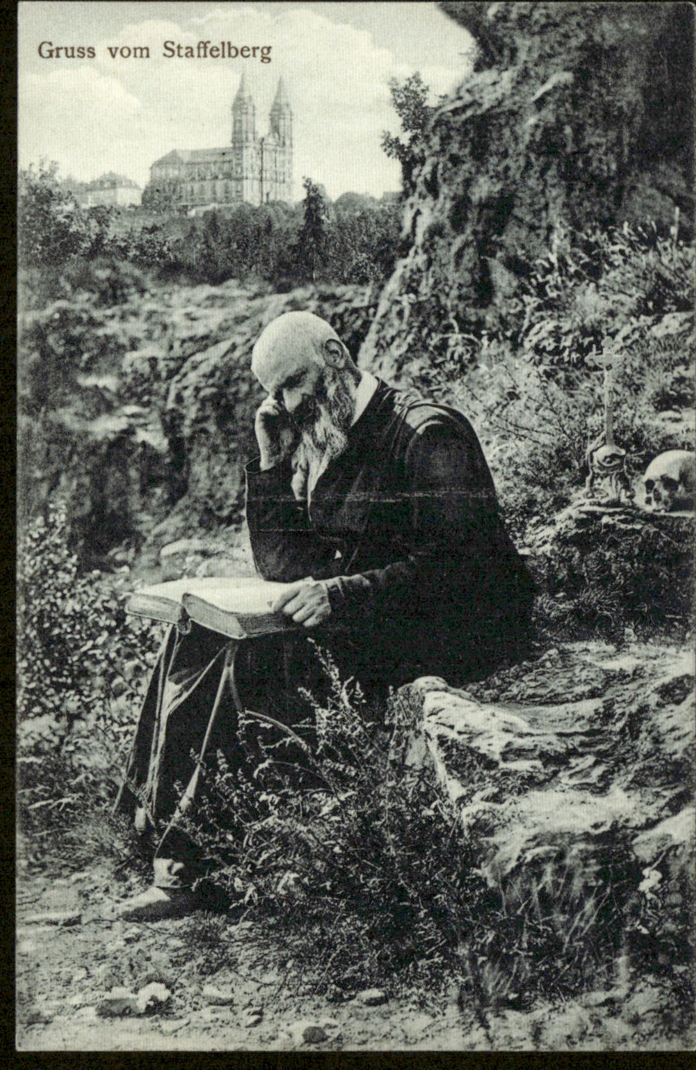
Gruss vom Staffelberg

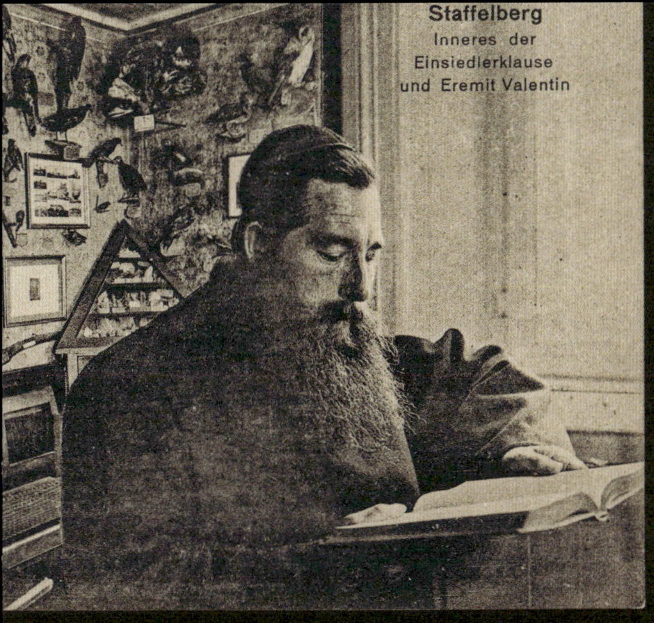

Staffelberg
Inneres der
Einsiedlerklause
und Eremit Valentin

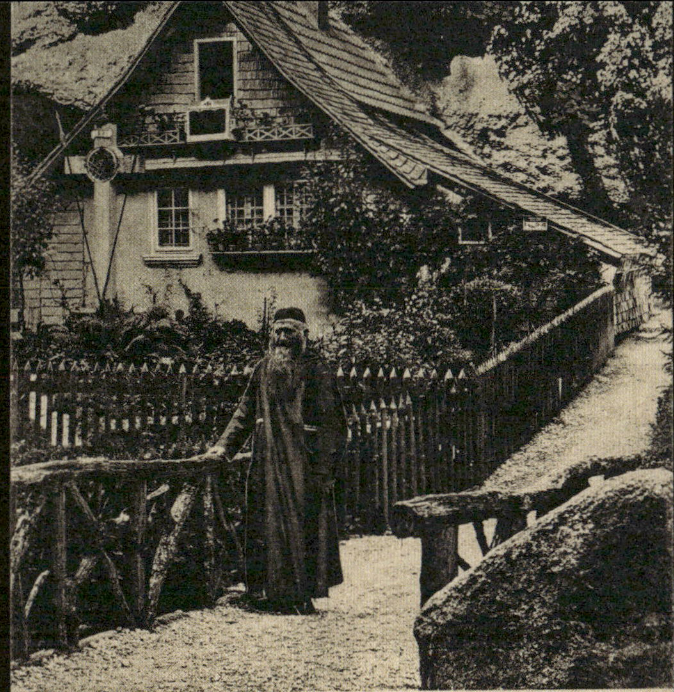

Einsiedelei St. Verena, Solothurn
L'eremitage St. Verena, Soleure

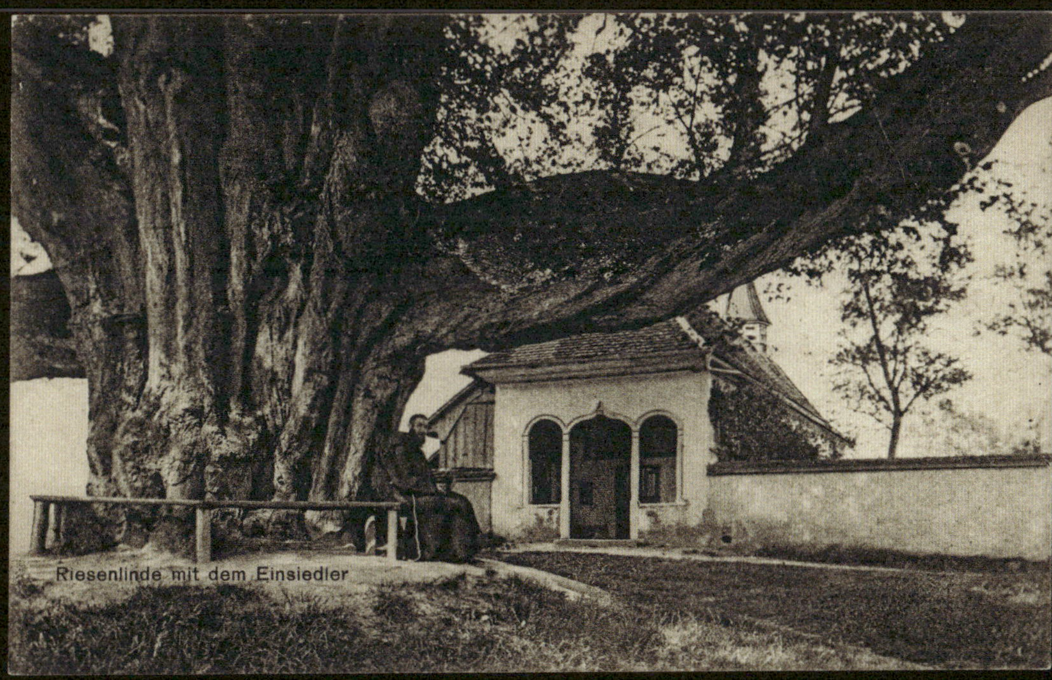

Riesenlinde mit dem Einsiedler

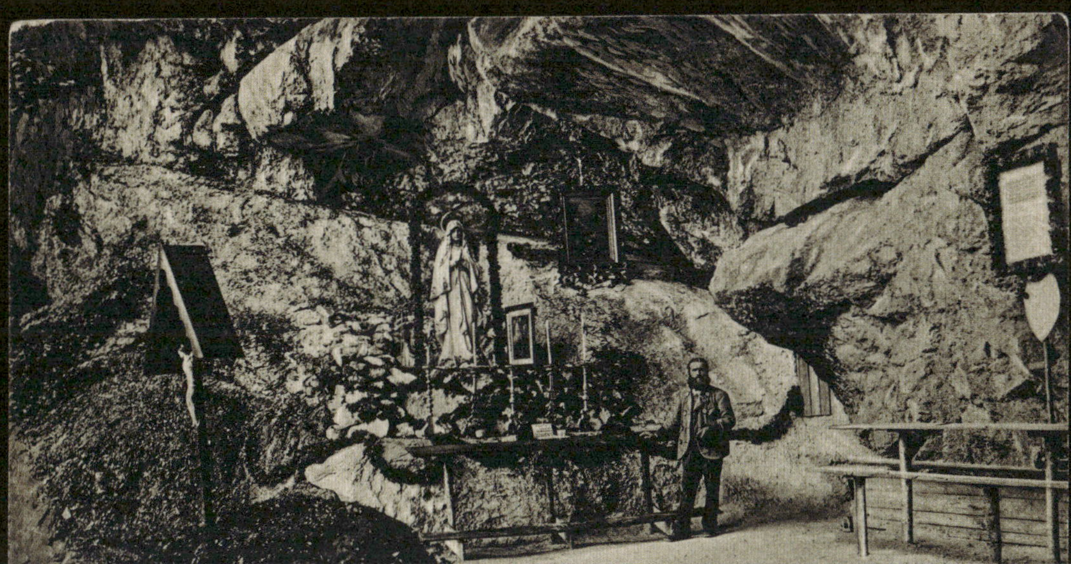

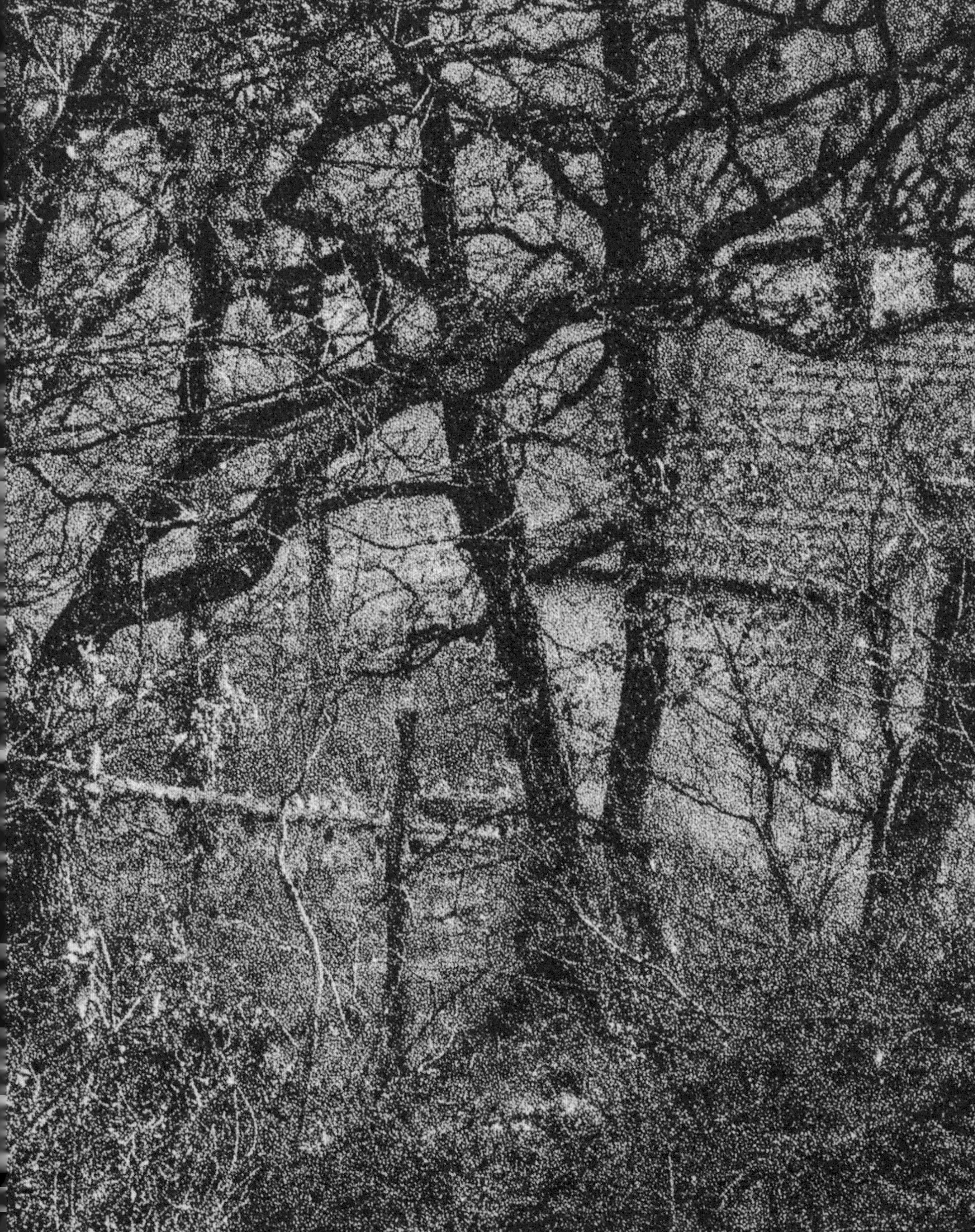

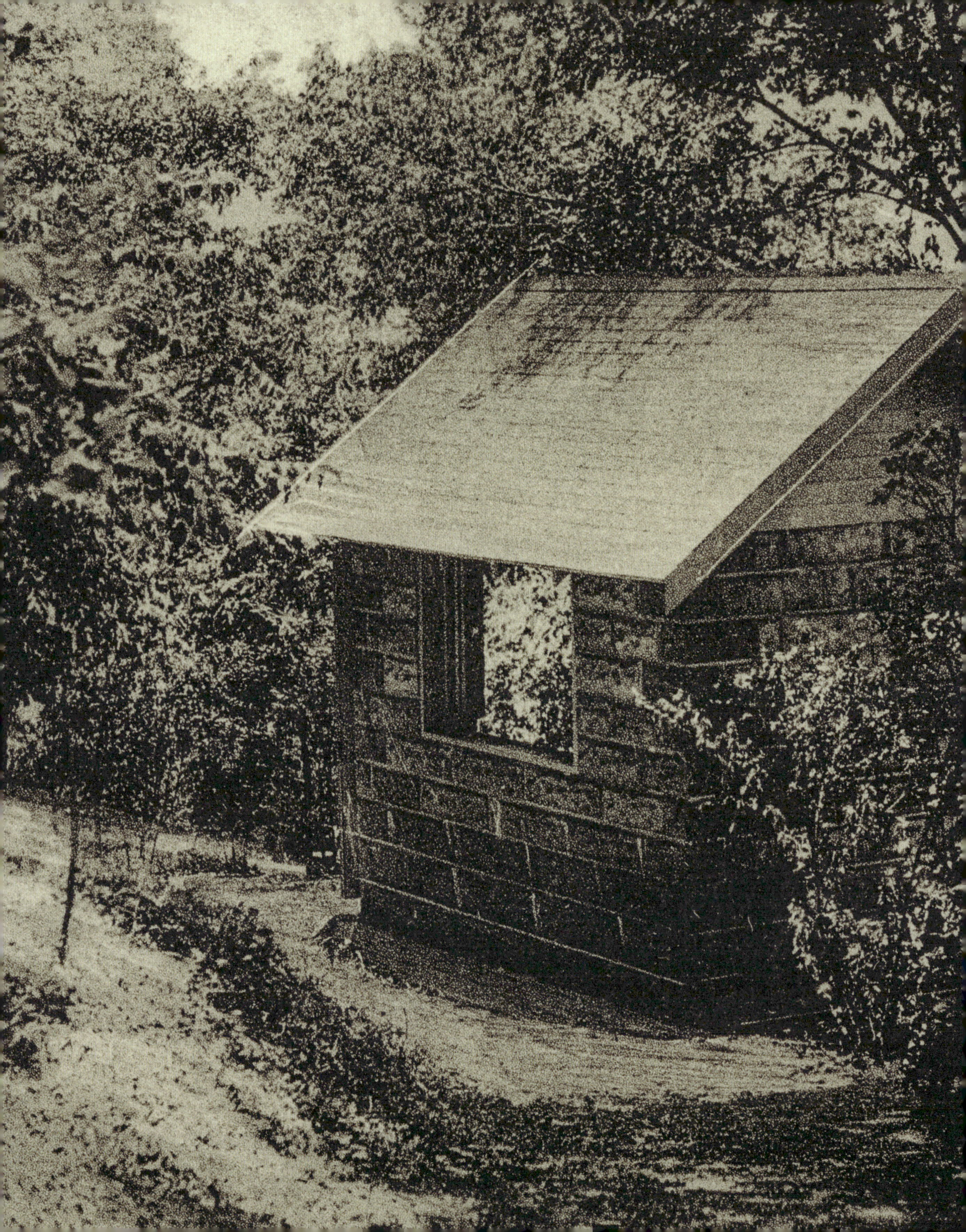

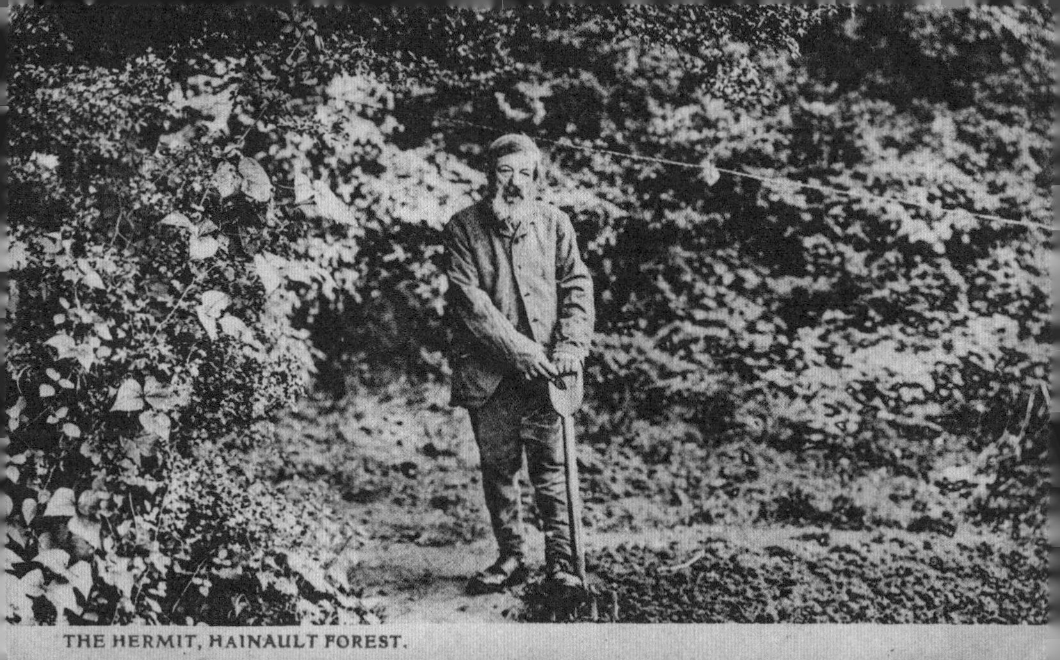

THE HERMIT, HAINAULT FOREST.

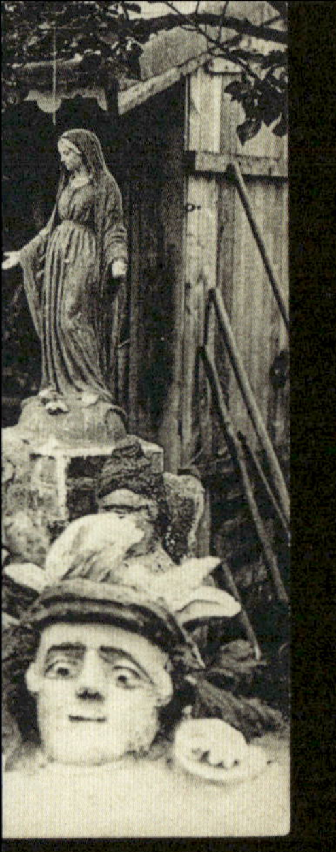

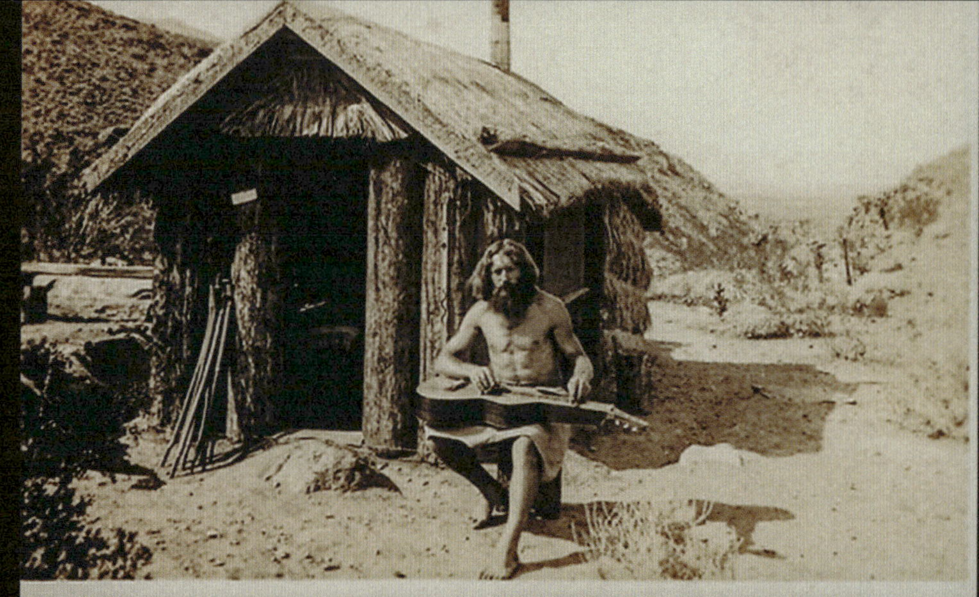

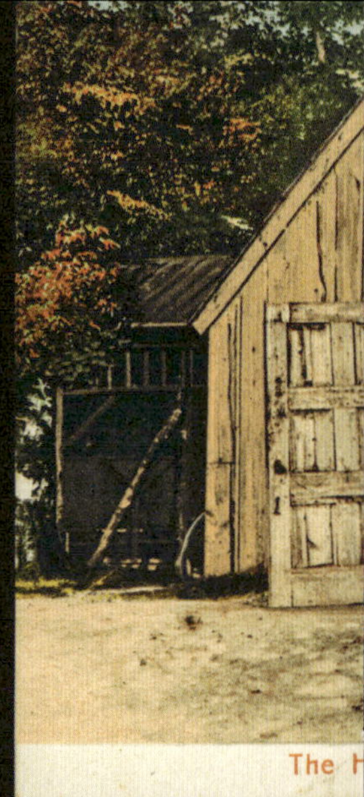
The H

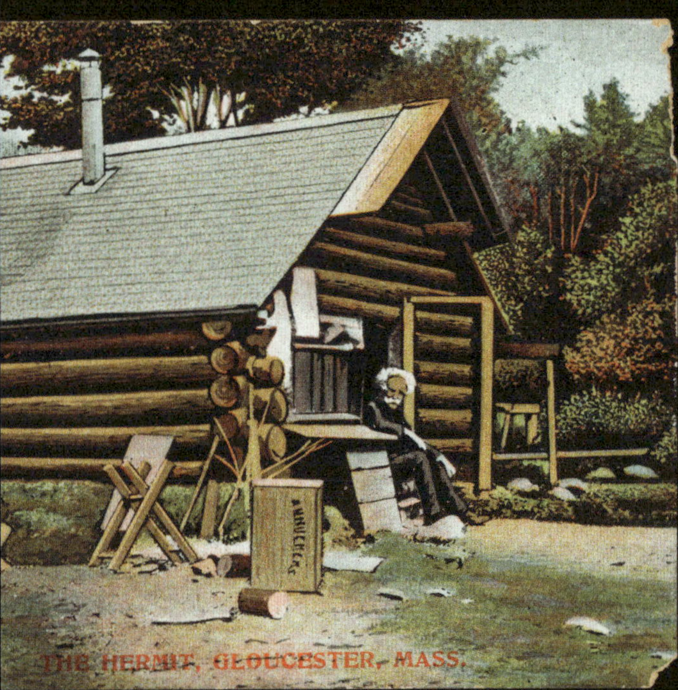
THE HERMIT, GLOUCESTER, MASS.

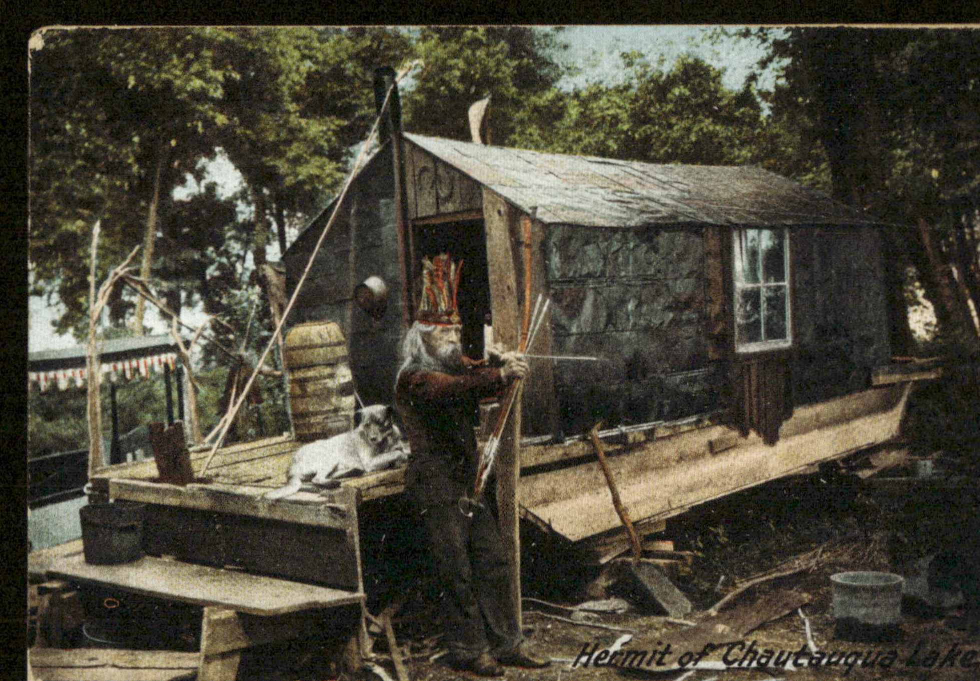
Hermit of Chautauqua Lake

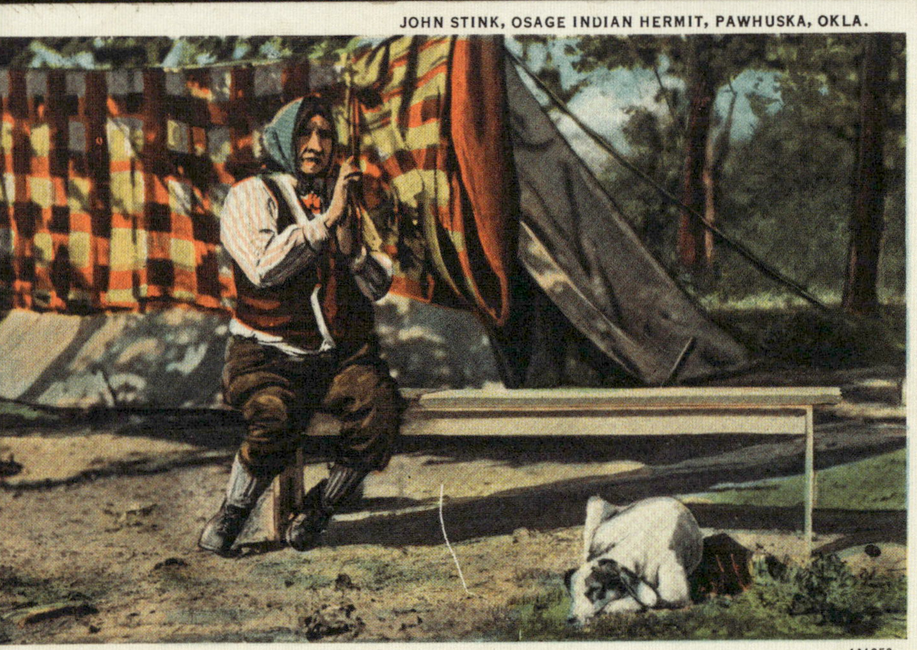
JOHN STINK, OSAGE INDIAN HERMIT, PAWHUSKA, OKLA.
1A1052

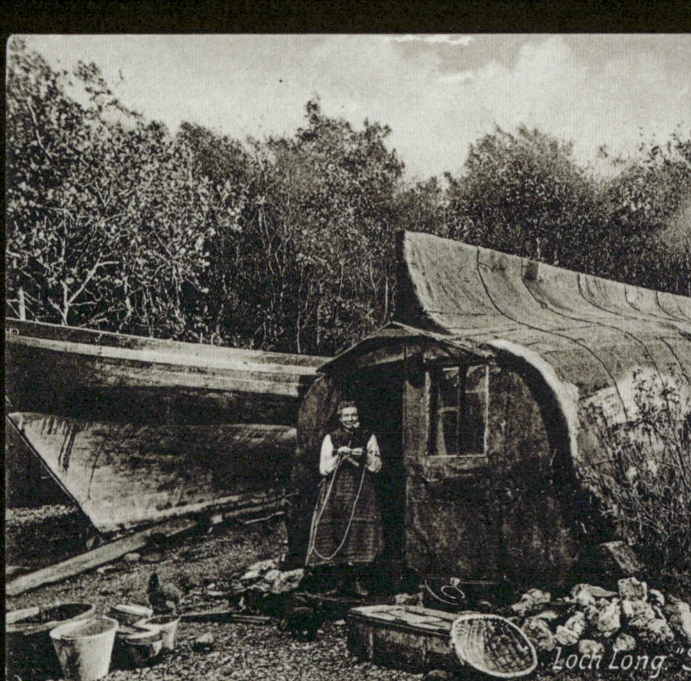
Loch Long "S

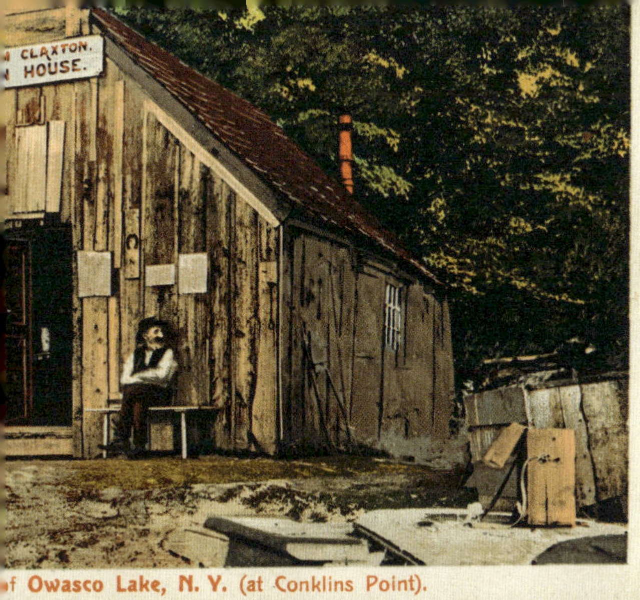
HOUSE.
f Owasco Lake, N. Y. (at Conklins Point).

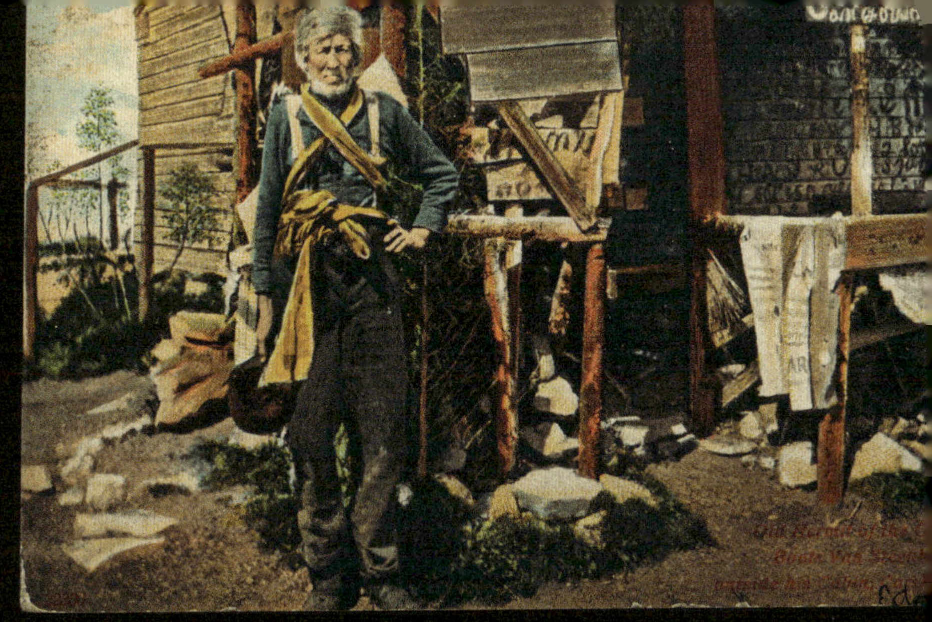

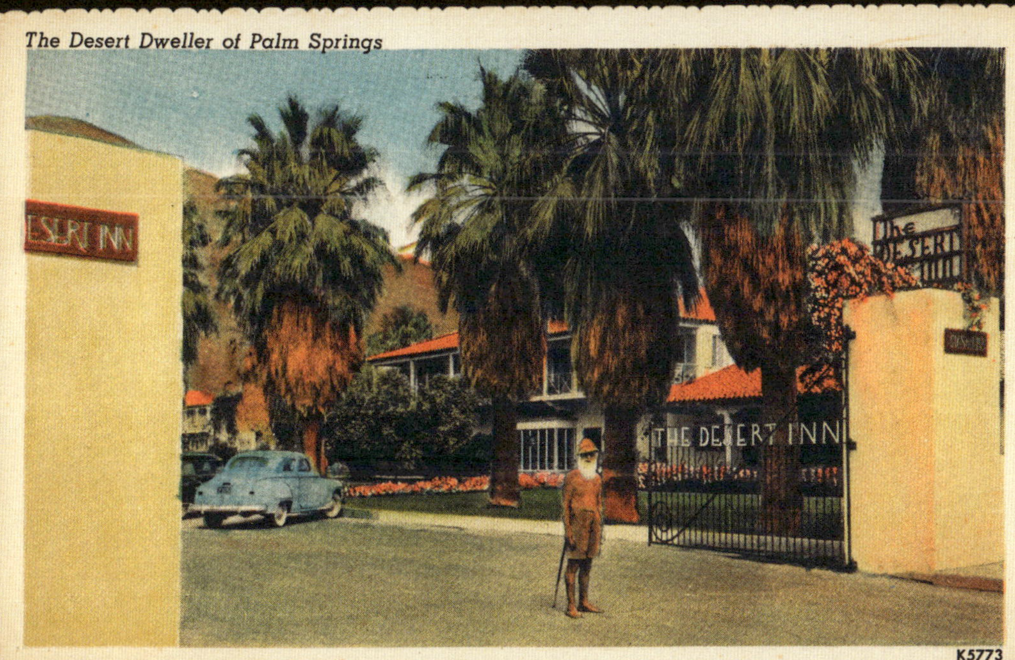
The Desert Dweller of Palm Springs
THE DESERT INN
K5773

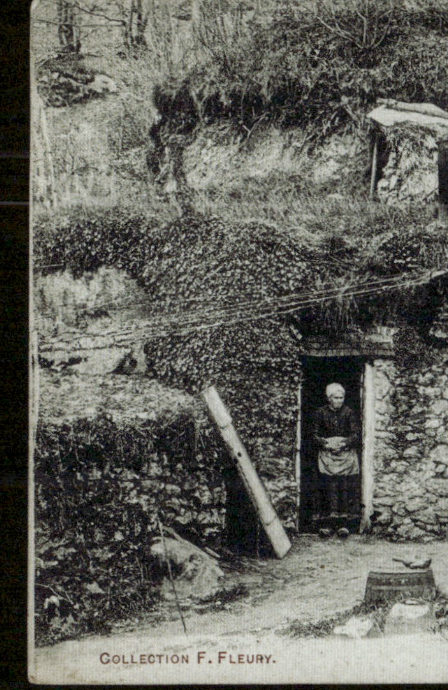
COLLECTION F. FLEURY.

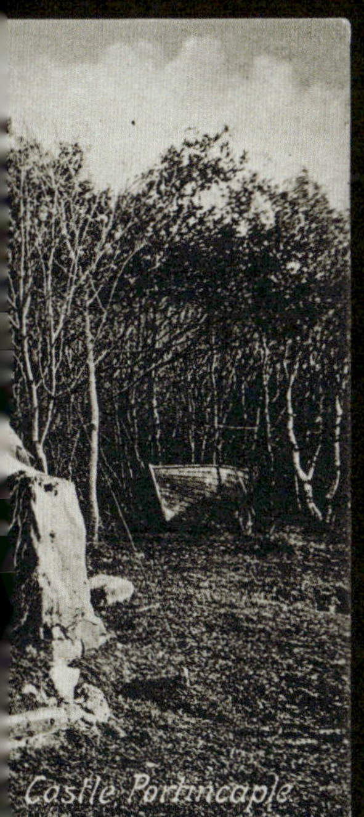
Castle Portincaple

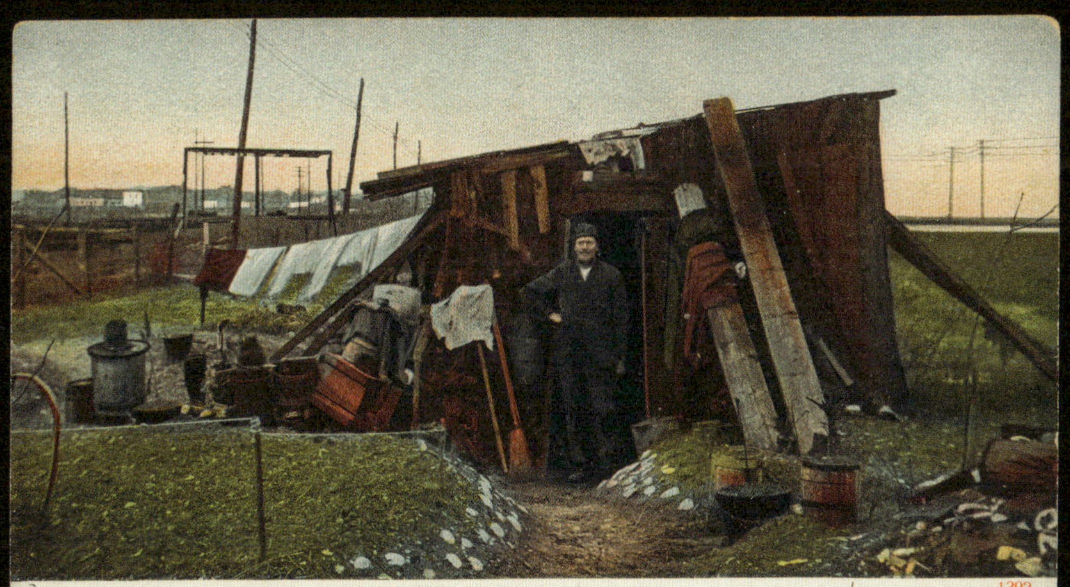
THE HERMIT AND HIS HOME, FAR ROCKAWAY, L. I.
1392

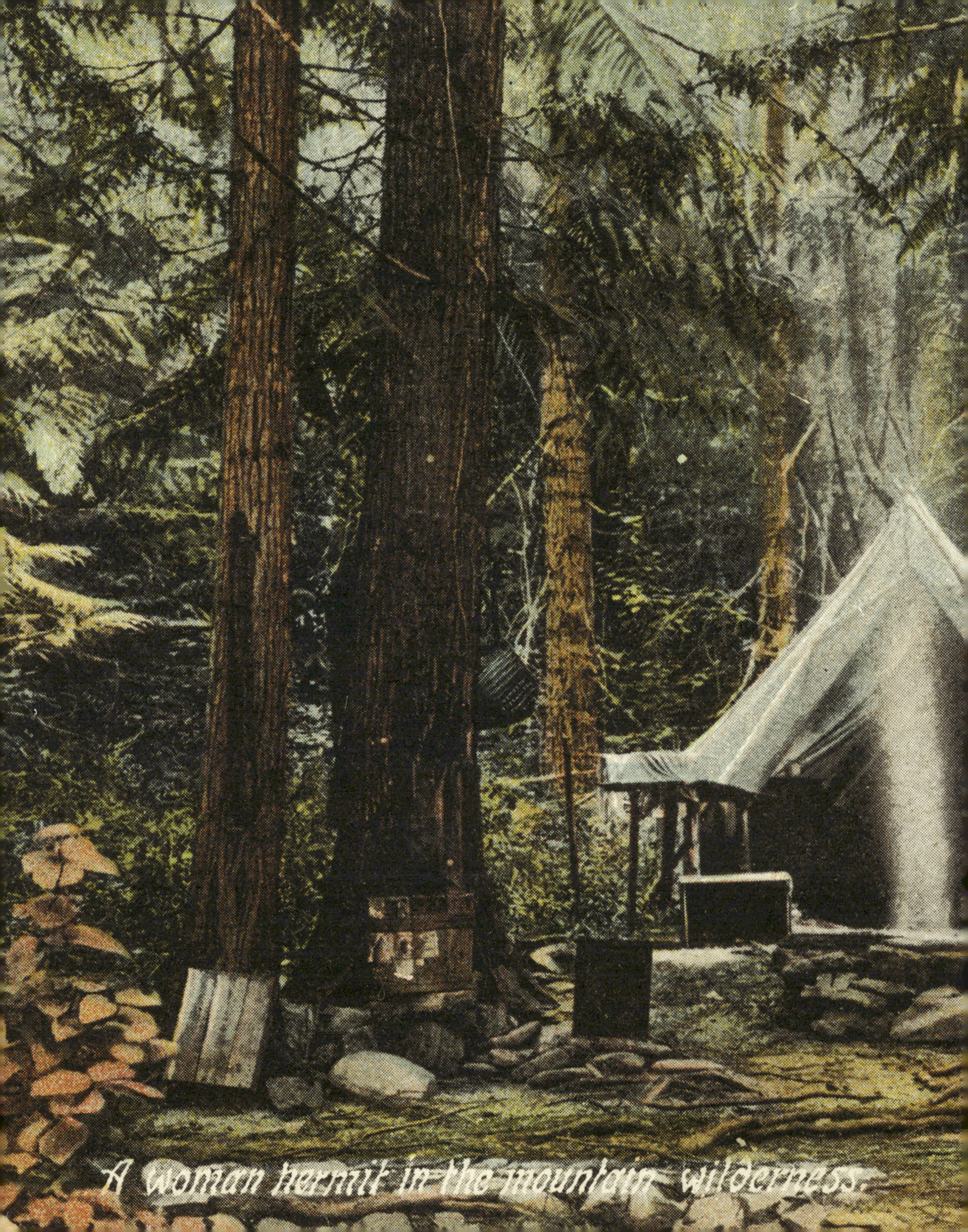

A woman hermit in the mountain wilderness.

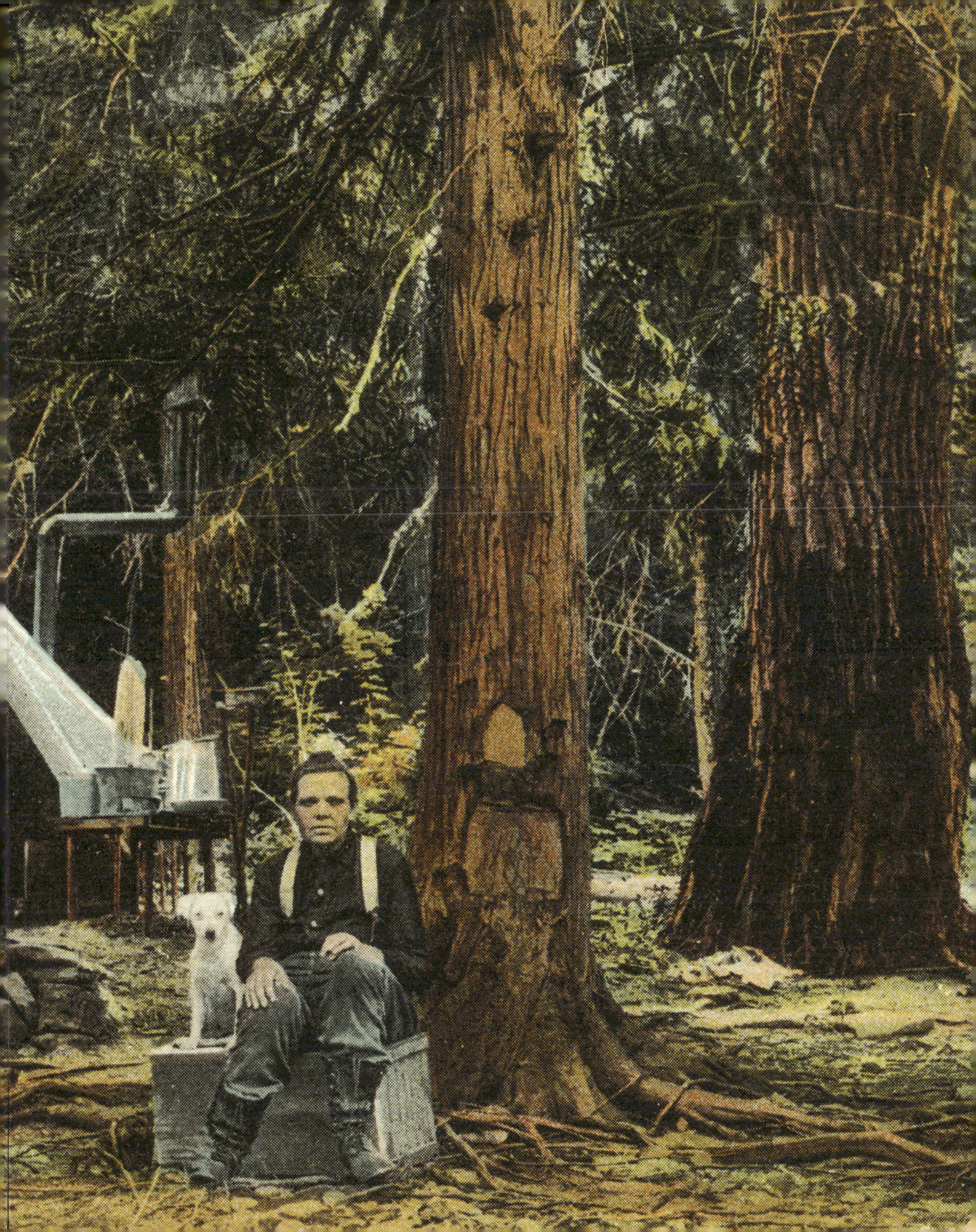

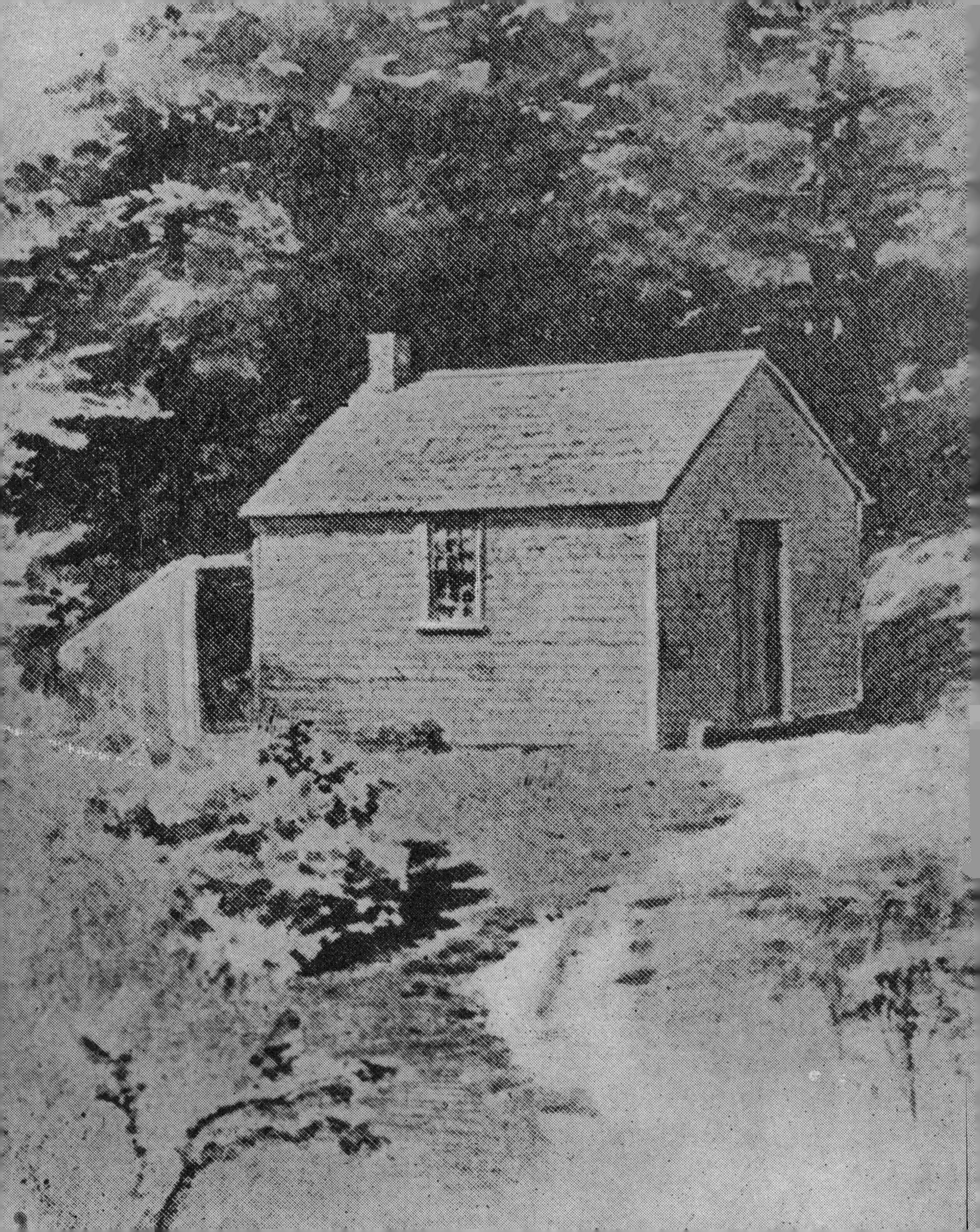

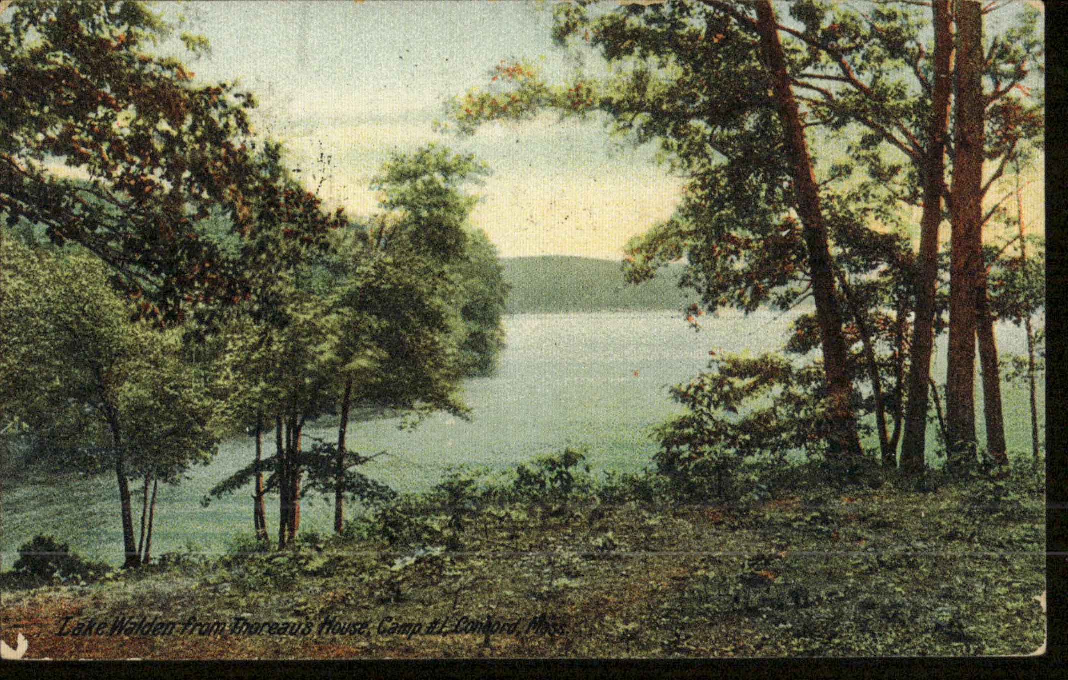
Lake Walden from Thoreau's House, Camp #1 Concord, Mass.

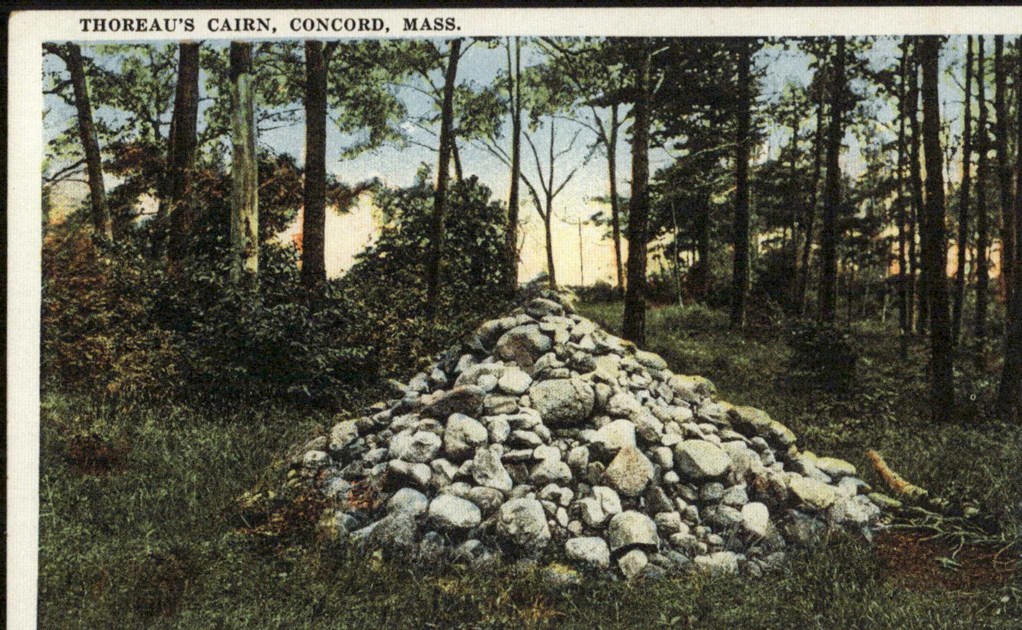
THOREAU'S CAIRN, CONCORD, MASS.

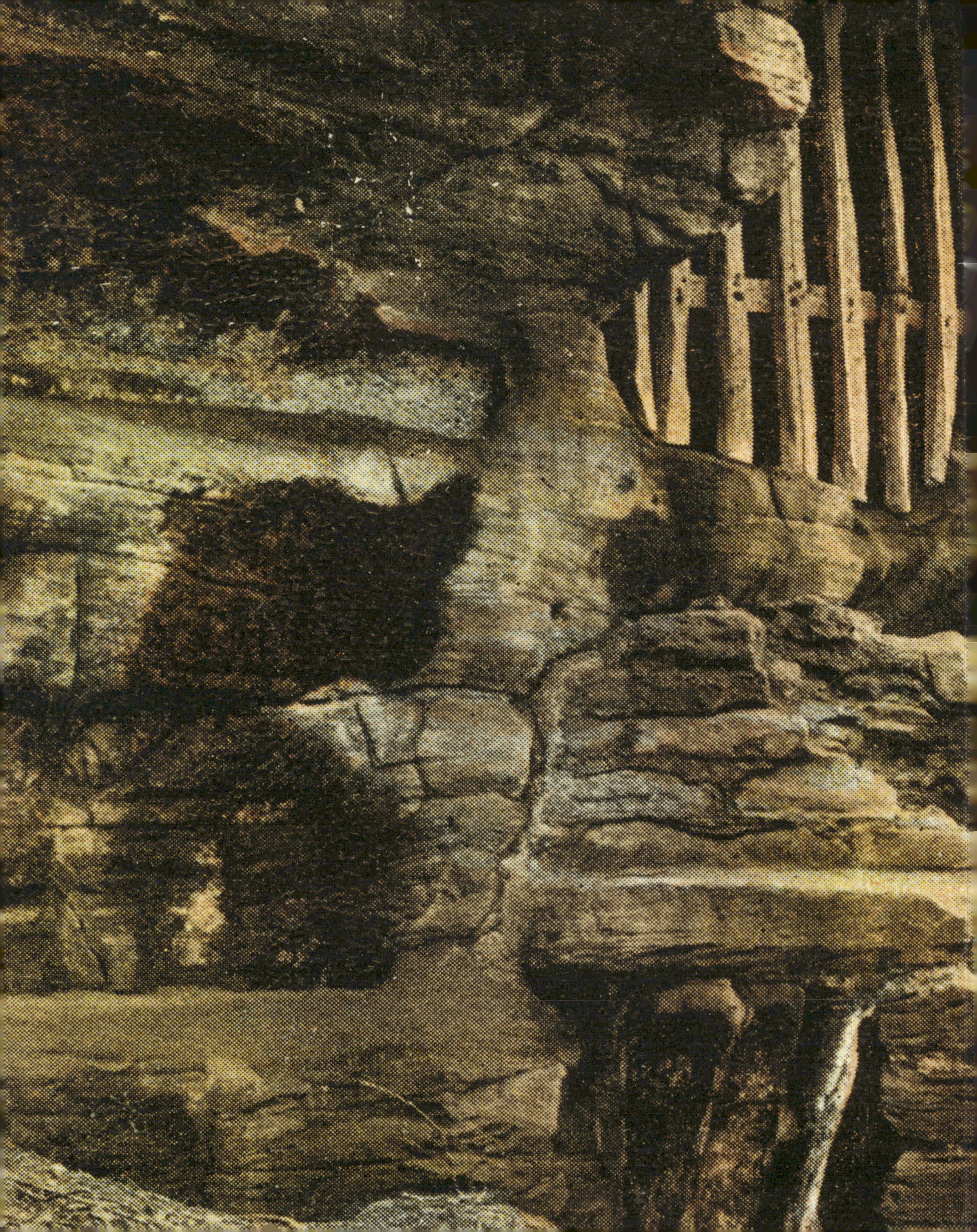

The Sanctuary

Felicitas Hoppe

Einsiedeln heißt, einen Platz finden, einen Ort, eine Stelle. Oder wenigstens eine Ecke, etwas, woran beim wiederholten Versuch, im Dunkeln doch noch voranzukommen, plötzlich unerwartet der Fuß stößt und Halt sucht, in der Hoffnung, auf eine Schwelle zu stoßen, vielleicht sogar auf eine Stufe nach oben.
(fh, „Der beste Platz der Welt")

Einsiedeln:
Zeit meines Lebens habe ich versucht, die Kunst auf die etwas leichtere Schulter zu nehmen. Als permanent reisende Künstlerin, auf den Spuren derer, die lange schon vor mir da waren, habe ich geliehene Bauernhäuser hinter norddeutschen Deichen bewohnt, verlassene Bahnwärterhäuser neben verwaisten Gleisen verwaltet, die Villen toter Kollegen am Pazifik bewacht und in den Betten großer, verblichener Geister geschlafen; und bin nebenbei auch noch in ein paar Ländern gewesen, in denen es Krankheiten gibt, die bis heute nicht benannt worden sind.
Doch in Wahrheit träume ich noch immer davon, ein fröhlicher Stubenhocker zu sein, der, wenn seine Zeit es ihm erlaubt, in einer Einsiedelei in den Walliser Bergen (und die ist nicht erfunden, ich bewohne sie wirklich!) in selbst verordneter Einsamkeit seine Innenwelt zwischen zwei Deckel bringt.
Das klingt insgesamt schön und privilegiert. Aber eine Einsiedelei ist kein Elfenbeinturm, sondern ein Ort, an dem sich rein gar nichts ereignet, wenn er nicht ständig mit einer Außenwelt in Verbindung steht, mit der die Innenwelt produktive Schnittmengen bildet. Bei Licht besehen, ist der Einsiedler nämlich ein Aussiedler, der die Welt nicht verlässt, um zur Ruhe zu kommen, sondern um zu begreifen, was ihm in dieser Welt widerfährt. Es geht nicht um Weltflucht, Eskapismus und Rückzug, sondern um Abstand. Im Auge des Sturms, jeder Seemann weiß das, ist der Sturm nicht erfahrbar; dort ist es bekanntlich windstill und trocken. Wer sich im Mittelpunkt des Geschehens befindet, bekommt in der Regel das Wenigste mit. Der einsiedelnde Aussiedler sucht Konzentration durch Distanz.
So entsteht, jedenfalls gelegentlich, Literatur. Sie lebt, wie jede Erzählung in Wort, Bild und Ton, vom Bewusstsein der Zeitverschiebung, von der Distanz zu Zeit und Raum, die das Vergangene durch die (Nach)Erzählung transformiert, um es für die Gegenwart begreiflich und für die Zukunft haltbar zu machen. Selbst in einer Zeit, die ganz auf Gleichzeitigkeit setzt, auf Simultaneität und Direktübertragung, auf maximale Teilhabe im Hier und am Jetzt, also auf die zweifelhafte Produktivkraft der Ungeduld, ist der Wunsch nach Abstand geblieben – warum sonst stünde die Auszeit so hoch im Kurs?

Auszeit:
Auszeit (*Time-out*) meint im Sport eine Unterbrechung des Spiels, um die Taktik an neue Gegebenheiten anzupassen oder um auf das (durch Verletzung oder Fehlverhalten bedingte) Ausscheiden eines Spielers zu reagieren. In der Verhaltenstherapie und Pädagogik ist von Reizunterbrechung die Rede; in der Arbeitswelt ist die kurzfristige Freistellung von der Pflicht zur Erbringung einer Arbeitsleistung gemeint. Doch in der Regel denken wir einfach an *Urlaub*, ein Begriff, der im Mittelhochdeutschen nichts anderes meint, als die Erlaubnis, „sich zu entfernen" und das höfische Pflichtenheft einfach ruhen zu lassen.
Kein Wunder, dass Künstler mehrheitlich unbegabte Urlauber sind; nicht zuletzt deshalb, weil sie im Auge ihrer Betrachter mithilfe von Stipendien und Förderprogrammen ohnehin ständig auf Urlaub sind, also quasi permanent in *Auszeiten* leben. Die Projektion auf den Künstler ist folglich neidbesetzt, er ist der scheinbar freie, der nomadische Mensch, der zwischen Berlin und Los Angeles von einer alimentierten Einsiedelei in die nächste reist, um sich dort seinen höchst persönlichen Aventiuren zu widmen. Aber Kunst ist nicht Auszeit, sondern Ausdruck einer spezifischen Wahrnehmungs- und Daseinsform. Was allerdings nichts daran ändert, dass auch der Künstler eine aktive Geschäftsperson ist, die in der Regel bis heute mehrheitlich in prekären Verhältnissen lebt, dabei aber so tun soll, als wären es genau diese Verhältnisse, die ihr Dasein besonders wahrhaftig und fruchtbar machen.

Luxus und Not:
Höchste Zeit, ins Zentrum eines Begriffs vorzustoßen, der Anlass für meine Auslassung ist: *Sanctuary*, das ein staunenswert großes Wortfeld aus bildet. Dem Wortsinn nach Kultraum und Heiligtum, meint es zugleich Schutzraum, Unterschlupf, Asyl und Exil, Zuflucht und Refugium, Freistatt und Schongebiet, für Menschen nicht weniger als für Bäume und Vögel. Selbst ein Tierheim kann laut *LEOS* Übersetzungsmaschine ein *Sanctuary* sein. Nähme man den Begriff tatsächlich beim Wort, wäre schützenswert also nur das, was uns heilig ist. Aber sind Künstler uns heilig und schützenswert?
Kommen wir auf den Begriff selbst zurück: Während Heiligtum und Kultraum Orte der Traditionspflege sind, mithin Schutzräume einer höheren Ordnung, erscheinen Zuflucht, Asyl und Exil in einem völlig anderen, nämlich in einem politischen Licht. Sie verweisen, genau wie das „Schongebiet", auf eine konkrete Bedrohung, auf einen Notstand, der mit einem freiwilligen Rückzug nicht das Geringste zu tun hat. Wer Zuflucht sucht, ist vertrieben, wer eine Freistatt braucht, kommt aus Gefangenschaft, wer unterschlüpft, muss sich in der Regel verstecken, und wer der Schonung bedarf, kommt aus einem Raum der Gefährdung.
Lauter schlechte Voraussetzungen für die Entstehung von Kunst, die in der Tat eines Schutzraums bedarf. Doch nicht selten kann sich das meist nur kurzfristig gewährte Refugium nicht nur als Segen, sondern auch als Fluch und Falle erweisen. Wer vertrieben und gefährdet auf dem Rückzug ist, tritt nur scheinbar die Flucht nach vorne an, weil er allem voran damit beschäftigt ist, schlicht und einfach seine Existenz zu retten. In einem solchen Zusammenhang muten kulturpolitisch motivierte Verklärungsversuche euphemistisch an, etwa dann, wenn von einem „Weimar am Pazifik" die Rede ist oder von einer „besonderen Intensität und Qualität des Denkens und Ausphantasierens von Flucht und Zuflucht, Überleben und Neuanfang".
Hand aufs Herz und den Finger auf das Zentrum, also mitten in die Sprache gelegt: Lassen sich Fluchten wirklich „ausfantasieren"? Und: Was hat man sich unter „Probe-Migrationen" vorzustellen? Es ist so verführerisch wie fahrlässig, das *Sanctuary* künstlerisch metaphorisch zu deuten; Fakt ist, es gibt keine Migration „auf Probe", so wenig wie es „Gewalt auf Probe" gibt. Flucht und Vertreibung lassen sich weder physisch noch psychisch simulieren, man erfährt sie am eigenen Leib oder gar nicht. Selbst Kunst, man denke von ihrem Nutzen, was immer man will, hat es niemals „auf Probe" gegeben, unter welcher Bedingung auch immer.

Innenprobe:
Und hier kommt plötzlich die kleine unscheinbare Dame Corona ins Spiel, mit deren Auftritt noch bis vor kurzer Zeit niemand von uns gerechnet hat. So unberufen wie hartnäckig macht sie plötzlich tatsächlich die Probe aufs Exempel, indem sie uns einen unfreiwilligen, globalen Rückzug verordnet, der unerwartet ganz anderer Art ist und in unserem vermeintlich so weltoffenen Heiligtum erst noch definiert werden müsste. Sicher ist nur: Mehr *Abstand* und *Auszeit* war nie! Seitdem sind, selbst in Europa, die Schlagbäume allerorten gefallen, die Grenzen dichter denn je; an Aufbruch und Auszug ist gar nicht zu denken, weshalb sich das Exil plötzlich ganz ins Private verlagert.
Die wohlmeinende Idee einer „Probemigration" hat sich damit vorerst erledigt. Die Realität hat die Metapher definitiv überholt. Dame Corona hat uns in eine Defensive gedrängt, die allem voran die Sorge um unsere persönlichen Pfründe befördert, die Angst um unser höchst privates Heilig- und Eigentum. Sie hat uns zurück auf eine Natur verwiesen, mit der wir nichts mehr zu tun haben wollten, und die Welt in ein Schongebiet verwandelt, in dem Künstler nur noch selten an Frischluft kommen.
Stattdessen rückt sie den alten Begriff der „Inneren Emigration" in ein unerwartet neues Licht. Aber auch innere Emigration muss man sich leisten können. Oder, um es mit Rilke zu sagen, der sich nicht weniger gern als ich in das Land der Viertausender zurückzog, um dort auf fremde Kosten die Welt zu bedichten: „Wer jetzt kein Haus hat, baut sich keines mehr."
Hier und da hört man allerdings Gegenstimmen, die gern davon reden, Dame Corona mache uns alle gleich, wir säßen jetzt endlich im selben Boot, wir seien alle auf uns zurückgeworfen. Schön wär's, wüsste man nicht, dass Boote und Häuser längst Mangelware geworden sind und dass uns das eigene Hemd niemals näher war als die fremde, geliehene Hose. Denn wir haben beschlossen, einfach zu Hause zu bleiben, in einem selbst verordneten Elfenbeinturm, mit Masken und einem Fernglas bewaffnet, durch das die Walliser Berge kaum näher erscheinen als die Villa Aurora.

Hemd und Hose:
Aber von was sprechen wir, wenn wir zu Hause sind, an einem Ort also, an dem sich rein gar nichts ereignet, wenn er nicht mit einer Außenwelt in Verbindung steht, mit der die Innenwelt produktive Schnittmengen bildet. Das Entstehen von Kunst ist auf Bewegung und auf Begegnungen angewiesen, die sich nur in Maßen medial vermitteln lassen. Der geordnet verordnete Rückzug in die schützenden Bibliotheken und Archive von gestern macht uns nicht nur einsam und klein, sondern vor allem ziemlich sentimental. Die kleine Dame Corona schwenkt ihre Lupe und bringt alles zum Vorschein: nicht nur unsere Angst, sondern allem voran unser Selbstmitleid, aus dem wir uns ein Alibi basteln, das uns endlich erlaubt, uns von der wirklichen Welt zurückzuziehen und in einem Refugium zu überwintern, das unsere Rettungsmetaphern zum Blühen bringt.
Aber wer will Coronas Gedichte lesen? Und wer taucht wirklich in ihr Tagebuch ein? Dame Corona ist nämlich so realistisch wie tückisch und unserer Dichtungen längst um Meilen voraus: Sie stellt nicht nur die Kunst auf die Probe, die Kunst allerdings auf besonders entlarvende Weise. Ihre Häuser und Hausmeister sind immer noch da – aber wo sind die Künstler? Wenn die ganze Welt ein Refugium ist, wird das Konzept des Refugiums obsolet; wenn sich alle und alles zurückziehen müssen, ist der Rückzug keine produktive Option. Die ganze Welt ein Kloster, ein Schiff, ein Gefängnis. Und die Insassen ohne Besucher.
Das Problem ist weniger psychisch als physisch, unterm Strich also reinste und schönste Physik: Kunst ist auf Gegenstrom angewiesen. Gestaltung ist nicht Gemütlichkeit, und die Welt wird nicht besser, wenn wir sie aus dem Stillstand betrachten. In einfachen Worten: Die Not ist groß. Und ein Ende der Not ist nicht abzusehen. Doch auch die Not öffnet manchmal ein Fenster zur Welt und sorgt plötzlich für Frischluft. Womöglich schreibt sich ja unter der Maske leichter, und vielleicht beflügelt mich die Sehnsucht nach einem Ort, von dem ich annehmen muss, dass ich ihn dieses Jahr nicht mehr erreichen werde?
Kann gut sein, dass das hier gar nicht die Frage ist. Denn die Frage, die nicht nur wirklich, sondern tatsächlich zu stellen ist, ist eine andere und eher unangenehm: Muss ich mich wirklich auf Reisen begeben? Die Antwort lautet: Natürlich – was sonst?

Denn bis heute ist wenig bekannt, dass, wer wirklich den Ozean sehen will, egal ob atlantisch oder pazifisch, hinauf in die Walliser Berge muss, weil sich das Meer nicht vom Meer aus erkennen lässt. Erst von hier oben lässt sich begreifen, was die Versenkung in einen Anblick bedeutet, während man unten, von Bewegung und Wellen umzingelt, nichts betrachten kann, weil alles vorüberzieht. (fh, „Der beste Platz der Welt")

Als-ob:
Allerdings lässt sich weder die Wirklichkeit noch die Kunst mit Zitaten abspeisen. Ausweichmanöver sind Scheinmanöver, nicht anders als „Migrationen auf Probe". Denn was uns wirklich abhandenkommt, wenn wir uns auf Dauer im großen „Als-ob" aufhalten, ist bis heute nicht darstellbar. Nicht nur Künstler können kein Lied davon singen. Bleibt nur zu hoffen, dass sich hinter dem Schattenspiel irgendwann neue und andere Räume öffnen, ein verwandeltes Haus, dessen Hausmeister:innen sich von den Ideen ihrer verblichenen Vorfahren trennen und ihre fröhlichen Nachfahren und Möchtegernstubenhocker in pazifischer Frischluft empfangen.

The Sanctuary

Felicitas Hoppe
translated by Manuela Thurner

Living as a hermit means finding a place, a space, a spot. Or at least a corner, something where, in the repeated attempt to advance in the dark after all, your foot suddenly and unexpectedly bumps into and seeks purchase, hoping to find a threshold, perhaps even a step leading up. (fh, "Der beste Platz der Welt" [The best place in the world])

Living as a hermit:
All my life I have tried to carry art somewhat more lightly. As a permanently traveling artist following in the footsteps of those who have been there long before me, I have lived in borrowed farmhouses behind northern German dikes, managed vacant keeper's lodges next to abandoned railroad tracks, watched over the villas of dead colleagues on the Pacific, and slept in the beds of great, deceased minds; along the way, I have been to several countries where there are diseases that have not yet been named.
But the truth is that I am still dreaming of being a happy homebody who, if time permits, captures her inner world between two book covers in self-imposed solitude in a hermitage in the Swiss mountains.
This may sound beautiful and privileged. Yet a hermitage is not an ivory tower but a place where absolutely nothing happens if it is not in constant communication with an outside world that productively overlaps with the inner world. Seen in the cold light of day, hermits do not retire so much as resettle; they do not leave this world to find rest but to understand what happens to them in this world. It is not about withdrawing, escaping or retreating from the world, but about distancing yourself from it. As every sailor knows, you cannot experience a storm in the eye of the storm; there, it is famously calm and dry. Those who find themselves at the center of the action usually are the least likely to understand what's going on. The resettling recluse seeks focus through distance.
This is how, at least occasionally, literature comes into being. Like any narrative, it lives from the awareness of the difference in time, from the distance in time and space that, through its (re-)telling, transforms the past in order to grasp it in the present and preserve it for the future. Even in a time that is all about contemporaneity, simultaneity, and livestreams, about maximum participation in the here and now – that is, the dubious productive power of impatience – the desire for distance has remained; why else would the *time-out* be in such demand?

Time-out:
In sports, *time-out* means a break in the match to adapt the tactics to new circumstances or to respond to the elimination of a player (through injury or misconduct). In behavioral therapy and education, we talk about stimulus interruption; in the work world, time-out signifies a short-term release from the duty to perform on the job. In German, when we hear the word *Auszeit*, we mostly think of *Urlaub* (vacation), a term that in Middle High German simply meant the permission (*Erlaubnis*) to take leave and to be temporarily relieved of one's courtly duties.
No wonder that most artists have no gift for taking time off – not least because in the eyes of their beholders they are constantly on vacation anyway, living quasi-permanently in time-outs with the support of grants and funding programs. The projection onto the artist is thus one of envy; artists are seemingly free, nomadic human beings who, from Berlin to Los Angeles to many places in between, move from one subsidized hermitage to the next to devote themselves to their highly personal trials and adventures. Art, however, is not a time-out but an expression of a specific way of perceiving and being. This, however, does not change the fact that artists too are active business persons, the majority of whom to this day live precarious lives while expected to pretend that it is precisely these circumstances that make their lives particularly true and fruitful.

Luxury and need:
High time to get to the core of a term that has occasioned my remarks: *sanctuary*, which has a surprisingly large semantic field. Originally a term to denote a cult space and a sacred place, it also means safe space, shelter, asylum and exile, retreat and refuge, shelter and protection area – for people no less than for trees and birds. According to LEO's translation machine, even an animal shelter can be a sanctuary. So if we took the word literally, only that which we hold sacred would be worth protecting. But are artists sacred to us and thus worthy of protection?
Let us come back to the term itself: While sacred spaces and cult places are sites for upholding tradition, hence shelters of a higher order, refuge, asylum, and exile appear in a completely different, namely a political light. Just like the "protection area," they refer to a concrete threat, a state of emergency that has nothing whatsoever to do with a voluntary retreat. Those who seek refuge have been displaced, those who need a safe haven come from captivity, those who take shelter usually have to hide, and those who require protection have left a place of danger.
All of them poor preconditions for the creation of art, which needs a sanctuary indeed. Quite often, however, the refuge, which is usually granted for a short time only, can prove to be not only a blessing but a curse and a trap. Those who are on the retreat, displaced and in danger, only appear to take their lives into their own hands: they are simply busy saving their lives. Seen in this context, attempts to idealize or romanticize this situation strike me as euphemistic, for example when talking about "Weimar on the Pacific" or the "particular intensity and quality of thinking and fantasizing about flight and refuge, survival and new beginnings."
Honestly, can flights really be "fantasized"? And what do we mean by "trial migration"? Interpreting the *sanctuary* in an artistic, metaphorical way is as seductive as it is careless; the fact is that there is no "trial" migration, just as there is no "trial violence." Flight and displacement cannot be simulated, neither physically nor psychologically; you either live through the experience or you don't. Even art – think of its usefulness what you will – has never been "trial art," whatever the conditions.

Inner trials:
Enter the homely little lady Corona whose appearance until recently none of us expected. Unbidden, she suddenly and stubbornly puts us to the test by forcing us into an involuntary global retreat of a very different kind that, in our supposedly open-minded and cosmopolitan sanctuary, still awaits definition. Only one thing is certain: There never has been that much *distance* and *timeout*! Today, checkpoints have been re-installed everywhere, even in Europe; borders are tighter than ever before. Setting out and setting forth are out of the question, which is why exile has suddenly shifted into the private sphere.
The well-meaning idea of a "trial migration" has become obsolete for now. Reality has definitely overtaken metaphor. Lady Corona has put us on a kind of defensive that first and foremost fosters fears about our personal sinecures, about our highly private sacred spaces and property. It has referred us back to a nature with which we no longer wanted anything to do, and it has transformed the world into a protected zone where artists rarely get a breath of fresh air.
Instead, it throws a surprisingly new light on the old term of "inner emigration." But "inner emigration" too is something one needs to be able to afford. Or to quote Rilke (who, like me, liked to retreat to the land of four-thousanders to poetize the world at other people's expense): "He who has no home now will build no more."
Occasionally, you hear other voices: about how Lady Corona makes us all equal, about how we are finally all in the same boat and thrown back on our own resources. I wish! If only one did not know that boats and houses have long been in short supply and that charity more than ever begins at home. For we have decided to simply stay at home, in our self-prescribed ivory tower, armed with masks and binoculars through which the Swiss mountains appear to be barely closer than the Villa Aurora.

Charity at home:
But what are we going to talk about when we are at home, that is, in a place where absolutely nothing happens if it is not in communication with an outside world that productively overlaps with the inner world? The creation of art depends on movement and encounters, which can be mediated only up to a point. The precisely prescribed retreat into the protective libraries and archives of yesteryear not only renders us lonely and small but above all rather sentimental. Little Lady Corona brandishes her magnifying glass and brings everything to light: not just our fears but above all our self-pity from which we craft an alibi that finally allows us to retreat from the real world and to hibernate in a refuge that makes our salvation metaphors flourish.
But who wants to read Corona's poems? And who really immerses herself in her diary? Lady Corona is as realistic as she is crafty, and she has long overtaken our fictions: It is not just art she puts to the test, but with art she does it in a particularly revealing manner. Its houses and caretakers are still there – but where are the artists? If the whole world is a refuge, the concept of the refuge becomes obsolete; if everybody and everything needs to retreat, retreating is not a productive option. The entire world has become a cloister, a ship, a prison. And the inmates have no visitors.
The problem is less psychological than physical – it is physics pure and simple: art depends on countercurrent. Creation is not coziness, and the world will not get any better if we look at it by standing still. To put it simply, the need is great. And an end to the hardship is not in sight. But need and hardship too sometimes open a window onto the world, letting in fresh air. Maybe the mask will make writing easier, and perhaps I will be stimulated by my longing for a place that I will almost certainly fail to reach this year?
But maybe this is not the question. The question that we have to ask not only in fact but in reality is a different one and rather uncomfortable: Do I really have to travel? The answer is: Of course, what else?

For to this day it is little known that those who really want to see the ocean – Atlantic or Pacific – need to go up into the Swiss mountains, because the sea cannot be seen from the sea. It is only from up here that we can grasp what it means to immerse oneself in a view, whereas below, surrounded by movement and waves, it is impossible to observe anything because everything passes by. (fh, "Der beste Platz der Welt")

As-if:
Having said that, neither reality nor art can be fobbed off with quotations. Evasive maneuvers are fake maneuvers, just like "trial migrations." For what really gets lost when we reside in the great "as-if" for the long haul cannot yet be told or represented. It's not just artists who cannot do so. So we can only hope that at some point new and other spaces will open up behind the shadow play, a transformed house whose caretakers will discard the ideas of the deceased ancestors and welcome their happy descendants and would-be homebodies to the fresh air of the Pacific.

Aus einem Trichter im Gesicht

Maren Kames

1

„Ich blickte damals oft zu den hellen Billboards entlang der Straße hoch, oder zu den Scheinwerfertürmen über Hollywood und bildete mir ein, wir seien die Sonne."[1]

Ausbüchsen. Durchglühen. Die Lust am Verschwinden, Wegfliegen. Sich um die Ohren fliegen. Sich einen Bären aufbinden, probeweise eine Flagge hissen, ein Wappentier flattern lassen, bis es franst. California anziehen, California ausziehen. Erfinden, fabulieren, verwerfen. Sich entziehen. Sich entziehen. Sich entziehen. Etwas in mir zieht sich vor der Zuschreibung Einsiedlerin zurück. Etwas in mir sträubt sich überhaupt und grade jetzt, von meiner Sorte Einsamkeit zu sprechen. Etwas in mir wehrt sich gegen das Belegen einer ganzen, umfangreichen, über Zeiten und Orte weit verstreuten Bagage mit derselben labelartigen Vokabel: Expertinnen der Eremitage, Klausurkünstlerinnen, sind wir das? Wer ist denn wir? Wer sind wir denn? Wer bin ich, dass ich das einsehen könnte oder wollte? Ich will nicht. Here's why. Oder first, na schön, zur Probe:

Wir sind die Sonne, ja. Wir sind die Mond und Sterne, Stars und Stümper, Sunset Pendler, blendend, ja, wir sind die Blender. Wir sind die Einbilder-, Ausdenker-, Thinktankerinnen. Highgloss, Deeptalk, Tauchgang, Dunkel. Finster, Funkel, uh, Gespiegel, uh, verflunkert, kurz versteppt und weg. Verschwunden. Different picture, schlichter: Wir sind die, die vom Vons den Berg zu Fuß hochgehen. Wir sind die Picknicker der Palisades, die Pacific Stippvisiter. Billboard shiftet, Bild schon wieder stiften gegangen: mehr Trickster als Eremiten. Eher Harlekins als Hermitage. Lieber Kermits als Hermits, lieber Muppets, Puppets, Hut drauf, puff. War da nicht grade noch ein Hase? Wo ist der jetzt hin? Nach Hollywood? Was macht er da? Autofahrn?

Der Hase fährt im Leihwagen durch Hollywood. Der Hase ist mit dem Wappentier auf der Rückbank durch Hollywood gefahren, jetzt ist er wieder zu Hause. Die Eremitenbande ist mit dem Leihwagen durchgebrannt und rewind über den Atlantik in die german Einsiedelei zurück. Zwölf Wochen vorher: Ausguck, Auspuff, Probelauf: automobile Monotonie, monotone Exzentrik, Plastik. Exclusive Dinners, Personal Trainers, Privatklubs. – Keine Ahnung, Privatklubs? Karren, Karren, Karren. Wie lässt sich denn ein Zugang legen in einer Stadt, in der fast alles hinter täglich hübschgesägten, meterhohen Hecken sich versteckt? Der Hase war selten in einer Peripherie, mit der er so sehr nichts zu tun hatte. Weil die nicht wollte. Der Hase ist auf dem Highway gefahren, und hinter dem Highway kam: ein Highway. Also ja, meinetwegen, eine Klause. L. A. ist eine Klause. Ein Zirkelschluss. Ich mag bockige Sachen. Aber wir waren uns zu ähnlich. – Jetzt hab ich mich verfahren. Zu viele Blasen.

Denn man bildet mit den anderen ja eine Art von Blase, wenn man einzieht: die Villa eine Stipendiaten-Blase in Pacific Palisades, wie Pacific Palisades eine Blase in Los Angeles. Wie Los Angeles eine Ansammlung zigfacher Blasen. Wie diese Ansammlung, als Stadt verstanden, eine Blase in Kalifornien und Kalifornien eine Blase in Amerika. Klar ist das zum Piktogramm vereinfacht, aber was das Image mainly prägt, sind schon so stark umgrenzte Teilbereiche. Separierte Fraktale. Der Hase steht vor den Fassaden und glotzt durch sein Monokel: Blechkarossen, Gates, Communities. Business Districts, Valleys. Parzellierte Szenen, Zirkel. Zwischendrin die Zeltburgen der Homeless People.

Also, this City is bockig, sie verschließt sich in so vielen segregierten Schichten. Und dann die ganzen Lichter. Bling bling, bling, das Billboard shiftet, und schon sinkt man ins Found Footage der Klischees, das die Stadt wie eine zusätzliche Troposphäre umgibt: die Trostlosigkeit der Hochglanzoberflächen. Vom Amaturenlicht ausgeleuchtete Gesichter auf der Nebenspur. Das in endlosen Traffic Hours bewusstseinsmäßig isolierte Ich hinterm Lenkrad im Autopilot. Pools, Pools, Pools. PR-Funktionalität und Prominenz. Stadt der Psychiatrie, Hochburg der Sektierer und Selbstmörder. Es gibt keine einsamere Stadt als Los Angeles. Da herrscht ein abendlicher Dunst. Golden erleuchteter Nebel gleitet vom Pazifik über Santa Monica landeinwärts, wie ein königliches Leichentuch aus Smog, Hoffnung und zerplatzten Träumen.[2]

Ja. – Und was würde Our Lady of the Angels, diese kathedrale Metropole, selber dazu sagen, würde man sie fragen? Pah, vermutlich. Oder: Die ganzen Attribute sind doch, come on, wie meine offiziell verbuchten Koordinaten mehr Attrappen, unklar flunkernd wie Reklame, vielleicht bin ich am Ende schlicht ein Fladen? Würde ihre scheinwerfertürmchen- und billboardbesetzten Hügelköpfe schütteln und flüstern: Reingefallen, Honey. Du bist in meinen PR-Pool geplumpst, das Image ist as always nur die halbe Wahrheit, wobei by the way die Wahrheit neben die Moral ins Blockbuster-Fach der Fünfziger bis Neunziger gehört und Hollywood, was das betrifft, schon immer bisschen hinkt. Dann würde sie sich winden, zwinkern, und entziehen. Wie flüchtige Trickster hinter Billboards verschwinden, mit den Stippvisitern kichern, diffundieren.

Jedenfalls mag ich mir nicht anmaßen zu sagen, ich war auf einem Aussichtsposten[3]. Was ich aus meinem Fenster (Marta's Room) gesehen habe: Dattelpalmen, Kolibris. In der Ferne das Riesenrad am Pier. Immer mindestens fünf Flugzeuge zeitgleich im Himmel über der Bay. Die Rescue Dogs des Office-Teams im Garten, Philipp und Georg mit Bagels beim Breakfast, Louisa am Telefon mit ihrem Sohn back home. Auf den Straßen in der Neighbourhood kaum jemand auf zwei Beinen, wenn, dann die angestellte Entourage der fancy Domizile, Gardener, Housekeeper, Driver. Landlords und -ladies selten bis nie. Ansonsten: Wasser. Man guckt vom 502 Paseo Miramar ja eher aus dem Kontinent hinaus ins Offene, geografisch fast unangenehm über den Dingen schwebend und für relativ kurze Zeit. Ich bin da nicht mit meinem 20-Kilo-Überseekoffer angereist und habe gedacht: Aha, Amerika, dann lass mal sehen, soso, mhm, jetzt habe ich verstanden.

Und es würd' sich doch auch beißen, das Image eines Aussichtspostens mit dem der Klause und ihrem eremitisch-temporären Hausstand. Aber ich weiß, ich bin nur ein Vierhundertstel von etwas, dessen Summe größer ist als seine Teile. Insofern lässt sich über 25 Jahre ein Haus mit seinem transatlantischen Gefüge ganz bestimmt als Aussichtsposten lesen, lassen sich in den Arbeiten derer, die da waren, mosaikartig Spuren einer irgendwie spezifisch beschaffenen Perspektive finden. Ich mag nicht Relevanz abgraben, seufzt der Hase und pudert sich die Nase, das Kostüm ist mir ein bisschen groß.

2
„Sehen Sie diese Kojotin, die einsam der Central Avenue entlang trottet?"[4]

Und puff, Hut ab. Bei aller Tricksterrhethorik, im ganzen Versteckspiel zwischen Palisaden, Blasen, Highways: Es stimmt ja. Die Textmanöver selbst sind symptomatisch. Was da beim Ausweichen am Lenkrad sitzt, ist ein trotziger Drive gegen Vereinnahmung. Ein Verschwinden aus dem Licht der Scheinwerfer, die andere als Sonnen über den Boulevards drapiert haben. Der Bericht bisher fährt selber highspeed auf den Routen eines notorischen Rückzugs. Eine Retourkutsche auf permanenter Kurskorrektur: Ich mag mir meine Wege nicht nach Schildern bahnen, die von anderen ausgerichtet sind. Insofern ja, wahrscheinlich ist der Hase, der hier navigiert, dann doch irgendwie ein Eremit. Mindestens ein Trotzbock.

Weil es stimmt ja. In meinen Texten gibt es Stimmen, die wie aus einem Trichter im Gesicht ins Nichts gehen, reden oder rufen. In ein weirdes, unwägbares Gebiet voll Niederschlag und Selbstbespiegelung und dann gleich durch den ganzen monstergroßen Weltraum. Da steht, das Land sei weiß zu allen Seiten. Da steht: Kaum irgendwas ist sichtbar. Da steht, an Küsten stünde ich und starrte in geduldiger und ungeduldiger Erwartung einer Strandung oder dass sich wenigstens in einem submarinen Aufruhr ein Vulkan erbreche, der eine Insel nach sich zieht. Hallo? steht da immer wieder und: Ich glaub, ich spuke. Und dann, punktum, ich hätte mich davongewundert, jetzt wisse keiner mehr, wo ich bin. Bling. Dann verglüht der Mond und stürzt aus seiner Umlaufbahn, aus seinem Zuhause raus in die erweiterte exzentrische Umlaufbahn, durch eine elliptische Riesengalaxie mit diffusem Halo und in die weite Welt hinein. Die weite Welt hinein.

Man könnte sagen, das trieft nur so vor Solipsismus. Aber auch wenn da ziemlich vereinzelte Satelliten in verhältnismäßig weitläufige Räume funken: Das hat ja Methode. Das sind doch Texte. Inszenierungsmaschinen, Projektionsflächen, Kulissen. Destillate. Ich kann nur versuchen, die möglichst lebendig oder menschlich, also intersubjektiv anschlussfähig zu machen. Aber ich würde mich hüten, von meiner Einsamkeit auf die von anderen zu schließen.

Das heißt auf einer naheliegenderen Ebene: Ich will das Eremitäre nicht verklären oder überhöhen und nicht in einer wild ausholenden Geste mit enormen Ärmeln auf ganze Kohorten oder Kolonien von Künstlerinnen übertragen. Ich mag nicht alle Artists dieser Erde ins Konfektionskostüm des Rückzugs, auch nicht in das einer besonders triftigen Distanz zu den Dingen stecken. Wer ist denn wir? Wer sind wir denn? Wer bin ich, dass ich das einsehen könnte oder wollte? Und es kann und soll doch auch nicht stimmen. Zumindest wäre mir eine:r suspekt, der oder die, bei aller verständlichen oder notwendigen Tendenz zum temporären Rückzug, satellitären Fokus, konzentrierten Tauchgang, nicht gleichzeitig wenigstens halbseitig offenporig und durchlässig bliebe. Die und den die Dinge, mindestens die, die ihn und sie gerade umtreiben, nicht übertrieben etwas angehen würden. Besides und weniger moralisch und romantisch, mehr pragmatisch: Schließlich ist es auch ein Business, das wie alles andre neoliberal vermarktet, nonstop ratternd, richtigen Rückzug höchstens vorübergehend erlaubt.

Weiter: Ich will ja schon nur für mich selber und strategisch das Hermitmäßige nicht als fixes Selbstbild installieren. Da würde ich privat und literarisch vermutlich vor die Hunde und Kojoten gehen. Oder wie ein monoton stotternder Motor in die poetologische Selbstkopie rattern und auf absehbare Zeit vollständig darin absaufen. Ich glaub' nicht an die dauerhafte Strahlkraft eines noch so populären Topos wie dem der Eremitin. (Und alles Heilige ist scheiße, prollt der Hase hinterm Steuer.) Wir sind hier nicht in Walden, Honey. Einsamkeiten ändern sich im Lauf der Zeit. Das sind zum Glück keine zeitlos abgeschlossenen Kapseln und, bei aller projizierten, tatsächlichen und wünschenswerten Unabhängigkeit, auch keine Relevanzgaranten oder Sonnen in Weitsicht und Klarheit. Sich auf einen Topos zu verlassen, erzeugt für mich im Gegenteil zu viele blinde Flecken.

Weil auf einer weiteren, politischeren Ebene ist es doch so: Meine Distanznahme ist eine Wahl. Ich kann meinen Abstand zu den Dingen selbst justieren, meine Alleingänge als Taktik betrachten. Es handelt sich bei aller verständlichen oder notwendigen Tendenz zum temporären Rückzug, satellitären Fokus und so weiter, doch meistens um Einsamkeiten, die ich mir leisten kann. Zum Teil um subventionierte Refugien, die mir zugeteilt, gegönnt, ermöglicht werden. Um ausgesuchte Zustände. Meine Einsamkeit ist eine Haltung, meine Abkapselung eine Entscheidung. Zumindest gilt das mit Sicherheit im Verhältnis zu Isolationen, strukturellen und akuten, wie sie in den letzten Jahren ziemlich flächendeckend dringend offensichtlich und zuletzt wortwörtlich virulent geworden sind. Ich will nicht von meinen oder allgemeinen, meinetwegen künstlerischen Distanzkonstrukten auf diese Sorten Einsamkeit, auf solche Ausschlüsse, Abschiebungen, Diskriminierungen und Quarantänen schließen. Ich kann nicht meine Tricks in Flüchtigkeit auf handfeste Erfahrungen mit Flucht und Zuflucht übertragen. Und wovon man nicht sprechen kann, darüber muss man schweigen, sagt der Hase. Das Outfit ist nicht meins, den Auftritt sollen andere haben. Ich hab mich eh schon fürchterlich verfahren. Das Billboard shiftet, der Hase steigt in seinen Wagen. Wo ist der jetzt hin? – Keine Ahnung, aber er hat diese Grußkarte dagelassen:

Happy Birthday, Villa Aurora. Danke Mister, Misses, Lion, Marta für die geliehene Zeit in euren Räumen. Gut, dass ein Haus unter einem Dach produktiver Unruheort für die einen sein kann und gleichzeitig weiter als Refugium für andere verfügbar bleibt. Danke an den Staff und danke für die Blase, Fatma, Philipp, Georg, Leo und Louisa. <3. Ich bin sehr gerne dagewesen. From my room in my fugitive motel,[5] yours truly.

1 TOMAS, PADDLE TENNIS TRAINER AUS KOREA TOWN in einem fiktiven Interview mit Tom Kummer, erschienen in: Christian Werner, *Los Angeles*, Berlin 2018.

2 Zusammengesucht und ausgeliehen bei Tom Kummer, „Fünf fiktive Interviews", in: Werner, *Los Angeles*.

3 Stefan Keppler-Tasaki (Universität Tokio, Thomas Mann Fellow 2019) bezeichnet die Villa Aurora in einer noch nicht veröffentlichten Studie zum Residenzprogramm als „Aussichtsposten auf Amerika". Ich kenne die Studie nicht zur Gänze, ich benutze die mir überlieferten Schlagworte nur fahrlässig als impulsgebende Leitplanken meines Trotzes gegen große Begriffe und Zuschreibungen, die in anderen Zusammenhängen durchaus zutreffen können.

4 JULIE KAY, OFFICER LAPD AUS GLENDALE in einem fiktiven Interview mit Tom Kummer während einer nächtlichen Hubschraubertour über der Stadt, erschienen in: Werner, *Los Angeles*.

5 Elbow, „Fugitive Motel", auf: dies., *Cast of Thousands*, 2003.

From a Funnel in my Face

Maren Kames
translated by Bradley Schmidt

1

"Back then I often looked up at the bright billboards along the road, or at the spotlight towers over Hollywood and imagined we were the sun."[1]

Absconding. Decamping. The pleasure of disappearing, fly off. Having everything fly to pieces. Having your leg pulled by a bear, run up a trial flag, letting the ursine mascot flutter in the wind till it frays. Putting on California, taking off California. Invent, fabricate, discard. Retreat. Retreat. Retreat. Something inside me retreats from being described as a hermit. Something inside me anyway and just now bristles at speaking about my kind of loneliness. Something inside me refuses to use the same label-like word for an entire, expansive baggage spread over time and space: experts for hermitage, artists of solitude, is that what we are? Who is we? Who are we? Who am I that I could or would want to perceive that? I don't want to. Here's why. Or first, alright, try this out:

We are the sun, yes. We are the moon and stars, the stars and muddlers, sunset commuters, dazzling, yeah, we are the dazzlers. We are the imaginers, inventers, think-tankers. High gloss, deep talk, dive in, dark. Sinister, sparkle, blinding mirrors, fibbed, uh, quickly missed a step and gone. Disappeared. Different picture, simpler: we are the ones walking up from Vons on foot. We're the picnickers of the Palisades, the Pacific fly-by visitors. Billboard shifts, the picture's already twisting: more tricksters than eremites. Rather harlequins than hermitage. Better Kermits than hermits, better Muppets, puppets, hat on, bang. Wasn't there a rabbit just a second ago? Where's it gone to now? To Hollywood? What's he doing there? Cruisin'?

The rabbit is driving a rental through Hollywood. The rabbit drove through Hollywood with the mascot on the back seat, now it's back home. The hermit gang has run off with a rental and rewind across the Atlantic to the German solitude. Twelve months earlier: lookout, exhaust, test run: automotive monotony, monotonous eccentricity, plastic. Exclusive dinners, personal trainers, private clubs. – No clue, private clubs? Wheels, wheels, wheels. How to get access to a city where almost everything is hidden behind yard-high, exquisite trimmed hedges? The rabbit was rarely in a periphery that he had so much nothing to do with. Because the periphery didn't want that. The rabbit drove on the highway, and beyond the highway was: a highway. So yeah, for all I care, a hermitage. L.A. is a hermitage. A sample of circular logic. I like stubborn stuff. But we were too similar. – Now I lost track. Too many bubbles.

Because you form a kind of bubble with the others when you move in: the Villa is a residency bubble in Pacific Palisades, just as Pacific Palisades is a bubble in Los Angeles. Just as Los Angeles is a collection of countless bubbles. Just like this aggregation, understood as a city, is a bubble in California and California is a bubble in America. Of course, this is simplified into a pictogram, but what mainly shapes the image are in fact such sharply enclosed sub-sections. Separated fractals. The rabbit stands in front of the facades and stares through his monocle: beaters, gates, communities. Business districts, valleys. Divvied up scenes, circles. In between, the tent fortifications of the homeless people.

So, this city is stubborn, it separates itself into so many segregated layers. And then all the lights. Bling, bling, bling, the billboard shifts, and you're already sinking into the found footage of clichés that envelopes the city like an additional troposphere: the desolation of the glossy surfaces. Faces illuminated by dashboard lights in the side lane. The Self spending endless hours in traffic, consciousness isolated behind the wheel on autopilot. Pools, pools, pools. PR functionality and celebrity. City of psychiatry, stronghold of sects and suicides. There is no lonelier city than Los Angeles. An evening haze, golden-lit fog glides inland from the Pacific Ocean over Santa Monica, like a royal shroud of smog, hope and shattered dreams.[2]

Yes. – And what would Our Lady of the Angels, this cathedral metropolis, say if you asked her? Pshaw, probably. Or: all these attributes are anyways, come on, like my officially booked coordinates more just props, poorly fibbed like an advertisement, maybe I'm simply a kind of huge flat pie in the end? She'd shake their spotlight-towered, billboarded hill heads and whisper: Fooled you, honey. You've plunged into my PR pool, the image is as always only half the truth, even though, by the way, the truth belongs next to the morals in the blockbuster compartment of the fifties to the nineties, and Hollywood, when that's concerned, has always had a little limp. Then it would wind, wink, and evade. Like fleeting tricksters disappear behind billboards, giggle with the fly-by visitors, diffuse.

Anyway, I don't like to presume to say I was at a vantage point.[3] What I saw out my window (Marta's Room): Date palms, hummingbirds. In the distance, the Ferris wheel on the pier. Always at least five planes in the sky over the Bay simultaneously. The office team's rescue dogs in the garden, Philipp and Georg with bagels at breakfast, Louisa on the phone with her son back home. On the streets in the neighborhood hardly anyone on two legs. If there is, then it's the hired entourage of the fancy domiciles, gardeners, housekeepers, drivers. Landlords and -ladies rarely or never. Otherwise: water. From 502 Paseo Miramar, you look out from the continent into the open, geographically almost unpleasantly looking down on everything from great hights and for a relatively short time. I didn't arrive there with my 20-kilo steamer suitcase and think: Aha, America, let's have a look, alright, uh-huh, now I understand.

And besides, wouldn't it clash, the image of a lookout post with that of the hermitage and its temporally sealed-off household. But I know I am only a four-hundredth of something whose sum is greater than its parts. In this respect, over 25 years, a house with its transatlantic structure can certainly be read as a vantage point and traces of an in-a-way specifically constituted perspective may be found mosaic-like in the works of those who have been there. I don't want to withdraw relevance, moans the rabbit and powders his nose, that costume a bit too big for me.

2
"Do you see this lonesome coyote meandering down Central Avenue?"[4]

And bang, hat off. Despite all the talk of tricksters, in the whole hide-and-seek between Palisades, bubbles, and highways: it's true. The maneuvers of the text themselves are symptomatic. What's sitting behind the wheel, dodging, is a defiant drive against appropriation. A disappearance from the spotlights that others have draped over the boulevards like suns. So far, the report is on highspeed autopilot along the route of a notorious retreat. A hot take comeback on a permanent course correction: I don't like choosing my path according to the signs set up by others. In that respect, yes, the rabbit navigating here is probably a hermit after all. A defiant one at the least.

Because it's true. My texts contain voices that go, talk, or call out into oblivion like from a funnel in my face. Into a weird, imponderable area full of precipitation and self-reflection, and then straight through the whole monster-sized monstrosity of space. It says: the land is white on all sides. It says: hardly anything is visible. It says: I'm standing on coasts and stare with patient or impatient expectation of something getting stranded, or that at least a volcano erupts in submarine turmoil, dragging an island behind itself. It says again and again: Hello? And: I think I'm haunting. And then, that's that, I would have wondered away, now no one knew where I am anymore. Bling. Then the moon burns up and crashes out of its orbit, out of its home into the extended eccentric orbit, through an elliptical giant galaxy with diffuse halo and out into the wide world. Into the wide world.

You could say, this is just stuffed full of solipsism. But even if there are quite isolated satellites beaming signals into relatively wide spaces: There's a method to it. These are texts, after all. Staging machines, projection surfaces, backdrops. Distillates. I can only try to make them as lively or human as possible – that is, to make them intersubjectively connectable. But I would take great care not to draw conclusions from my loneliness to those of others.

On a more obvious level, this means: I don't want to transfigure or exaggerate the hermitic, and I don't want to transfer it to entire cohorts or colonies of artists in a wildly sweeping gesture with enormous sleeves. I don't like putting all the artists on this earth into the ready-made costume of retreat, nor into that of a particularly cogent distance from things. Who is we? Who are we? Who am I that I could or would want to perceive that? And after all it cannot and should not be true, should it? At least I would be suspicious of someone who, with all the understandable or necessary inclination toward temporary withdrawal, satellite focus, concentrated dive, would not at the same time remain at least halfway open-pored and permeable. To whom the things, at least those, which are driving him or her at the moment, would not exaggeratedly be of concern. Besides, and less morally and romantically, yet more pragmatically: it's ultimately also a business, that like everything else that's neoliberal marketed and rattling non-stop, permits true retreat temporarily at most.

What's more: I don't want to establish the hermit-like as a fixed self-image, if only for myself and in a strategic sense. I would probably go to the dogs and coyotes in my private and literary life. Or rattle like a monotonously sputtering engine into poetological self-copy and completely drown in it for the foreseeable future. I don't believe in the lasting radiance of a topos, however popular, like that of the hermit. (And everything sacred sucks, the rabbit behind the wheel bellows.) This isn't Walden, honey. Solitudes change over time. These are not, thankfully, timelessly self-contained capsules and – for all their projected, actual and desirable independence – they are neither guarantors of relevance nor suns of foresight and clarity. On the contrary, relying on a topos creates too many blind spots for me.

Because on a broader, more political level, it's like this: my claiming distance is a choice. I can adjust my distance to things, consider my solo efforts as a tactic. For all the understandable or necessary inclination toward temporary retreat, satellite focus, and so on, these are, after all, mostly solitudes that I can afford. Partly subsidized refuges, which are allotted to me, granted, made possible. Self-selected states. My solitude is a posture, my isolation a decision. At least this is certainly true in regard to isolations, structural and acute, as they have become urgently obvious and most recently literally virulent over the past few years. I do not want to draw conclusions from my own or general (as far as I'm concerned, artistic) constructions of distance to these kinds of loneliness, to such exclusions, deportations, discriminations and quarantines. I cannot transfer my tricks in volatility to tangible experiences of flight and refuge. And whereof one cannot speak, thereof one must be silent, says the rabbit. This outfit is not mine, that role should be reserved for others. I've already gotten way off course anyway. The billboard shifts, the rabbit gets into its car. Where's he gone to now? No clue, but he left behind this greeting card:

Happy Birthday, Villa Aurora. Thank you Mister, Misses, Lion, Marta for the borrowed time in your rooms. Good thing that under one roof a house can be a place of productive restlessness for some and simultaneously remain a refuge for others. Thanks to the staff and thanks for the bubble, Fatma, Philipp, Georg, Leo, and Louisa. <3. I really enjoyed being there. From my room in my fugitive motel,[5] yours truly.

1 TOMAS, PADDLE TENNIS TRAINER FROM KOREA TOWN in a fictional interview with Tom Kummer, published in: Christian Werner, *Los Angeles*, Berlin 2018.

2 Assembled and borrowed from Tom Kummer, "Five Fictive Interviews", in: Werner, *Los Angeles*.

3 Stefan Keppler-Tasaki (University of Tokyo, Thomas Mann Fellow 2019) describes the Villa Aurora in an unpublished study about the residency program as a "vantage point on America". I'm not familiar with the study in its entirety, I am merely negligently using the buzzwords that have been handed down to me as impulsive guardrails for my resistance against grand notions and attributions that may well apply in other contexts.

4 JULIE KAY, OFFICER LAPD FROM GLENDALE in a fictional interview with Tom Kummer during a nocturnal helicopter tour over the city, published in: Werner, *Los Angeles*.

5 Elbow, "Fugitive Motel", in: ibid., *Cast of Thousands*, 2003.

Zuflucht und Arche
Eine lange Reise in die Villa Aurora

Klaus Modick

1.

Meine Reise in die Villa Aurora begann im November 1975. Damals studierte ich an der Universität Hamburg Literaturwissenschaft und belegte im Wintersemester 75/76 ein Seminar zum Thema Neue Sachlichkeit. Es ging da um jene kulturellen Strömungen während der 1920er-Jahre, die, ernüchtert und desillusioniert vom Grauen des Ersten Weltkriegs, expressionistische O-Mensch-Ekstasen verwarfen und, beeinflusst vom amerikanischen Pragmatismus, statt auf Weltverbesserungsphrasen und Ideologien auf Rationalität, technischen Fortschritt und Realismus setzten. Die ornamentlose, funktionale Eleganz des Bauhaus' lieferte architektonische Maßstäbe, die Fotografien August Sanders porträtierten realistisch das *Antlitz der Zeit*, und in der Malerei stand die kühle Detailschärfe eines Christian Schad exemplarisch für diese Ästhetik. Auch in der stilistisch weit gefächerten und ausdifferenzierten Literatur der Weimarer Republik fand der Ruf nach Sachlichkeit in manchen Werken Erich Kästners und Hans Falladas, Bert Brechts und Arnolt Bronnens, Marieluise Fleißers und Irmgard Keuns zu mehr oder minder überzeugendem Ausdruck. Über all diese kultur- und literarhistorischen Zusammenhänge herrschte im Seminar schnell Klarheit, aber es war eine vielleicht dem Stoff geschuldete Klarheit ohne Begeisterung, sachlich, trocken, und, um eine schöne, alte Wendung zu nutzen, ohne Liebe zur Sache. Und ohne diese Liebe erschließt sich dem Betrachter nun mal keine Kunst, dem Leser keine Literatur.

An einem nasskalten, nebeltrüben Abend ging ich nach einer entsprechend uninspirierten Seminarsitzung in eine Buchhandlung am Uni-Campus, um ein bestelltes Buch abzuholen, und stöberte wie immer auch durch die Neuerscheinungen, die auf wackeligen Tapetentischen auslagen. Da stieß ich auf einen Roman, Fischer Taschenbuch in zwei Bänden, zusammen an die 800 Seiten. In altmodischer Frakturschrift, als wär's ein Teil der FAZ, der Titel: *Erfolg*. Merkwürdiger Titel, dachte ich. Von Lion Feuchtwanger. Sagt mir nichts, dachte ich. Einigermaßen nichtssagend war auch das Umschlagsmotiv: auf blauem Grund ein goldgelbes Ornament. Eine Intarsie? Oder ein Webmuster? Ich streifte das Gummiband ab, das die beiden Bände zusammenhielt, überflog die biografischen Angaben zum Autor. Interessant, dachte ich. Warum hatte ich von diesem Feuchtwanger noch nie gehört? Und weil ich neben Germanistik noch Geschichte studierte, Schwerpunkt Weimarer Republik und Nationalsozialismus, wirkten einige Stichworte der Inhaltsangabe, 20er-Jahre, Aufstieg der NSDAP und Hitlerputsch in München, wie der stumme, aber unabweisbare Ruf: Lies mich!

Also kaufte ich das Buch, begann schon in der Straßenbahn, die durchs düstere Hamburger Schmuddelwetter rumpelte, zu lesen, las, in meinem WG-Zimmer angekommen, weiter und hatte am nächsten Morgen eine Idee, wie das vor sich hin dümpelnde Seminarschiff namens Neue Sachlichkeit flott zu machen wäre. Ich schrieb eine Rezension oder, genauer gesagt, eine Art Gutachten, in dem ich dem Roman attestierte, an bestimmten Elementen der Neuen Sachlichkeit zu partizipieren, deren Vertrauen in dokumentarischen Verismus zugleich aber ironisch zu unterlaufen. Als Beispiel las ich aus einem der Kapitel vor, in denen Feuchtwanger statistische Daten und historische Sachverhalte so montiert und satirisch zuspitzt, dass die schnöden Fakten zur Wahrheit der Fiktion werden. Mein Plädoyer für den Roman fand den Beifall der Seminarteilnehmer und des Professors, und so wurde dann die lahmende Veranstaltung doch noch zu einem Erfolg, weil sie sich sukzessive in ein Seminar über *Erfolg* verwandelte.

Daraus ergaben sich dann erfreulich zwanglos auch Stoff und Thema für meine bevorstehende Examensarbeit. Mein Freund und Kommilitone Egon Brückener und ich verfassten gemeinsam eine detaillierte Analyse des Romans, teilten den Text in zwei Teile, reichten die Teile als jeweils eigenständige Arbeiten ein und absolvierten damit unsere Staatsexamen. Unser Professor fand die Sache so überzeugend, dass er eine Publikation in einem Fachverlag vermittelte. Wir verknüpften die beiden Teile wieder miteinander und überarbeiteten und erweiterten den Text, der dann unter dem schlichten Titel *Lion Feuchtwangers Roman „Erfolg"* und dem akademisch-hüftsteifen Untertitel *Leistung und Problematik schriftstellerischer Aufklärung in der Endphase der Weimarer Republik* als Buch erschien (Scriptor, Kronberg 1978). Gleich nach dem Examen wanderte Egon Brückener der Liebe zuliebe nach Norwegen aus, wo er eine auf Essayformat heruntergekürzte norwegische Version unseres Buchs im Osloer Literaturmagazin *Vinduet* unterbrachte (*Glemt resultat. Lion Feuchtwanger og hans roman „Erfolg"*). Weil die entsprechende Ausgabe der Zeitschrift kurz vor dem Buch erschien, wurde ausgerechnet meine allererste Publikation ein Text in norwegischer Sprache.

Die Examensarbeit hätte eigentlich der Schlusspunkt eines Lehramtstudiums sein sollen, aber ein Schulpraktikum hatte mich inzwischen darüber belehrt, dass ich die Erfahrungen einer Lehrerexistenz lebenslang nicht würde machen wollen. Ich hatte auch das unabweisbare Gefühl, mit der Literatur noch nicht fertig zu sein, und träumte im heimlichsten Grund meines Herzens von einer Karriere als Schriftsteller. Aber als mir Karl Robert Mandelkow, der Professor, der das Seminar zur Neuen Sachlichkeit geleitet und meine Examensarbeit betreut und zur Publikation vermittelt hatte, eine Promotion vorschlug, nahm ich gern an. Das Thema, meinte Mandelkow, habe doch geradezu auf mich gewartet und sei mit der Examensarbeit noch nicht erledigt. Ich sei Feuchtwanger da gewissermaßen noch etwas schuldig. Denn anders als in der DDR war Lion Feuchtwanger Ende der 1970er-Jahre in der westdeutschen Germanistik ein weißer Fleck, über den es kaum Forschungsliteratur gab. Für eine literaturwissenschaftliche Karriere, so Mandelkow, böten sich da beste Publikationschancen; meine Examensarbeit habe dies ja bereits bewiesen.

Eine Doktorarbeit, so viel war klar, wäre natürlich kein Roman, aber Literatur war und blieb nun einmal Literatur. Und also las und exzerpierte ich und begann zu schreiben, kam aber nicht weit. Was ich zu Papier brachte, erschien mir leblos, bestenfalls so sachlich wie die trockenste Neue Sachlichkeit. Konnte man überhaupt Literatur mit wissenschaftlichen Begriffen erfassen? Konnte man „schön" und „richtig" voneinander trennen? Literatur war doch potenziertes Leben, Wissenschaft jedoch radiziertes. Wissenschaft lebte von der Abstraktion, von der Überwindung lebendiger Erfahrungsfülle durch Termini, während Literatur genau diese Erfahrungsfülle darstellte, wofür Feuchtwangers Epik das beste Beispiel war. War also Literaturwissenschaft womöglich die Vertreibung des Literarischen aus der Literatur? Und wo blieb bei so einer Arbeit das Ich desjenigen, der sie schrieb, wo seine Lebendigkeit, seine Zweifel?

Weil ich auf diese Fragen keine Antworten fand, wich ich Ihnen aus, indem ich einfach drauflosschrieb – allerdings keine Dissertation über Lion Feuchtwanger, sondern eine mit eigenen Erlebnissen angereicherte Ausbruchs- und Reisefantasie, die mir unter der Hand lang und länger wurde. Einige Jahre und etliche Umarbeitungen später sollte sie sich jedoch als brauchbare Keimzelle meines Romans *Ins Blaue* entpuppen. So war dann Feuchtwanger nicht nur Gegenstand meiner Doktorarbeit, sondern er wurde auf sehr vertrackte, indirekte Weise auch zum Geburtshelfer meines ersten Romans.

Die Dissertation war jedoch immer noch ungeschrieben, aber die hemmungslose Fabuliererei hatte mich offenbar so gelockert, dass ich die Arbeit nun freier angehen konnte. Und siehe da: Es ging. Es ging sogar gut. Das Schreiben machte mir Spaß. Auch dieses Manuskript wurde lang und länger – und mir wurde bang und bänger, dachte ich daran, dass es Wissenschaftlern, denen Selbstzweifel fremd waren oder die sich ihre Selbstzweifel jedenfalls nicht anmerken ließen, zur Begutachtung unter die Augen kommen musste.

Ich hatte Glück. Mein Doktorvater war nicht nur ein bedeutender Goethe-Forscher, sondern ein liberaler Mann, der sehr wohl Wert auf Genauigkeit legte, der aber auch wusste, dass ein gut und temperamentvoll formuliertes Fehlurteil dem Phantom der Objektivität oft näherkommt als die staubige Korrektheit literaturwissenschaftlicher Planerfüllung. Auch der Zweitgutachter war dieser Ansicht, doch im Rigorosum, der mündlichen Disputation der Arbeit also, lehnte es ein Germanist vom Schlage Sachbearbeiter Literatur empört ab, über meinen Text auch nur zu diskutieren. Es handele sich nämlich, so die Argumentation dieses Manns namens Müller, in weiten Teilen um einen essayistisch gefärbten Bekenntnistext des Verfassers, der keinen Anspruch auf strenge Wissenschaftlichkeit erheben und mithin keine Wissenschaftler als Diskursteilnehmer beanspruchen dürfe. Ganz Unrecht hatte der Mann damit nicht. Zwar handelte es sich um eine wissenschaftliche Arbeit, doch war sie von einem angehenden Schriftsteller verfasst worden, der hier, ohne recht zu wissen, was er da tat, hinter der Maske Lion Feuchtwangers eigene ästhetische Haltungen und Verfahren erprobte und antizipierte. Da aber Herrn Müllers Einrede nicht verfing, war ich nun promovierter Literaturwissenschaftler, aber ein einschlägiger Job war an den Hochschulen nicht in Sicht.

Und das war auch gut so. Ich wollte ja gar keinen Job. Ich wollte vielmehr auf eigenen Füßen stehen, als freier Schriftsteller, unabhängig von Institutionen und Vorgesetzten, und ich hatte inzwischen begonnen, in Zeitungen und Zeitschriften zu publizieren und bekam auch Kontakt zur Kulturredaktion des Spiegel. Als dann meine Dissertation unter dem Titel *Autonomie und Sachlichkeit. Lion Feuchtwanger im Kontext der 20er Jahre* als Buch erschien (Scriptor, Kronberg 1981), wollte es ein glücklicher Zufall, dass kurz darauf die siebenteilige TV-Verfilmung von Feuchtwangers Roman *Exil* im Fernsehen lief. *Der Spiegel* räumte mir Platz für einen vergleichsweise umfangreichen Beitrag ein, mit dem ich Abschied vom germanistischen Elfenbeinturm nahm.

Seitdem sind vierzig Jahre vergangen, in denen ich etwa zwei Dutzend sehr unterschiedliche Texte über Lion Feuchtwanger publiziert habe – von den beiden Monografien meiner Studienzeit bis zur Kurzkritik, von der Werkbiografie bis zum Vorwort zu Feuchtwangers Tagebüchern. Und schließlich einen Roman.

2.
Als ich Anfang August 2009 in der Villa Aurora ankam, schloss sich für mich ein Kreis, der 34 Jahre zuvor in jener Hamburger Buchhandlung seinen Anfang genommen hatte. Ich fühlte mich von Anfang an heimisch in Feuchtwangers Haus, zugehörig, wusste viel über Feuchtwangers Leben und Werk. Aber das Wissen war akademisch, und der Mensch Feuchtwanger war mir bislang eher fremd geblieben. Erst während der Monate in seinem Haus lernte ich ihn kennen. Ich bewohnte sein Zimmer, schlief in seinem Bett und schaute morgens in den Spiegel, in dem auch er sich Tag für Tag gesehen hatte. Vor meiner Abreise nach Los Angeles hatte ich spaßeshalber die Bemerkung gemacht, dass mir in der Villa Aurora vielleicht Feuchtwangers Geist begegnen würde – er ist mir tatsächlich begegnet, als Genius Loci: ein sehr guter, sehr freundlicher Hausgeist, der übrigens eine Doppelgestalt hat. Er besteht zur Hälfte aus Lion, zur anderen Hälfte aus Marta Feuchtwanger.
Um das Stipendium beworben hatte ich mich mit dem Plan eines Romans über den deutschen Emigranten Carl Schurz, einen Flüchtling der gescheiterten demokratischen Revolution von 1848, der in die USA emigrierte und amerikanischer Innenminister wurde. Der Genius Loci der Villa Aurora mischte sich nun in dies Projekt ein und brachte mich auf die Idee eines Romans, in dem Feuchtwanger, in der Villa Aurora sitzend, einen Roman über Carl Schurz schreiben würde. Aber als ich eines Morgens vor dem Badezimmerspiegel stand und mich rasierte, blickte mir für einen kurzen und klaren Moment Feuchtwanger entgegen. In diesem Augenblick wusste ich, dass ich versuchen müsste, in den Menschen Lion Feuchtwanger hineinzukriechen, um ihn in seinem geistigen, emotionalen und materiellen Gehäuse zu sehen, zu verstehen und darzustellen. Carl Schurz speicherte ich einstweilen im Ordner *Irgendwann vielleicht* ab und schrieb noch am selben Abend folgende Zeilen:

Der Spiegel an der Badezimmertür ist an den Rändern vom Wasserdampf beschlagen, und ohne Brille ist sein Blick ohnehin verschwommen und trüb. Sein eigener Anblick befremdet ihn so, als irre er wieder durchs Spiegellabyrinth auf dem Münchner Oktoberfest, in dem er sich als Kind vor sich selbst erschrak, wenn er plötzlich zu einem rundlich gepressten Gnomen und im nächsten Moment zu einer absurd in die Höhe schießenden Bohnenstange mutierte. Merkwürdig nur, dass er über seinen Körper so gut wie nichts weiß und auch die Erklärungen der Ärzte etwas Rätselhaftes behalten. Gewiss, Kreislaufschwächen und ein überempfindlicher Magen, gewiss, Prostatakrebs, aber was bedeutet das eigentlich? Was ist das genau? Zum Beispiel weiß er viel, fast alles, über die Lebensverhältnisse und Vorstellungen der alten Israeliten, die seinen neuen Roman bevölkern. Aber was in diesen Augenblicken in seiner Leber oder in seinen Nieren vorgeht oder woher das Schwindelgefühl unter der Dusche rührt, davon hat er keine Ahnung. Vielleicht ist der Mensch, der die Mächte des Atoms freigesetzt hat und sich anschickt, den Weltraum zu erobern, sich selbst gegenüber, den eigenen Eingeweiden gegenüber, immer noch feige, unvernünftig, blind? Vielleicht ist solche Feigheit nur die Angst vorm eigenen Verfall? Vielleicht ist es ja auch gut oder zumindest gnädig, wenn schwächer werdende Sehkraft dämpft, was der Spiegel zeigt. Die Symptome körperlicher, aber auch geistiger Abnutzung werden immer alltäglicher. Manchmal kommt es ihm so vor, als hätte er schon Erinnerungen an sich selbst.
Und auch die Muster, die das Kondenswasser über den Spiegel zieht, erinnern ihn an etwas halb Vergessenes. Etwas aus der Heimat. Eisblumen, denkt er. Das war es. „Eisblumen“, flüstert er, als müsse er das Wort schmecken, das Wort für eine Erscheinung, die es hier in Kalifornien gar nicht gibt und die es auch in den Jahren an der Côte d'Azur nicht gab. Gibt es für Eisblume überhaupt ein englisches, ein französisches, ein Wort in anderen Sprachen? Russisch vielleicht oder finnisch?
Er nimmt die Brille vom Waschtisch, setzt sie auf, greift zur Rasierseife und schlägt sie mit dem Pinsel schaumig. Wie Schnee. Die hohe Palme vorm Badezimmerfenster fächelt in der leichten Brise vom Pazifik, und mitten im kalifornischen Sommer denkt er an Eisblumen und Schnee. „Es schneit“, sagt er leise, fast so leise wie Schneefall in der Abenddämmerung, und lauscht, ob die Worte Echos werfen. Auch sie klingen nach etwas Verlorenem, Unwiederbringlichem, nach Heimat und Kindheit. Die Worte sind wie ein Gefühl, auf das es keine Antwort gibt und das sich nicht analysieren lässt. Wie Glockenläuten an Sonntagvormittagen. Die Schneedecken im Englischen Garten. Die Schneeflocke auf der vom Frost geröteten Nase Martas. Der vor den Fenstern des Casinos von Garmisch fallende Schnee, wenn auf dem Spieltisch wieder einmal das letzte Honorar zerschmolz.

So wurde also mein Blick in Feuchtwangers Spiegel zur Keimzelle des Romans *Sunset*, den ich in der Villa Aurora skizzierte und nach meiner Rückkehr nach Deutschland im Detail ausführte. Einer meiner Lieblingsplätze in der Villa war die Terrasse mit der steinernen Bank, auf der Feuchtwanger und Brecht gesessen hatten, als Ruth Berlau das berühmte Foto machte. Von dort hat man einen wunderbaren Blick auf die Bucht von Santa Monica. Rechts geht es nach Malibu, links nach Venice. Geradeaus geht es über den Ozean, dem Sonnenuntergang entgegen. Unten am Strand endet der Sunset Boulevard. Und dort endete auch Lion Feuchtwangers Flucht in einem Haus der Zuflucht.

Refuge and Ark
A long journey to the Villa Aurora

Klaus Modick
translated by Bradley Schmidt

1.

My journey to the Villa Aurora began in November 1975, when I was studying literature at the University of Hamburg and taking a seminar on *Neue Sachlichkeit* (New Objectivity) during the winter semester of 75/76. It was about those cultural currents during the 1920s that – disillusioned and sobered by the horror of the First World War – rejected expressionist "ecce homo" ecstasies. Influenced by American pragmatism, they relied on rationality, technical progress, and realism instead of do-good phrases and ideologies. The unornamented, functional elegance of Bauhaus provided architectural standards, the photographs of August Sander realistically portrayed *Antlitz der Zeit* (Face of the Times), and in painting, the cool sharpness of detail in Christian Schad's works exemplified this aesthetic. In the stylistically broad and differentiated literature of the Weimar Republic, as well, the call for objectivity found more or less convincing expression in some of the works of Erich Kästner and Hans Fallada, Bert Brecht and Arnolt Bronnen, Marieluise Fleißer and Irmgard Keun. In the seminar, there was soon clarity about all of these cultural and literary-historical connections, but it was a clarity that was perhaps due to the subject matter, which, lacking in enthusiasm, was also factual, dry, and, to use a nice old turn of phrase, lacking in love for the subject matter. And without this love, no art is accessible to the viewer, no literature to the reader.

One cold, misty evening, after a correspondingly uninspired seminar session, I went to a bookstore on the university campus to pick up a book I had ordered, and, per usual, I also browsed through the new releases displayed on rickety wallpaper tables. There I came across a novel, a Fischer paperback in two volumes that was about 800 pages in total. In old-fashioned Fraktur typeface, as if it were part of the FAZ, stood the title: *Erfolg* (Success). Strange title, I thought. By Lion Feuchtwanger. Means nothing to me, I thought. The cover design was also somewhat meaningless: a golden yellow ornament on a blue background. An inlay? Or a woven pattern? I pulled off the rubber band that held the two volumes together and skimmed the biographical information about the author. Interesting, I thought. Why had I never heard of this Feuchtwanger before? And because I was studying history in addition to German studies, with a focus on the Weimar Republic and National Socialism, some of the keywords in the table of contents – the 1920s, the rise of the NSDAP, and the Hitler putsch in Munich – seemed like a silent but unavoidable call: Read me!

So I bought the book, began reading in the tram as it rumbled through the gloomy Hamburg weather, continued reading when I got to my room in the apartment share, and the next morning had an idea of how to breathe new life into the flagging seminar ship called *Neue Sachlichkeit*. I wrote a review, or, to be more precise, a kind of expert opinion, in which I attested to the novel's participation in certain elements of *Neue Sachlichkeit*, but that this at the same time ironically undermined its reliance on documentary verismo. As an example, I read from one of the chapters in which Feuchtwanger assembles and satirically exaggerates statistical data and historical facts in such a way that the disdainful facts become the truth of fiction. My argument in favor of the novel was applauded by the seminar participants and the professor, and so the lame event became a success after all, because it gradually turned into a seminar on Success.

From this, the material and topic for my forthcoming examination thesis emerged in a pleasantly casual manner. My friend and fellow student Egon Brückener and I jointly wrote a detailed analysis of the novel, divided the text into two parts, submitted each part as an independent paper, and thus passed our final exams. Our professor found it so convincing that he arranged for it to be published professionally. We linked the two parts together again and revised and expanded the text, which was then published as a book under the simple title *Lion Feuchtwanger's novel "Erfolg"* and the academically-wooden subtitle *Achievements and problems of the literary enlightenment in the final phase of the Weimar Republic* (Scriptor, Kronberg 1978). Immediately after his exams, Egon Brückener emigrated to Norway for the sake of love, where he was able to place a Norwegian version of our book, shortened to essay format, in the Oslo literary magazine *Vinduet (Glemt resultat. Lion Feuchtwanger og hans roman "Erfolg")*. Because the corresponding issue of the magazine appeared shortly before the book, my very first publication became, of all things, a text in Norwegian.

This thesis should have been the conclusion of a teaching degree. However, an internship at a school had, in the meantime, shown me I wouldn't want to have the experiences of a teacher my whole life. I also had the inescapable feeling that I wasn't finished with literature yet, and in the most secret corner of my heart I dreamed of a career as a writer. But when Karl Robert Mandelkow, the professor who had led the seminar on *New Objectivity*, and had supervised my exam paper and arranged for its publication, suggested that I start a doctorate, I gladly accepted. The topic, Mandelkow said, had been waiting for me and had not been exhausted with my exam thesis. In a way, I still owed Feuchtwanger something. For unlike in the GDR, Lion Feuchtwanger was a blind spot in West German scholarship at the end of the 1970s, and there was hardly any research literature on him. According to Mandelkow, this offered excellent publication opportunities for a career in literary studies; my examination thesis had already proven this.
It was clear that a dissertation would not be a novel, of course, but literature was and remained literature. So I read and excerpted and began to write, but didn't get very far. What I put down on paper seemed lifeless, at best as factual as the driest *New Objectivity*. Was it even possible to capture literature in scholarly terms? Could one separate "beautiful" from "right"? Literature was potentiated life, scholarship, however, was radicalized. Scholarship lived from abstraction, from overcoming the fullness of living experience with terms, while literature represented precisely this fullness of experience, of which Feuchtwanger's epic poetry was the best example. So was literary studies perhaps the expulsion of the literary from literature? And where was the I of the person who wrote it, where was his vitality, his doubt?
Because I couldn't find answers to these questions, I evaded them by simply writing – not a dissertation on Lion Feuchtwanger, however, but a fantasy about escape and travel, enriched with my own experiences. In secret this grew longer and longer. A few years and several rewrites later, however, it turned out to be a useful nucleus for my novel *Ins Blaue* (Into the Blue). In this way, Feuchtwanger was not only the subject of my doctoral dissertation, but in a very intricate, indirect way he also became the midwife of my first novel.
Although the dissertation was still unwritten, the uninhibited telling of tales had apparently loosened me up so much that I could now approach the task more freely. And lo and behold: it worked. It even went well. I enjoyed writing. This manuscript, too, became longer and longer – and I felt more and more anxious when I thought about how it would be presented before the eyes of scholars who were strangers to self-doubt or who did not let their self-doubt show.

I was lucky. My doctoral supervisor was not only an eminent Goethe scholar, he was also a generous man who very much valued accuracy, but also knew that a well and spiritedly-formulated misjudgment often comes closer to the phantom of objectivity than the dusty correctness of literary scholarship that simply proceeds according to prescribed plans. The second examiner was also of this opinion, but in the defense, the oral disputation of the thesis, a Germanist of the pencil-pushing clerk sort indignantly refused to even discuss my text. According to the argumentation of this man named Müller, it was in large parts an confessional text by the author that had some of the characteristics of an essay. The author could not claim that it was strict scholarship and thus could not stake a claim as an academic participant in the discourse. The man was not entirely wrong. Although it was a scholarly work, it had been written by a budding writer who, without really knowing what he was doing, was testing and anticipating his own aesthetic attitudes and methods behind the mask of Lion Feuchtwanger.
But since Mr. Müller's objection failed to convince, I was now a literary scholar with a doctorate, but there was no corresponding position at the universities in sight. And that was just as well. I didn't want a job at all. I wanted to stand on my own two feet, as a freelance writer, independent of institutions and superiors, and in the meantime I had begun to publish in newspapers and magazines, and also got in touch with the editors for the arts and culture section at *Der Spiegel*. Then, when my dissertation was published under the title *Autonomy and Objectivity. Lion Feuchtwanger im Kontext der 20er Jahre* (Scriptor, Kronberg 1981), it was a happy coincidence that the seven-part TV adaptation of Feuchtwanger's novel *Exil* was shown on television shortly afterwards. Der Spiegel gave me space for a comparatively extensive contribution, which I used to say goodbye to the Germanist ivory tower.
Forty years have passed since then. During this time I have published about two dozen very different texts about Lion Feuchtwanger – from the two monographs of my student days to a short review, from a biography of his works to a preface to Feuchtwanger's diaries. And finally, a novel.

2.
When I arrived at Villa Aurora at the beginning of August 2009, this brought full circle something that had begun 34 years earlier in that Hamburg bookstore. From the beginning, I felt at home in Feuchtwanger's house, like I belonged. I knew much about Feuchtwanger's life and work, but the knowledge was academic, and Feuchtwanger the man had remained rather alien to me until that point. It was only during the months in his house that I got to know him. I lived in his room, slept in his bed, and in the morning looked in the mirror in which he, too, had seen himself day after day. Before I left for Los Angeles, I had jokingly made the remark that I might meet Feuchtwanger's ghost at Villa Aurora – I did indeed meet him, as a genius loci: a very good, very friendly house ghost, who, by the way, has a double form. He is half Lion, the other half Marta Feuchtwanger.
I applied for the residency with a plan to write a novel about the German émigré Carl Schurz, a refugee from the failed democratic revolution of 1848, who emigrated to the U.S. and became American Secretary of the Interior. The genius loci of Villa Aurora now interfered with this project and gave me the idea of a novel in which Feuchtwanger, sitting in Villa Aurora, would write a novel about Carl Schurz. But as I stood in front of the bathroom mirror one morning, shaving, Feuchtwanger looked back at me for a brief and lucid moment. That very moment I knew that I would have to try to get inside Lion Feuchtwanger the man, to see, understand, and portray him in his spiritual, emotional, and material shell. For the time being, I saved Carl Schurz in the "Someday Maybe" folder and wrote the following lines that very evening:

The mirror on the bathroom door is fogged up around the edges by steam, and without glasses his vision is already blurred and cloudy. The sight of himself is as alienating as if he were wandering once again through the maze of mirrors at the Munich Oktoberfest, where as a child he used to be frightened of himself when he suddenly mutated into a round-faced gnome, and the next moment into an absurd beanstalk shooting up into the air. Oddly, he knows practically nothing about his body and the doctor's explanations also have something mysterious about them. Certainly, circulatory weaknesses and a hypersensitive stomach, certainly, prostate cancer – but what does that actually mean? What is it exactly? For example, he knows plenty, almost everything, about the living conditions and ideas of the ancient Israelites who populate his new novel. But he has no idea what is going on in his liver or kidneys at these moments, or where the dizziness in the shower comes from. Perhaps Man, who has unleashed the powers of the atom and is preparing to conquer space is still cowardly, unreasonable and blind with regard to himself, to his own bowels? Perhaps such cowardice is only fear of his own decay? Maybe it is good, or at least merciful, when weakening eyesight diminishes what the mirror shows. The symptoms of physical, but also mental wear and tear are becoming more and more commonplace. Sometimes it seems to him that he already has memories of himself.
And the patterns the condensation forms across the mirror also remind him of something half-forgotten. Something from home. Ice flowers, he thinks. That's it. "Ice patterns," he whispers, as if he has to taste the word, the word for an apparition that doesn't even exist here in California and didn't exist during his years on the Côte d'Azur. Is there even an English word for that, a French word, a word in other languages? Russian, perhaps, or Finnish?
He takes his glasses from the washstand, puts them on, reaches for the shaving soap and beats foam from it with the brush. Like snow. The tall palm tree outside the bathroom window fans in the light breeze off the Pacific, and in the middle of a California summer, he thinks of ice flowers and snow. "It's snowing," he says softly, almost as softly as snowfall at dusk, and listens for the words to cast echoes. They, too, sound like something lost, irretrievable, like home and childhood. The words are like a feeling to which there is no answer and which cannot be analyzed. Like the ringing of bells on Sunday mornings. The blankets of snow in the English Garden. The snowflake on Marta's nose, reddened by frost. The snow falling in front of the windows of the casino in Garmisch when his last advance once again melted away on the gaming table.

In this way, my gaze into Feuchtwanger's mirror became the nucleus of the novel *Sunset*, which I sketched out in the Villa Aurora and elaborated in detail after my return to Germany. One of my favorite places in the Villa was the terrace with the stone bench where Feuchtwanger and Brecht had been sitting when Ruth Berlau took the famous photograph of them. From there you have a wonderful view of Santa Monica Bay. To the right is Malibu, to the left is Venice. Straight ahead, toward the sunset, there's the ocean. Sunset Boulevard ends at the bottom of the beach. And that's where Lion Feuchtwanger's escape ended, in a house of refuge.

Wer Haus sagt
Im Selbstgespräch mit Eremiten

Monika Rinck

Kolibri. Kolibriert. Über den Blüten, fast wie im Stillstand.
Innigerer Flug in erweiterter Luft. Darin zu stehen.
Nahezu unbewegt, kalibriert, in der Obhut des Atems.

Die Zuflucht wird mehr als ein Ort sein, sie wird auch eine Zeit sein. Wie denn nicht.
Zeitraum, sagt man doch. *A space of time*. So bestand dieser angefrorene Moment

im Transit. Die Stelle

an der die Pause begann. Der Sturz. Die Rast. Zerrissenheit unterscheide sich bitte
vom Riss. Sich loszureißen unterscheide sich von Entrissenheit. Ich unterschied demnach
den Losgerissenen vom Zerrissenen und alle beide : : : vom Riss.

Wie oft denn das neue Leben beginnen, es sind hier keine mehr; dort ist noch niemand da.

Überlegungen des Eremiten: Resignat. Depressio. Innenarchitektu. Konzentrati.
Ich sprach aber doch von Freiwilligkeit. Oder nicht. Spricht der Eremit.

Erinnerung an finanzierbare Tickets. Freundliche Menschen. Sprachaufenthalte.
Den tiefen Schlaf, in dem ich Plastikrinder überkletterte, im Zorn der Gastronomen.
Sorgen sind beständig wie Dämonen, die ebenfalls wie Sorgen sind.
Tiefer hinein, als ob in weißem Rauschen ich versänke. Wattig ist sie. Wie und was.
Beugung ist sie, in die Tiefe (Blumen blühen), lass das. Lass das doch machen.
Wölbung, Mulde, eine – Höhle, ist das archetypisch, wombisch, nein, ein Haus.
Ich will (*fucking*) Wände, ich will Dächer, Gänge, Türen. Ich will Gärten.

So. Wer Haus sagt, darf nicht gefangen werden, so war das doch. Oder.
Wer Haus sagt, ist sicher und alle Fänger müssen erstarren. Haus sagen.

Kolibriert. Erstarrt. In der Waagrechten sowie in der Vertikalen.
Ich umkreise ihn in Resignati. Verzagter Eremit.

Ein Ort ohne Zeit ist unbewohnt, wenn nicht unbewohnbar, oder. Sogar.

Und sei es ein Planet.
Ja! Ein Planet. Ein Zeitraum, wohinein die Zeit sich senkt, die Zeitlast zieht. Aufsteigt!
Zu einer Zeyt, die frey ist, weil Mord in ihr verboten ist. Daher auch: Urlaub. Kirmes. Messe.

Geht jetzt nicht mehr. Musst Du Kirmes in Dir selber finden. Deine eigene Kathe-
Drale sein. Dich warm halten. Das geht schon. Versenkung. Tiefes Neolithikum.
Verständig sein. Bleiben bei Verstand. (Ist nirgends, singt der Eremit.)

Auf der Insel der Abschottung
bildeten sich, better: buildeten sich: vorkeltische Häubchen,
ich schmeckte (unter Safe-Place-Hypnose) das Salz
und sah die steinernen, üppig begrünten Törtchen darauf. Prozessionen
in den täglichen Lichtwechsel hinein, dafür war das doch da. Die Kräfte des Wetters
abpassen! Und zur Schutzgottheit dieser Zuflucht machen.

12 000 Strophen und keine einzige fehlerhaft memoriert.
Lebenslange Rituale. Generationsüberschreitend. Stabile Straßenlage.

***

Dies ist der Auftakt einer Spanne ganz ohne Dämonen
woraufeine Spanne folgt, dicht vor Dämonen.
Euer Zwerchfell wird für Euch die Unterscheidung treffen, Hüfte.

Hier einige Pläne des Eremiten:
Anbetung zum Beispiel wäre möglich. Oder das große Buch weiterschreiben.
Eine Zeit, ein Ort, frey zeyt, sorgenlos und von reichen Gönnern begünstigt.
Rilke auf Duino, strapaziert konversierend. Die Zähne wackeln schon davon.
Was, wenn er jetzt schriee? An einem einzigen Abend hat er sieben verloren!

Ich sagte nichts, nannte meinen Ort gleichfalls Zuflucht, obwohls nur 'ne Strande war.
Also: eine Klitsche, an der ich stranden darf. Durchweht. Nicht verwegen.

Ein Ort, an dem sich erst viel später zeigte, dass er doch nichts für mich hat. Und noch später,
wie gut er für mich war. Wie gut! Hab ich die alte Lupe an? Hab ich die neue Lupe an?
Hab ich die Zukunftslupe an? Die Lupe meiner Künfftigkeyt?
Die Winzigkeyt? Oder muss die ... andersrum?

***

Verschwiegene Liste nicht mehr existierender Orte,
an die ich mich innerlich (heut noch) zurückziehn will.
Die nur mehr Orte sind, denn sie entbehren jeder Zeit. Stramme Ruinen. Von Malls
oder (äh) Stadtentwicklung überformt. Agenda war gar nicht: genau mich rauszuhauen.
Aber haargenau ich – war rausgehauen. Anderen ergings weitaus schlimmer. Unbetretbar.
(Häufig sind es Treppen in den Tropen, die ich nie wieder betreten werde auf Erden.
Noch jemals betrat.)

Ich bin in mich selber versunken. Topos: depressiver Kolonialist. Im Selbstgespräch der Eremiten.
Mein inneres Wesen tadelt sich deswegen. Niemand nimmt es wahr.

Draußen ist es heller als ich dachte.
Du bist nur die Geräusche nicht gewohnt.
Um eine sehr große Arbeit in sehr kurzer Zeit fertigzustellen,
zog ich mich in die Tiefe eines Berges zurück,
wo ich nichts tat, als mich zu fürchten.

***

Den versteckten Sinn bestürmen, unbewegt, Eremit im Gehäuse kalibriert.
Schutzherr der Übersetzer. Mit der Stirne an der Borke.
Um sogleich loszurasen, wie ein Dackel, der die Spur hat, eben.

Spring back. Der Ursprung der Sprachen entspringt aus den Sprachen.

An seinem festlich mit Blicken geschmückten Rückzugsort wartet
Hieronymus' Löwe auf den Übersetzer, kürzere Kerzen löschten
würgend (?) frühe Elogen. Mit schwerem Kopf am Boden liegt er,
und der Kopf des schweren Löwen wird immer schwerer noch.

Oder es wartet die Großkatze nicht, grollend, sondern große harte Arbeit. O.
Wartet nicht eher tonlos die Depression? Diese Fragen stellen sich dem Eremiten nicht.
Losgebrüllte Takelage. Sachen machen. Die Kelle heben. Winken. Würgen. Reüssieren.

Wenn das Würgen etwas wäre, das ... würdest Du im Würgen wohnen? Was soll das?

Vielleicht die leichte Teigigkeit des Zeitverlaufs? O Du musst hinaus, um Atem ringen.
Genau, Du musst hinauf, Du hast die ganze Eremitage verbracht so wie ein Hooligan
mit Fans, die grölen, ramassieren, ganze Horden an Buden für Popcorn und Bier,
das Spielfeld rempelnd umrundet, während alles anschwoll, gluckernd, gespreizt war.

Hinauf, hinaus! Das Rennen der Solitäre beginnt!

Gar nichts muss ich, außer mich (außer Gefecht gesetzt) ganz ruhig zu verhalten,
in einer friedlichen Gegend, in der Mord nämlich verboten ist. So. Nimm zu Dir besser
        nichts, Leibeigenschaft als Kathe-Drale, an Fenstern hochfahrende Läppchen,
damit Deine Augen auch in der Einsamkeit strahlen, aber Du bist und bleibst: alleine.

Einen einzigen Kern einer Granatapfelfrucht im Hades verzehrt!

Oder tue ich nur so, damit man mir weiter die Miete für das Erdloch überweist? Hört, hört!
        Ungepflegt, bis zu den Freundschaften, die ich nicht pflegte,
nun in einem Zimmer mit trüben Scheiben in Fenstern, die klemmen, verschlammen.

Es fehlt hier, für den Moment, die endgültige Definition
des stahlharten Gehäuses, so es verliebte Eremiten betrifft.
Ein junger Polospieler springt durch das Fenster herein.
        Brüllt: Hörigkeit. Alle Eremiten horchen auf. Meiner schweigt.

Hinauf, hinauf, gar nichts muss ich, außer mich aufrechtzuerhalten. Außer Gefecht.
        Im Geflecht dieser Nacht, als ich den Liebhaber einließ in die Eremitage,
war das gar nicht denkbar, geschah aber doch, ein Zeitraum verrann, verrann,
war sehr veronnen,
        auf dem großen Balkon war ich mit zufälligen Personen gemeinsam am Weinen,
hab es nur schwer, bishin zu gar nicht, ausgehalten. Schreib das Datum auf, Stipendiat!

Der Eremit hingegen grub sich eine tiefe Höhle in mich selbst hinein
        (Hahaha, grollte altsprachlich der Löwe.)
in der nichts landet, nichts startet, nichts nachdenkt. Aber alles, alles bereut.
        In der nach wie vor nichts als Reue stöbert, in einer endlichen Zeit.
Gegenwart im Terminal Innerlichkeit. Versandet.
        Scharfer Geruch. Löwenhaus. Sagte der Löwe.

        ///

Kolibri. Kolibriert. Über den Blüten, fast wie im Stillstand.
        Innigerer Flug in erweiterter Luft. Darin zu stehen.
        Nahezu unbewegt, kalibriert, in der Obhut des Atems.

Saying House
Inner monologue with hermits

Monika Rinck
translated by Nicholas Grindell

Hummingbird. Hovers. Over the flowers, like standing still.
More intimate flight in expanded air. To stand in it.
Near motionless, calibrated, in custody of breath.

The refuge will be more than a place, it will also be a time. Obviously.
Zeitraum, people do say that. *A space of time*. So this frozen moment consisted

in transit. The place

where the break started. The plunge. The respite. Tornness please be distinct
from the tear. Tearing loose be distinct from being torn away. Thus I distinguished
the torn away from the torn and both : : : from the tear.

Begin life anew how often, none left here, no one yet there.

The hermit considers: Resignat. Depressio. Interio. Concentrati.
But I spoke of free will. Or not. Says the hermit.

Memory of affordable tickets. Friendly people. Language learning trips.
Of the deep sleep, in which I clambered over the plastic cattle, in the wrath of the restaurateurs.
Worries endure like demons, which are also like worries.
Going in deeper, as if I were sinking into white noise. It's cotton wool. What is and how.
It's flexion, into the depths (flowers flower), leave off. Leave it to work.
Bulge, hollow, a – cave, is it archetypal, womb-like, no, a house.
I want (fucking) walls, I want roofs, corridors, doors. I want gardens.

So. If you SAY HOUSE, you can't be caught, that's the way it was. Right?
If you SAY HOUSE, you're safe and all the catchers have to freeze. SAY HOUSE.

Hovers. Freezes. In the horizontal and in the vertical.
I circle him in resignati. Despondent hermit.

A place without time is uninhabited, if not uninhabitable, or. Even.

Even if it were a planet.
Yeah! A planet. A space of time into which time sinks, the dragging burden of time. Rises!
At a time that's free since murder's banned in it. Hence also: Holiday. Carnival. Worship.

No longer possible. Have to find carnival within yourself. Be your own cathe-
dral. Keep yourself warm. It can be done. Immersion. Deep Neolithic.
Being reasonable. Staying sane. (Is nowhere, sings the hermit.)

On the island of seclusion
were built, or rather *Bild*: pre-Celtic bonnets,
I tasted (under safe-place hypnosis) the salt
and saw the stone cupcakes, their foliage lush. Processions
into the daily change of light, that's what it was there for. Waylay the weather's
forces! And set them to watch over this refuge.

12,000 stanzas and not a single one wrongly memorized.
Lifelong rituals. Cross-generational. Solid road-holding.

***

This is the start of a phase entirely without demons
that's followed by a phase packed with demons.
Your diaphragm will make the distinction for you, hip.

Here are a few of the hermit's plans:
Worship, for instance, is an option. Or carry on writing the BIG BOOK.
One time, one place, at leisure, carefree and fostered by rich benefactors.
Rilke at Duino, in strained conversation. It's already making his teeth wobble.
What if he now cried out? Seven lost in a single evening!

I said nothing, called my place refuge, too, although it was just a strand.
Meaning: a flophouse where I'm allowed to run aground. Windblown. Not bold.

A place that only revealed much later that it had nothing for me after all. And later still,
how good it was for me. How good! Am I wearing the old magnifying glass? Am I wearing the new magnifying glass?
Am I wearing the future magnifying glass? The magnifying glass of my own futurity?
So tiny? Or should it be ... the other way round?

***

Unspoken list of no longer existing places
to which (even today) I wish to mentally withdraw.
That are only places because they lack all time. Robust ruins. Reshaped by malls
or (erm) urban development. The aim was actually not: knock out exactly me.
But most exactly me – was knocked out. Others had a far worse time of it. Inaccessible.
(Often it's stairs in the tropics that I'll never walk again on this earth.
Nor ever walked before.)

I sunk down into myself. Topos: depressive colonialist. In hermits' inner monologues.
For which my inner being scolds itself. No one notices.

Outside it's lighter than I thought.
You're just not used to the noise.
In order to finish a very large job in a very short time,
I withdrew into the depths of a mountain
where I did nothing but be afraid.

***

To storm hidden meaning, unmoved, hermit calibrated in study.
Protector of translators. Forehead up against the bark.
Ready to dash off, like a dachshund on the scent.

Spring back. The origin of languages springs from languages.

In its safe haven, festively adorned with gazes, the lion
of Hieronymus awaits the translator, shorter candles chokingly (?) extinguished early eulogies. With heavy head on the floor it lies,
and the head of the heavy lion becomes ever heavier still.

Or it's not the big cat that waits, with rumbling rancour, but major hard work. Oh.
Isn't it rather depression that waits, soundlessly? These are not questions faced by the hermit.
Hollered rigging. Do things. Raise the signalling disc. Wave. Retch. Succeed.

If retching was a thing that ... would you dwell in retching? What the fuck?

Perhaps the slight pastiness of the passage of time? Oh you have to get out there, struggle for breath.
That's right, you have to get up there, you've spent the whole hermitage like a hooligan
with fans who jeer, amassing, entire hordes at stalls for popcorn and beer,
ran round the pitch, pushing and shoving, while everything swelled, gurgled, spread out.

Upwards, outwards! The solitaires are under starter's orders!

I don't have to do anything at all, except (*hors combat*) to keep quite calm,
in a peaceful region, where murder is banned. So. Better not to eat
        anything, servitude as a cathe-dral, pieces of cloth riding up windows,
to keep your eyes shining even in solitude, but you are and remain: alone.

Consumed one single pomegranate seed in Hades!

Or am I just pretending, so that the rent for my hole in the ground continues to get paid? Hark, hark!
        Unkempt, through to the friendships I didn't tend to,
now in a room with grimy glass in windows that stick, silt up.

What's missing here, for the moment, is the definitive definition
of the iron cage, where enamoured hermits are concerned.
A young polo player jumps in through the window.
        Bellows: obedience. All of the hermits prick up their ears. Mine keeps quiet.

Upwards, upwards, I don't have to do anything at all, except keep myself upright. *Hors combat.*
        In the mesh of this night, when I let a lover into the hermitage,
it was inconceivable, but it did happen, a space of time elapsed, elapsed,
was very lapsed,
        on the big balcony, together with random individuals, I was crying,
I could hardly bear it, or I couldn't bear it at all. Write down the date, fellow!

The hermit, on the other hand, dug himself a deep cave into myself
        (hahaha, rumbled the lion in ancient tongues)
in which nothing lands, nothing starts, nothing thinks. But everything, everything regrets.
        In which, now as then, nothing but regret rummages, in finite time.
Presence in the interiority terminal. Silted up.
        Acrid smell. Lion House. Said the lion.

        ///

Hummingbird. Hovers. Over the flowers, like standing still.
        More intimate flight in expanded air. To stand in it.
        Near motionless, calibrated, in custody of breath.

kremserfahrt in den shutdown

Kathrin Schmidt

1.–31. Oktober 2020: Stipendium in Krems/Niederösterreich, mit einem Roman in der Tasche. Ziel: Beendigung. Ergebnis: ad acta gelegt.

was du noch sagtest, *auf wiedersehen in bälde!*, deren farbe
ein rätsel, oder *machs gut, meine liebe!*, stopfte ich später
zwischen die weißen, rhetorischen schleifen, sah ihnen
beim flatternden fallen zu, beim zaudernden landen
in *public dustbins* infolge nur schwacher gravitativer wirkung
von welt. bestieg den flieger, vor-mundschaft im gesicht,
und wartete ab, im kopf schon das *sanctuary*,
mein danubisches *shelter*. in greifweite wiens, wo das risiko
drohte. schon infiziert mit geölten planpartikeln
von denken und arbeit, nahm ich nach ankunft die *camera*,
klösterlich klein, in temporären besitz.

frisch eingesiedelt, mit ausweis, geriet mir das blut
aus der ruh, rief die danubischen mücken zur nacht
in die klause und machte sie schwer. das risiko drohte weiter
herüber von wien, noch leise, während ich laut
zu singen begann zu ungewöhnlicher stunde
oder den wein der region am morgen schon trank
statt zur nacht. das glück der eremitage bestand nun
aus mir und zwei vierecken vor den kaum ermüdenden
augen. bildschirm. und fenster mit panorama vom jenseits
der donau. beide für stunden die einzigen aussichten,
bis ich zu weinen begann. immer zur gleichen zeit.

immer zur gleichen zeit zogs mich dann raus.
stricken im schatten. lesen am ufer der donau.
die moleküle des wassers, in flüssiger notgemeinschaft,
erweitern den strom, seine trägheit, um deutsche herkunft.
nicht sichtbar, dachte ich noch, den fuß schon im fluss,
als die spitzen spinozas, die ratio mache den menschen
so frei, im sinne gemeiner wesen zu handeln,
zwischen den fingern zerfielen, bis nur das rückgrat des buches
noch lebte. ich steckte es in die lederne tasche zurück,
planpartikel des denkens aufs virtuelle gerichtet,
das anders zerfällt als papier. nicht sichtbar, dachte es mich.

im fortgang der zeit wurden die planpartikel der arbeit
opfer fortgesetzter desinfektion. ich dachte sporadisch,
steckte ansonsten den kopf in den sand der erfordernisse:
museum mit maske, einspänner erst nach adresspreisgabe.
tagesparole: dem fluss seinen lauf lassen
im einst geschnittenen bett. (er dankte es mit dunkelgrüner
gewissheit.) gewohnte ordnungen mutierten
zu geordneten gewohnheiten. das aufeinandertreffen
zum ausweichen. der kirchengesang zur konserve. am abend
wusste ich nicht, wo ich war und in welcher epoche
die klause mir raum gab und nahm.

meine arbeit fraß sich nun auf in kleinen, in größeren stücken.
deleted person um person, die brandherde handelns
löschten sich auf dem bildschirm. zerfall simulierter fiktionen
wie vordem jener der wirklichen spitzen spinozas. in der eremitage
köchelte leise etwas wie gram, wie unmut. die last
der arbeit löste sich aus der cloud und ging auf mich über,
die ich, noch nie von gebrochenem knochen betroffen,
sie gar nicht zu schleppen vermochte. sie hing mir fortan
am bein. unrunder gang, der auffiel. ich schleifte, so schien mir,
auch den zerfall der ordnungen mit, die der arbeit
den rahmen einst zugeteilt hatten.

frisch ausgesiedelt, mit ausweis, nahm ich schließlich
den rückflug. nunmehr von einem ins anderlandgleiche
drohte, unfassbar, *the risk*. die weißen, rhetorischen schleifen
des bordpersonals sanken langsam herab, ich füllte
den bogen, amtlich verordnet, aus. er forderte
isolation innerhalb vierer wände, die sich im fall
meines hauses vervielfachen würden.
im taxi schmerzte die last am bein. du fingst mich
dann auf, als ich hinfallen wollte beim eintritt.
über die schwere verrottender sprache kein wort
im *shelter* der quarantänen.

a carriage ride to Krems during the shutdown

Kathrin Schmidt
translated by Bradley Schmidt

October 1–31, 2020: Fellowship in
Krems/Lower Austria, with a novel in the bag.
Goal: completion. Outcome: shelved.

what was that you'd said, *see you soon!*, their color
a riddle, or *take care, my dear!* i later stuffed
between the white, rhetorical ribbons, watched them
fluttering as they fell, when hesitating to land
in *public dustbins* the result of
only the world's weak gravitational effects.
boarded the plane, the guardian-ship in your face,
and waited, the *sanctuary* already in my head,
my danubian *shelter*. within reach of vienna, where the risk
threatened. already infected with oiled planar particles
of thinking and work, i took the *camera*, after arriving,
in temporary possession. it was monastically small.

freshly settled, with ID, my blood started pulsing,
the danubian mosquitoes signaled it was time for bed
in the hermitage and made the night uneasy. the risk continued
to threaten from vienna, still quietly, while I
began to sing loudly at an unusual hour
or drank the region's wine in the morning
instead of at night. the luck of the hermitage now consisted
of me and two squares in front of the eyes of the barely tired.
screen. and window with a panorama of beyond
the danube. both the only views for hours
until I started to cry. always at the same time.

always at the same time, it drew me out.
knitting in the shade. reading on the banks of the danube.
the molecules of water, in a liquid community of hardship,
expand the current, its sluggishness, to include german origins.
not visible, i still thought, my foot already in the river,
as spinoza's achievements – reason makes man
so free to act in the interests of cruel beings –
disintegrated between the fingers until only the spine of the book
still lived. i put it back in the leather bag
planar particles of thinking directed towards the virtual,
that disintegrates differently than paper. not visible, i thought.

in the course of time, the planar particles became the work
victim of continued disinfection. i thought sporadically,
otherwise put your head in the sand of requirements:
museum with mask, a coffee only after an address has been given.
slogan of the day: let the river run its course
in the bed that had long ago been carved.
(it showed its thanks with a dark green
certainty.) the familiar orders mutated
into orderly habits. the clash
to evade. the church hymn to canned food. in the evening
i didn't know where i was or in which era
the hermitage gave me space and took it

my work now ate itself up in small, in larger pieces.
deleted person by person, those fire starters
were extinguished from the screen. disintegration of simulated fictions
like that of spinoza's true achievements in the past. in the hermitage
something like grief, like discontent, simmered softly. the burden
of the work was detached from the cloud and passed onto me,
i who, never having suffered a broken bone,
could not lug it at all. from then on it hung on
my leg. an irregular walk that drew attention.
i was also dragging, it seemed to me,
the disintegration of the systems that once
granted the work its structure.

newly resettled, with ID, i finally accepted
the return flight. now from one country to another similar country
threatened, inconceivably, *the risk*. the white, rhetorical ribbons,
of the crew slowly descended, i filled
out the form required by law. it demanded
isolation within four walls, which in the case
of my house would multiply.
in the taxi the burden on my leg ached. you caught me,
when I actually wanted to fall upon entering.
not a word about the ponderous rotting language
in the *shelter* of the quarantines.

Die große Elchwanderung

Antje Rávik Strubel

In jenem Jahr, als wir nicht mehr ignorieren konnten, dass unser Dasein auf der Erde nicht grenzenlos und unerschöpflich ist, als der Himmel, frei von Flugzeugen, die Dimensionen seiner Stille offenbarte, als die Vögel deutlicher als je zuvor zu hören waren und mitten in der Großstadt die Luft, frisch und feinstaubfrei, nach Urlaub roch und das Tempo der Straßen und Gespräche sich verlangsamte, im Jahr des Zuhausebleibens, des Sichbeschränkens, eines sich verengenden und vertiefenden Bewegungsradius, der Rücksichtnahme und des Aufhörens, kamen die Tiere zurück.

Zuerst waren es Rehe, die mitten auf der Autobahn standen, im Mai, gegen Mitternacht, als die Abstände zwischen den Fahrzeugen so groß waren, dass die Fahrbahn immer wieder minutenlang verwaist dalag. Sie sprangen nicht eilig in die Böschung. Sie standen dort, als hielten sie diesen Streifen Beton in den havelländischen Wiesen nun wieder für ihr Revier, jedenfalls in diesen Minuten tief in der Nacht.

Dann liefen auf der anderen Seite der Welt Pinguine durch ihren eigenen Zoo, als wären sie die Besucher:innen; beim Betrachten ihrer Gefährt:innen hinter Glas und Zäunen in tiefes Nachdenken versunken. Und wenig später – seit Wochen gingen die Tage ereignislos ineinander über, der Ablauf der Abende war monoton geworden – stieß ich im schwedischen Fernsehen auf eine Prozession der Elche.

Zwischen April und Mai überqueren Elche auf ihrer Wanderung zu den saftigen Sommerwiesen im hohen Norden an immer derselben Stelle den Ångermanälven, einen gewaltigen Fluss im schwedischen Norrland. Vier Wochen lang öffnete sich nun, von zwanzig ferngesteuerten Kameras live übertragen, ein ungeheurer Raum, eine Ehrfurcht gebietende Weite. Eine Landschaft der Stille tat sich auf, die alle Stille übertraf, die ich an meinem Schreibtisch, im Refugium des Schreibens, noch in der tiefsten Versunkenheit je erlebt hatte. Die Stille war nicht eigentlich still. Sie war lebendig, durchzittert von Anwesenheit, vibrierend von Handlung und Ereignis, von gemeinsamem, geteiltem Tun. Menschen, die gemeinsam etwas tun, sind nie so still. Selbst im größten Schweigen herrscht Unruhe. Auch leise Bewegungen geschehen häufig laut.

Im Slow-TV, wie die schwedischen Fernsehmacher ihre in vierundzwanzigstündigen Abschnitten ausgestrahlten Episoden nennen, sind ohne Kommentar oder Musik nur die Geräusche der klaren Luft, das knisternde Fallen nassen Schnees, das Tauen des Flusses, das raschelnde Schwanken der Fichtenkronen, das Schlagen von Flügeln, das Strömen des Wassers zu hören, sind Füchse, Biber und Enten zu sehen, die hereinbrechende Nacht, das Heraufdämmern des Morgens, die hinter Birkenstämmen hervorbrechende Sonne und die zitternden Schatten, die die Elche an sonnigen Tagen auf die Flechten des Waldes werfen.

Der Wind rauscht in den Mikrofonen. Dann ein Eichelhäher. Fasane in der Ferne. So beginnt es.

Mit einem Knacken treten Rentiere aus dem Gebüsch. Im weißgrauen Winterfell springen sie über die aufgebrochenen dicken Eisschollen in den gerade aufgetauten Fluss. Sie haben es eilig. Paarweise schwimmen sie zuckelnd ans andere Ufer, wo, kaum sind sie dem Blick entschwunden, schimmernd dunkelbraun gefellt fünf große, schattenhafte Tiere im Abenddämmer erscheinen. Schnee hält das Eis dort noch besetzt. Umsichtig, nicht zaghaft, tritt ein Elch nach dem anderen ins Offene. Dann verharren sie, ruhig, in unregelmäßiger Reihung auf der weißen Fläche im Fluss, die geschwungenen Widerriste dunkel, die lang gestreckten Köpfe ohne Geweih, das erst im Frühjahr wieder wächst, auf beinahe zarten Hufen. Lange bleibt das Bild, während das tiefe Blau des Abends dunkler wird.

Die Elche eilen nicht. Einer streckt seine weiche Muffel ins dornige Gestrüpp einer schneefreien Insel, ein anderer, Nachzügler zwischen den Fichten, schält Rinde vom Baum; mehr ist in der verschneiten Weite an Essbarem nicht zu finden. Elche haben neun Mägen, in denen sie Gräser, Knospen, junge Triebe, Beeren und Blätter verdauen. Ihr Wiederkäuen klingt, als würde Holz auf Holz gerieben. Der Erste in der Reihe dreht sich schließlich um, wie prüfend, ob noch alle da sind, taucht einen Vorderlauf tastend in den Strom, dann staksen sie nacheinander ins brusttiefe Wasser. Zum Schwimmen ist die Stelle zu flach. Sie könnten schwimmen. Elche lieben die Kühle der Fluten. Sie können sogar tauchen, bis zu sechs Meter tief, weil die Nasenlöcher so beschaffen sind, dass sie wie Klappen unter Wasser einfach zugemacht werden können.

Von Nahem sind die Rosenstöcke an den Köpfen der Bullen auszumachen, braune Knochenauswüchse zwischen Augen und Ohren, aus denen im Laufe des Sommers die Geweihschaufeln wachsen. Wieder an Land, lagern die Elche mit nassem, struppigem Fell zum Ausruhen auf Moosen und Blaubeergestrüpp, da beginnt es zu schneien, der nasse Schnee des beginnenden Frühlings.

Ihr Kauen, ihr Liegen, selbst ihr Gehen ist von eleganter Ruhe. Manchmal stehen sie nur da, zwischen den Birken, neben ein paar Flecken Schnee, und schauen. Und nehmen Witterung auf, aber auch das fast ohne Regung, lautlos, mühelos. Elche sind halb blind, doch ihr Geruchssinn ist hochsensibel. Im Maul besitzen sie ein zusätzliches Geruchsorgan in Form zweier Vertiefungen im Gaumendach. Um es zu benutzen, ziehen sie die Oberlippe hoch. Sie schauen. Sachte drehen sich die runden Ohren hin und her, wie pelzbesetzte Antennenschüsseln. Die Körper stehen hoch aufgebockt auf schlanken Beinen. Das Fell ihrer Hinterläufe ist hell, noch grauweiß wie der Schnee, weshalb es aussieht, als würden sie Seidenstrümpfe in schwarzen engen Knöchelschuhen tragen, und so laufen sie auch; mit tänzerischer Leichtigkeit, in Ballettschritten beinahe, auch übers Eis. Nichts von jener Schwere, die ihnen oft nachgesagt wird, weil sie so groß sind – bis zu zwei Meter hoch und bis zu drei Meter lang können sie werden – oder weil sie so schattenhaft reglos und überraschend plötzlich mitten auf Fahrbahnen stehen, erschreckend für alle, die ihnen mit dem Auto begegnen. Laut schwedischer Statistik geschieht das fünftausend Mal im Jahr. Zwischen Fichten und Moosen, auf Felsen und Flechten in der Wildnis des Ångermanälven ist selbst ihr Traben noch Ausdruck leichtfüßiger Wendigkeit.

Vierundzwanzig Stunden am Tag ist es still bis auf den Wind, das leichte Rauschen der Bäume, das Rufen eines Auerhahns. Die Elche hört man nicht, nicht einmal das Knacken eines Astes, als sie sich im Dunst der schmalen Baumstämme verlieren. Kaum ein Geräusch kündet vom Kreuzen dieser Tiere.

Nur sehr langsam fand ich danach an meinen Schreibtisch zurück.

Und stellte fest: Ich war einem Trugschluss aufgesessen, und als ich mir die letzten Sequenzen noch einmal ansah, bemerkte ich, dass es in der Nähe eine Straße gab. Was ich für ein Auffrischen des Windes gehalten hatte, stellte sich als Brummen eines schweren Lkws heraus, der am oberen Ende des Bildausschnittes, der Sicht entzogen, aber jetzt deutlich hörbar, vorbeidonnerte.

Die Präsenz der Menschen ist nirgendwo mehr wegzudenken. Überall ist es laut. Auch ich war mit meinem Blick, der die Einmischung eines ganzen Filmteams, von Techniker:innen und Redakteur:innen, das Anbringen von Kabeln und technischem Gerät und die Erhöhung der Strahlung durch die ferngesteuerten Kameras erforderlich machte, in ihr Refugium eingedrungen, ohne dass die Elche die geringste Chance gehabt hätten, das zu verhindern. Die Kameras machten uns alle anwesend.

Immer mal wieder hatte mir einer der Elche direkt in die Augen geschaut, intensiv und lange. Die merkwürdige Vorrichtung in den Bäumen musste zu spüren oder zu wittern sein, feine Schallwellen, die dem untrüglichen Sensorium der Tiere nicht entgehen konnten, auch wenn die Kameras verborgen waren. So dumm waren sie nicht. Beinahe lächelnd drehten sie daraufhin die Ohren weg und zogen lautlos weiter.

Früher waren mir Tiere weitgehend gleichgültig. Ich hatte keinerlei Bezug zu ihnen. Und wenn es ein Interesse gab, wie ich es eine Zeit lang für Pferde aufbrachte, beruhte es auf Eigennutz und falschen Annahmen. Was Tiere betraf, war ich im Grunde so ahnungslos wie Plinius, der einige Jahre vor unserer Zeitrechnung behauptete, die Oberlippe von Elchen wäre so groß, dass sie rückwärts äsen müssten. Oder wie Schiller, der fest daran glaubte, dass sich unter dem Kinn des Elches ein Hautbeutel mit heißem Wasser befinde, mit dem er Angreifer bespritze, „ein Koller aus Elendshaut“, schrieb er im *Wallenstein*. Und Julius Cäsar war der Überzeugung, Elche hätten keine Kniegelenke und lehnten sich zum Schlafen an die Bäume, weil das für die Jagd sehr praktisch sei. Man müsse die Bäume nur absägen und könne die „Riesenziegen“ einsammeln, weil sie, umgefallen, in Ermangelung von Kniegelenken nicht mehr auf die Beine kämen.

Meine Annahmen mögen auch heute noch falsch sein. Aber ich bin sensibler geworden. Das Zusammenleben mit zwei Katzen hat mich respektvoller und zugeneigt gemacht, die Erfahrungen der Lockdowns rücksichtsvoller, die Wanderung der Elche ganz und gar verzaubert.

Seitdem geht mir eine Frage nicht mehr aus dem Kopf: Gibt es ein Refugium ohne Raub? Sich davonzustehlen, sich aus einer unangenehmen, überfüllten, lauten Lage wegzustehlen wie ich aus einer monoton werdenden, zudringlichen Pandemie, bedeutet, Zuflucht zu suchen an einem sicheren, geschützten Ort. Aber diese Orte sind immer schon die Orte anderer, die mein Eindringen ihres Ortes beraubt, sodass auch sie das Bedürfnis haben könnten, sich wegzustehlen. Nur wohin? Wo finden sie noch Schutz, wenn am oberen Bildausschnitt schon wieder eine Straße kreuzt? Und selbst wenn es im Norden noch genug Gelände gibt, genug Wasser, Wälder und Steppen, wie lange ist ihr Schutzraum dann noch kühl genug? Bei über fünf Grad im Winter und über 14 Grad im Sommer leiden Elche an Hitzestress. Mir fällt die Platzangst ein, die mich vor einigen Jahren während eines Aufenthaltes in Indonesien überkam. Die feuchte Hitze, die dort herrschte, verschlug mir den Atem. Ich konnte nicht flüchten, überall war es heiß und feucht, es gab keine Zuflucht, unmöglich, sich wegzustehlen, und vor Panik fing ich an, zu hyperventilieren. Die Luft selbst war es, die mir die Luft nahm. Der Luft war nicht zu entkommen. So, stelle ich mir vor, wird sich das anfühlen, wenn der Schutzraum Erde eines Tages unerträglich ist. Nicht nur für die Elche.

The Great Elk Migration

Antje Rávik Strubel
translated by Zaia Alexander

In that year, when we could no longer ignore that our existence on earth is not limitless and inexhaustible; when the sky, free of airplanes, revealed the dimensions of its silence; when the birds were heard more distinctly than ever, and in the big city, the air, fresh and free of fine dust, smelled of vacation, and the tempo of the streets and conversations slowed down; in that year of staying home, of confining oneself, of a narrowing and deepening radius of movement, of being more considerate and stopping everything, the animals came back.

At first, it was the deer standing in the middle of the highway, in May, around midnight, when the distance between the cars was so great that the road lay deserted for minutes at a time. The deer didn't hastily leap into the embankment. They simply stood there, as though they considered this strip of concrete in the Havelland meadows their territory once again, at least for those few minutes in the dead of night.

On the opposite end of the world, penguins strolled through their own zoo as though they were spectators lost in thought, while gazing at their companions behind glass and fences. And sometime thereafter—the days had blurred together uneventfully for weeks on end, the nightly routines had grown monotonous—I came across a procession of elk on Swedish television.

Between April and May, on their migration to the lush summer meadows in the far north, the elk always cross at the same spot on the Ångermanälven, a mighty river in the Swedish Norrland. Four weeks long, an immense space now opened, an awe-inspiring vastness broadcast live by twenty remote-controlled cameras. A landscape of silence loomed that surpassed all the silence I had ever experienced at my desk in the refugium of writing, even when I was deeply lost in thought. The silence was not actually silent. It was alive, trembling with presence, vibrating with action and event from a common shared activity. When humans do things together, they are never so silent. Even in the greatest silence, there is agitation. Often quiet movements are loud.

In Slow TV, as the Swedish TV producers call their series of twenty-four-hour segments, there is no commentary or music, just the sounds of the clear air, the hiss of falling wet snow, the thawing of the river, the rustling of the swaying spruce crowns, the beating of wings, the flowing of water, the sight of foxes, beavers and ducks, the falling of night, the dawning of morning, the sun breaking out from behind birch trunks, and the trembling shadows cast by elk on the lichens of the forest on sunny days.

The wind roars in the microphones, then a jay. Pheasants in the distance. That's how it begins.

A crack and reindeer step out from the shrubs. In white-gray winter fur, they leap across chunks of broken ice floes into the thawing river. They are in a hurry. Swimming in pairs they lurch onto the opposite bank, where, barely having vanished from view, the shimmering dark brown fur of five great, animal silhouettes appear in the evening twilight. Snow preserves the ice there. Warily, not timidly, one elk after the other steps into the open. They pause, calmly, in uneven rows on the white surface of the river, their bowed withers are dark, the heads are stretched long, absent of antlers that grow back in the spring, balancing on scarcely delicate hooves. The image is held for a long while, as the deep blue of the evening grows darker.

The elk are not in a hurry. One stretches its soft muzzle into the thorny briar of a snowless island, another, a straggler among the spruces, is peeling bark from the tree; there is nothing more edible to be found in the snowy expanse. Elk have nine stomachs for digesting grasses, buds, young shoots, berries and leaves. When they chew their cud, it sounds like wood rubbing against wood. The first in line finally turns around, as if checking to see if everybody is still there, tentatively dips a foreleg into the stream and then, one by one, they teeter into the chest-deep water. The spot is too shallow for swimming. They could swim. Elk love the coolness of the floodwaters. They can even dive under water, up to 20 feet deep, because their nostrils are formed in such a way that they are able to close them like flaps.

From close range, you can see the pedicles on the bulls' heads, brown knobs of bone between the eyes and ears from where the antlers grow as summer progresses. Back on land, the elk gather together with their wet, shaggy fur to rest on the moss and blueberry bushes, as it begins to snow; the wet snow of the incipient spring.

How they chew, how they lay, even how they walk is of elegant calmness. Sometimes they just stand between the birch trees, next to a few patches of snow and look straight ahead. And pick up scent, but even that they do without the slightest stir, soundlessly, effortlessly. Elk are partially blind, but their sense of smell is highly sensitive. In their muzzle, they have an additional olfactory organ formed by two recesses in the roof of their mouth. They raise their upper lip to use it. They look ahead. Gently, the round ears shift back and forth like fur-trimmed antenna dishes. Their bodies stand tall, propped on slender legs. The fur on their hind legs is light, grayish-white like the snow, which is why it appears as if they are wearing silk stockings under black fitted ankle boots, and that's just how they walk; with the gracefulness of a dancer, nearly like ballet steps over ice. There is nothing of the heaviness that often is attributed them because of their size – they can grow to seven feet tall and ten feet long – or because they stand inert, like silhouettes, and then surprisingly, suddenly appear in the middle of the road, a terrifying experience for anybody driving a car that meets them head-on. According to Swedish statistics, that occurs five thousand times a year. Between spruces and moss, on rocks and lichen in the wilderness of Ångermanälven, even the way they trot is a vision of light-footed nimbleness.

Twenty-four hours a day it is silent except for the wind, the light rustling of the trees, the call of the wood cock. The elk are not heard, not even the snap of a branch as they lose themselves in the haze of the slender tree trunks. Hardly a sound announces the crossing of these animals.
Only very slowly did I later find my way back to my desk. And realized: I had fallen victim to a fallacy, for when I looked at the final sequences again, I noticed there was a road nearby. What I had taken for a freshening of the wind, turned out to be the hum of a heavy truck thundering past at the top of the frame, hidden from view, but now clearly audible.
A place absent of humans is unimaginable. It's noisy everywhere. Even I had invaded their refugium with my gaze that required the interference of an entire film crew, technicians and editors, the connecting of cables and technical equipment, and the increase of radiation from the remote cameras, without the elk having the slightest chance to prevent it. The cameras made us all present. Every now and then one of the elks had looked me directly in the eye, intensely and for a long while. The strange device in the trees had to have been felt or sensed, subtle sound waves that could not escape the animals' unerring sensorium, even if the cameras were hidden. They weren't that stupid. Almost with a smile, they turned their ears away and silently moved on.
In the past, I felt indifferently towards animals. I had no relationship to them whatsoever. And if I was interested, as I had managed with horses for a while, it was based on self-interest and false assumptions. As far as animals were concerned, I was basically as clueless as Pliny, who centuries before our own era had claimed that the upper lip of an elk was so large that they needed to eat backwards. Or like Schiller, who firmly believed that under the elk's chin there was a pouch of skin filled with hot water that it used to spray attackers, "a tantrum of misery skin," he wrote in *Wallenstein*. And Julius Caesar was convinced that elk had no knee joints and leaned against the trees to sleep because it was very convenient for hunting. All you had to do was cut down the trees and then collect the "giant goats" because, having fallen over, they would no longer be able to get back on their feet for lack of knee joints.

My assumptions may still be wrong today. But I have grown more sensitive. Living with two cats has made me more respectful and affectionate, the experience of lockdowns more considerate, the migration of elk thoroughly enchanted.
Since then, I can't get one question out of my mind: is there a refugium without robbery? To steal away, to steal away from an unpleasant, crowded, noisy situation as I had from a monotonous, intrusive pandemic, means to seek refuge in a safe, protected place. But these places are always the places of others, which have been robbed by my having intruded into them, so that, in turn, they may feel the need to steal away. Only where to? Where can they still find shelter when at the top of the picture there is yet another road-crossing? And even if there were still enough terrain in the north, enough water, forests and steppes, how long will their shelter be cool enough? At above five degrees in winter and above 14 degrees in summer, elk suffer from heat stress.
I'm reminded of the claustrophobia that overcame me during a stay in Indonesia a few years ago. The humid heat took my breath away. I could not escape, everywhere was hot and humid, there was no refuge, impossible to steal away, and I began to hyperventilate out of sheer panic. It was the air itself that took my air away. There was no escaping the air. This, I imagine, is what it will feel like when the shelter of Earth grows unbearable one day. Not just for the elk.

Ohne Gitter

Yoko Tawada

1. Auszeit von Menschheit

Tausendfach Oberflächen gibt es als Option
Zum Menschsein:
Willst du Kain, Kokain oder Coco sein?
So verräterisch, so berauschend, so erfolgreich!

Kein Mensch zu sein
Fällt mir ein als eine heimliche Wahl
Oder ist es unverschämt surreal
In einem aufgeklärten Land?

Heimweh ist ein Weg zurück in die Materie
In die Stummheit eines Bleistiftes.
Frei von Stolz und Verletzbarkeit will ich da-
stehen wie eine schlichte Straßenlaterne.

Ich kauere in einem ungesehenen Kräutergarten.
Die Krallen wachsen in der Dunkelheit.
Aus den schnabelharten Lippen
Spucke ich illegale Vokale aus.

Zwischen der Nonnenzelle und dem Podest
Öffnet sich eine Zeithöhle der Schamanen.
Bis die Bewährungsfrist abläuft, reime ich
Kardinal auf marginal.

Niemand rüttelt an meiner Tür. Eine ungewollte
Privatsphäre. Verunsichert kocht man das Ei zu hart.
Das archaische Küken trocknet aus im Innenraum.
Die ewige Sperrstunde jenseits der Moderne.

Barfuß im Schnee betrete ich einen Supermarkt.
Den Einkaufswagen verweigern und an der Kasse
Einen Haufen Kleingeld zeigen. Die Mikroben
Sind im Pfennigkraut zu Hause.

Als ich am Hafen ankam und mich auszog
Sagte man mir, meine Karies sei altmodisch.
Ich solle ein Mensch werden und den Arbeitgeber
Anklagen, der mich nicht als Menschen behandele.

Mit farbigen Kissen und prächtigen Plakaten
Schmückte ich einen Raum, der mir zustand.
Das Verb wohnen kannte ich noch nicht.
Nur das leben, kleingeschrieben.

Leben kann ein Vogel besser als ich.
Im Schwarm der Metamorphosen werde ich stets
Ausgegrenzt, wo es kein Außen gibt. Mein Name
Wird immer länger: Einsiedler-Grünkleidervogel.

Menschwerden mithilfe von Geräten:
Einem Funkwecker, einem Fernsprecher
Und einem Ich, das infiziert vom Zittern der anderen
Nur noch abonnierte Wörter spricht.

Im Fernsehapparat sitzen sieben Bürger im Kreis.
Ein Kopfschütteln über uns ohne uns.
Aus der Klimaanlage ein staubiges Husten.
Umzugsfirmen füttern täglich meinen Briefkasten.

Die eigenen vier Wände blättern unbemerkt ab.
Bin umgeben von Zetteln, die mir die Toten zustellen.
Die Flut, das Blut, die Morgenröte.
Ein kräftiger Flügelschlag von Eos.

2. Meldepflicht

Das Land, das aus zwei Kriegen als Sieger schlüpfte
Wollte ein moderner Staat werden
Mit dem Gesetz, das die Leprakranken zwang
Von der Bühne der Menschheit abzutreten.

In der Peripherie jedoch nicht auf einer Insel
Wurde die Heilanstalt gebaut und bewacht.
Der Polizeipräsident übernahm die Chefvisite.
Die Zedern wachsen wie Gitter im Kopf.

Tamio Hôjô, geschrieben in den Dreißigern
Als sich die Kommunisten ihre Knie brachen
Und die Militärstiefel den Nachbarländern drohten.
Tamio, ein kleiner Literat, ein Frauenheld.

Der Würfel blieb nicht in der Luft. Der böse
Erreger traf den jungen Mann, nistete sich in ihm ein.
Ein Fall, nach dem Zufallsprinzip ausgewählt
Aussortiert. Die Lepra, damals noch rai genannt.

Tamio stand auf einem Kliff mit einem Freund, auch
erkrankt.
In der Anstalt überleben oder in den Abgrund stürzen?
Der Freund warf das eigene Gehirn ins schroffe Tal.
Tamios Füße blieben auf der Seite der Sprache.

Blasse Flammen flackerten klein in einem düsteren
Krankensaal. Nicht freiwillig, dennoch würdig genug
Haben sie ihre Menschenhaut abgelegt.
Nur noch als ein Stück Leben atmen sie weiter und
leuchten.

War ihr Leben ein Überrest der Sterne? Unmenschlich
Wie Phosphor, menschlich wie ein Buch.
Lichttragend ohne Namen und Geschlecht
Behielten sie den Leib als ihren letzten Zeitraum.

Der Name Tamio wurde aus dem Stammbaum gelöscht.
Gefiltert und geputzt durch die Krankheit, freigesprochen
Von Erwartung und Hoffnung, wurde er zum Verb leben.
Tamio nahm ein zweites Verb in die Hand: schreiben.

Niemand dort beendete sein Leben mit einem Nagel
Der in die Fußsohle stach und aus dem Fußrücken trat:
Schmerzlos. Zerfressen war das menschliche Netz der
Nerven.
Die Namen des Fleisches wurden vergessen, nicht
heiliggesprochen.

Keine Isolation geschah freiwillig. Tamio, der unheilbar
Gefangene.
Ohne Glaube vollzog er ein Leben in Klausur.
Im dichten Nebel feilte er seine Sätze, die zu uns
Sprechen in einer verlorenen Zukunft.

3. Der Heilige und der Löwe

Was macht ein Eremit in seinem Homeoffice?
Er lernt die Sprache der Juden und übersetzt die Bibel
Ein hybrides Buch über Wüstenbewohner
In die Sprache der EU, der Europäischen Unterwelt.

Wer das Unbewusste annimmt und die U-Bahn fährt, kennt
Keine Angst. Über die Finsternis unter den Fußsohlen
Berichtet die Presse unbeschönigt. Kein Journalist
Wird deswegen verhaftet. Die Regierung lächelt stets
jovial.

Mir wurden Reklamebilder genommen. Wie kann ich
Meinen Blick abschweifen lassen? Zwischen den Waren
schwimmen?
Tröstlich dünn war mein Leben als Passantin
Als die Läden noch ihre Mäuler öffneten.

Heute blicke ich in die eigene Höhle. Keine Seele flackert
dort
Aber eine Kammer hinter dem Augapfel, aus der höre ich
Den Atem einer Raubkatze und anderer lieber Geschöpfe.
Es ist ein Museum, wo die Tiere zu Hause sind.

Kranachs Kardinal verbindet die verletzte Löwenpfote.
Der König der Mammalia lässt sich pflegen ohne
Widerstand.
Wie ähnlich sind die rechten Arme bei den genetischen
Brüdern
Dem Heiligen Hieronymus und dem Löwen!

Begehrst du zu wissen, was ein Mensch in seinem Kern ist
Wische alle Farben von Leib und Raum! Betrachte die
Misere
Als unvollendete. Diese sei nicht die letzte
Abgeschiedenheit, sagt Leonardo da Vinci.

Aus den zugemauerten Museen fließen die Bilder hinein
In den leeren Schädel hinter meinen Kontaktlinsen.
Der Vollbart des alten Kardinals schmeckt nach Zuckerwatte.
In der eleganten Tracht altert das heilige Gesicht bei Rubens.

Der lederartige Arm ähnelt dem Profil des alten Buches
Das einen Schädel auf dem Tisch vom Kopf des Heiligen trennt.
Noch halten die knolligen Finger einen Stift fest. Rechts brennt
Die Tracht rot, links liegt das eisig weiße Totentuch bei Caravaggio.

Eine Jugend aus Muskeln. Die Fußsohle noch feucht vom Rennen.
Hinter den verführerischen Beinen wie eine Maske ein Löwe.
Tintoretto lässt die Haut durchbluten, die Tracht verbleichen.
Die Flügel einer Putte auf dem Schoß gefangen zum Küssen.

Der lange Korridor menschenleer. Bilder an der Wand
Sammele ich nachtwandelnd. Was dort hängt, muss nicht
Dort eingehen. Aus meinem schrumpfenden Revier
Dehne ich meine Glieder in Richtung magische Übersetzung.

Without Bars

Yoko Tawada
translated by Susan Bernofsky

1. Timeout from Humanity

There are thousands of possible interfaces to choose from
To be a human being:
Do you want to be Cain, cocaine, or Coco?
So treacherous, so intoxicating, so successful!

Not to be human at all—
This, it occurs to me, might be a secret choice
Or is that unacceptably surreal
In an enlightened country?

Homesickness is a path leading back to matter
To the muteness of a pencil.
Free from pride and vulnerability, I want to stand here
like a simple streetlamp.

I crouch in an unseen herb garden.
My claws grow in the darkness.
From my beak-hard lips
I spit illegal vowels.

Between the nunnery cell and the podium
a shamanic time-cave opens up.
Before my probation is over, I will rhyme
cardinal with marginal.

No one bangs on my door. Involuntary
privacy zone. Unnerved, you boil the egg too hard.
The archaic chick dries out in its interior.
Closing time for all eternity, beyond modernism.

Barefoot in the snow I go into a supermarket.
Reject the shopping cart, show up at the register
With a pile of loose change. Microbes
Make their home in the moneywort.

When I arrived at the harbor and undressed,
They told me having cavities was old-fashioned.
They told me to become human and sue my employer
for not treating me like a human being.

I used colorful pillows and fancy posters
to decorate a room that pertained to me.
I didn't yet know the word "residence."
I only knew the verb "to live."

A bird can live better than me.
In the flock of metamorphoses I am always
Excluded where no outside exists. My name
Keeps getting longer: Green Solitaire Honeycreeper.

Becoming human with the help of devices:
A radio clock, a telephone
And a self, infected by the trembling of other people,
That only speaks words offered by subscription.

Behind the television screen, seven citizens sit in a circle.
A headshaking about us without us.
The air conditioner emits a dusty cough.
Moving van companies feed my mailbox daily.

My own four walls are imperceptibly peeling.
I'm surrounded by the little notes the dead deliver to me.
The flood, the blood, the morning sky.
The powerful wingbeat of Eos.

2. Residence Registration Requirement

The country that emerged victorious from two wars
tried to become a modern state
with a law that forced people with leprosy
to withdraw from the theater of human existence

On the outskirts, though not on an island
the sanatorium was built and patrolled.
The police chief rounded like a doctor.
The cedars grow like prison bars inside a head.

Tamio Hôjô, written in the thirties,
back when Communists had broken knees
and military boots threatened neighboring countries.
Tamio, a minor man of letters, a ladies' man.

The dice didn't keep spinning in mid-air. The evil
pathogen struck the young man, nesting within him.
A case selected according to chance
and weeded out. Leprosy, at the time known as rai.

Tamio stood on top of a cliff with a friend, also ill.
Survive in a sanatorium or leap into the abyss?
The friend hurled his own brain into the rocky valley.
Tamio's feet remained on the side of language.

Tiny pale flames flickering in a dark infirmary.
With dignity, though against their will, they cast off
Their human skin and now gleam and breathe
As mere fragments of life

Were their lives a remnant of stars? Inhuman
As phosphorus, human as a book.
Light sources without a name, without gender
They kept their bodies, their final phase.

The name Tamio was erased from the family tree.
Filtered and swabbed clean by illness, acquitted
Of expectation and hope, he became a verb: to live.
Tamio's fingers grasped a second verb: to write.

No one in that place ended his life with a nail
thrust into the sole of the foot, protruding up above:
Painless. The human network of nerves had ended.
The names of the flesh were forgotten, not declared
sacred.

No isolation came about willingly. Tamio, incurable
prisoner.
Without belief, he spent his life cloistered.
Amid thick fog he polished his sentences, which speak
to us
in a lost future.

3. The Saint and the Lion

What does a hermit do in his home office?
He studies the language of the Jews and translates the
Bible
(a hybrid book about desert-dwellers)
into the language of the EU, the European Underworld.

He who embraces the unconscious and rides the
subway knows
No fear. The press reports on the darkness beneath our
feet
without sugarcoating. No journalist is arrested
for doing so. The government's smile remains jovial.

They took advertisements away from me. How can I
let my eyes drift off and swim among the products?
My life as a passer-by was consolingly thin
Back when the stores still opened their mouths.

Today I gaze deep into my own cave. No soul flickers there,
just a chamber behind the eyeball from which I can hear
the breath of a beast of prey and other sweet creatures.
It's a museum where animals make their homes.

Cranach's cardinal bandages the wounded lion's paw.
The king of the mammals submits to treatment without a
fuss.
How similar are the right arms of these two genetic
brothers,
Saint Jerome and the lion!

If you wish to know the true essence of a human being,
wipe away all the colors from body and space! Regard
the misery
as incomplete. This will not be the final
isolation, says Leonardo da Vinci.

From the walled-up museums, pictures flow
into the empty skull behind my contact lenses.
The old cardinal's full beard tastes of cotton candy.
In its elegant costume, the holy face ages in a Rubens.

The leathery arm resembles the profile of the old book
that separates a skull on the table from the head of the
saint.
The gnarled fingers are still holding a pen. On the right
the costume is fiery red; on the left lies the icy-white
shroud in a Caravaggio.

Youth consists of muscles. The foot soles still damp
from the race.
Behind the seductive legs, a lion peers out like a mask.
Tintoretto makes the skin rosy with health, the costume
pale.
The wings of a cherub held captive on a lap for kissing.

The long corridor empty of people. Sleepwalking, I collect
Pictures on the wall. What hangs here need not
Perish there. Patrolling my shrinking beat,
I stretch my limbs in the direction of magical translation.

2 Samuel 22:3

Senthuran Varatharajah

Wohin mit dem Weg, der so weit zurückliegt, bis ich wieder vor ihm stehe? Wohin mit meinen Füßen? Wohin mit den Fluchtpunkten im euklidischen Raum? Wohin mit den Nägeln, die zwischen meine Zähne passen? Wohin mit dem verbrannten Papier? Wohin mit den Fotos, die ich nicht verstehe? Wohin mit den Streifen auf dem alten Röhrenfernseher? Wohin mit meinen Fingern, meinen nutzlosen Fingern? Wohin mit dem *Mein Gott, mein Gott*? Wohin mit den Büchern, die ich nur einmal gelesen habe? Wohin mit meinem Körper? Wohin mit den VHS-Kassetten, die mein Vater beschriftet hat? Wohin mit meinen Eltern, wenn sie nicht mehr zurückkönnen? Wohin mit ihrer Heimat? Wohin mit dem Tee, den ich niemandem anbieten kann? Wohin mit den Steinen, die ersetzt wurden? Wohin mit den Einschusslöchern in der Schlafzimmerwand? Wohin mit den Tabletten, die ich jeden Tag vergesse? Wohin mit den Schutzbunkern, wenn keine Bomben fallen? Wohin mit der Spucke auf meinem Gesicht? Wohin mit meinem Ausweis? Wohin mit der Duldung, der Abschiebung, der Staatsbürgerschaft? Wohin mit den ganzen Dokumenten? Wohin mit Deinem Evangelium? Wohin mit dem Testament? Wohin mit den Kilometern? Wohin mit meinen Füßen, die ich nicht abschneiden kann? Wohin mit Deinem Bund? Wohin mit den ganzen Versprechen? Wohin mit meinen Händen, wenn ich sie nicht mehr brauchen werde? Wohin mit den Wimpern, die ich in 36 Jahren verloren habe? Wohin mit den blühenden Landschaften? Wohin mit der Zukunft, an die ich mich nicht erinnern kann? Wohin mit den Asylbewerbern, wenn nicht zu uns? Wohin mit Gott, wenn niemand zu uns sprechen wird? Wohin mit meiner Zunge, wenn nicht zu Dir? Wohin mit den ganzen Stimmen? Wohin mit meinem Glauben, den ich nicht verstehe? Wohin mit ihm, wenn alles gegen ihn spricht? Wohin mit den Versen, die ich auswendig lernte, damit Gottes Sprache meine Sprache werden kann? Wohin mit dem Heiligen Geist? Wohin mit den Kippen, die ich zu schnell rauche? Wohin mit der Zeit, die ein Körper braucht, um auf der tiefsten Stelle des Mittelmeeres anzukommen? Wohin mit den 5267 Metern? Wohin mit meinem Mund? Wohin mit dieser Trauer? Wohin mit Ferhat Unvar, Mercedes Kierpacz, Sedat Gürbüz, Gökhan Gültekin, Hamza Kurtović, Kaloyan Velkov, Vili Viorel Păun, Said Nesar Hashemi, Fatih Saraçoğlu? Wohin mit ihnen, wenn nicht zu uns? Wohin mit diesen ganzen Namen? Wohin mit Deinem Willen, der geschehe, wie im Himmel so auf Erden? Wohin mit der ganzen Herrlichkeit? Wohin mit dem Verfassungsschutz? Wohin mit unserer Trauer? Wohin, wenn ich nicht irgendwohin gehen kann? Wohin mit meinem Rücken? Wohin mit meinen Knien, auf denen ich zu Dir gebetet habe? Wohin mit dem ganzen verbrannten Papier? Wohin mit den Steinen? Wohin mit meinen falsch verzahnten Fingern? Wohin mit den 36 Jahren später? Wohin mit meinen Füßen, wenn ich sie nicht abschneiden kann? Wohin mit dem Haus meiner Großeltern, das ich nur einmal gesehen habe? Wohin mit der Stadt, in der ich geboren wurde? Wohin mit den Sprachen, die ich nicht mehr spreche? Wohin mit den Empfindungen, wenn nicht zu Dir? Wohin mit den anderen, die an unserer Stelle gestorben sind? Wohin mit den Kugeln? Wohin mit den Dingen, die ich Dir noch sagen wollte? Wohin hast Du uns geschickt? Wohin mit den Karten? Wohin mit den Schiffen, die ihnen folgten? Wohin mit den Tempeln, die ins Wasser geworfen wurden? Wohin mit den Kirchen, die auf den Trümmern gebaut worden waren? Wohin mit dem Atlas meines älteren Bruders, den ich vor dem Schlafengehen studierte, als wollten wir zurück? Wohin mit den Breitengraden, dem Äquator? Wohin mit den Minuten und Sekunden? Wohin mit den Zeugen? Wohin mit meinen ausgeschlagenen Zähnen? Wohin mit den Haaren, die ich verliere? Wohin mit meinen Abschlüssen, wenn ich immer nur ein Ausländer bleibe? Wohin mit den ganzen verschwendeten Stunden? Wohin mit meinem Hegel und Eurem Kant? Wohin mit Ammas Thirukkural? Wohin mit den Symphonien? Wohin mit meinen Eltern, die vor meinen Augen verfallen? Wohin mit ihrer Angst vor den Molotowcocktails? Wohin mit dem Licht, das sie nachts anlassen? Wohin mit meinen Gedichten? Wohin mit dem Präteritum, als hätte ich irgendetwas überlebt? Wohin mit meinen Fragen? Wohin mit den Zeitungen? Wohin mit Deinem Wort? Wohin mit den ganzen Versprechen, die ich zu früh gab? Wohin mit den Sprachen? Wohin mit dem Blut, dem Blut, dem Blut des neuen Testaments, welches vergossen wird für viele zur Vergebung der Sünden? Wohin mit meinen Fragen, auf die Du mir keine Antwort gibst? Wohin mit der Grammatik? Wohin mit dem Krieg, der in Ammas und Appas Körpern noch andauert, elf Jahre, elf Jahre nach seinem Ende und 36 Jahre nach unserer Flucht? Wohin mit der Semantik? Wohin mit den Namen und Gesichtern auf dem verwitterten Papier? Wohin mit meinem *Es tut mir leid, es tut mir so leid*? Wohin mit Deiner Gnade? Wohin mit meiner Geduld? Wohin mit Deinen Propheten, Deinen Aposteln, der Schrift, die Deinen Namen verkündet? Wohin mit Deinem Messias, auf den ich so lange gewartet habe, bis ich weiter auf ihn warte? Wohin mit meinem Glauben? Wohin mit Deinen Versen? Wohin mit Deiner Heiligkeit? Wohin mit meinem Gott? Wohin mit Deinem *Eli, Eli, lema sabachtani*? Wohin mit dem Kreuz? Wohin mit dieser Monstranz? Wohin mit dem Wasser, das ich noch tragen kann? Wohin mit den Küsten? Wohin mit den Rettungswesten, diesem ganzen Orange? Wohin mit den Stränden, den Körpern, wohin mit dem Meer? Wohin mit unseren Tränen? Wohin mit den Kirchen, wenn es keine Zuflucht gibt? Wohin mit Deinen letzten Tagen, dem jüngsten Gericht? Wohin mit den Notizen, den Anmerkungen auf den Rändern meiner Bücher, die ich nicht mehr lesen werde? Wohin mit meiner Schrift? Wohin mit diesen Gattungen? Wohin mit der Prosa, wenn alle Texte uns verleugnen? Wohin mit dem nutzlosen Papier? Wohin mit dem Wasser, das kalt geworden ist? Wohin mit der Erde, die Erde bleibt? Wohin mit dem *Asche zu Asche*, dem *Staub zu Staub*? Wohin mit Deiner Rettung? Wohin mit Deinen Ankündigungen, die wir mit Versprechen verwechselten? Wohin mit meinen Füßen, die mich zu lange getragen haben? Wohin mit meinem Schild, meiner Stärke, meinem Heil? Wohin mit meiner Festung? Wohin mit diesen Behauptungen? Wohin mit dem *zu ihm kann ich fliehen, er rettet mich aus der Gewalt*? Wohin mit der Interlinearübersetzung? Wohin mit den ganzen Linien, die nichts verbinden? Wohin mit den Fluchtpunkten im euklidischen Raum? Wohin mit der Geometrie? Wohin mit den Kontinenten, dieser Masse an durchgestrichenem Land? Wohin mit unseren Briefen? Wohin mit den Umschlägen, die uns zu spät erreichen? Wohin mit der Spucke, mit der wir sie frankieren? Wohin mit meinen Händen? Wohin mit der Syntax? Wohin mit diesem Körper? Wohin mit meinem Mund? Wohin mit meiner Sprache, die ich von Dir erhalten habe? Wohin mit dieser Einsamkeit? Wohin mit meiner Frage, meinen Fragen, wenn nicht zu Dir?

2 Samuel 22:3

Senthuran Varatharajah
translated by Manuela Thurner

What about the path that is so far behind me, until I stand in front of it again? What about my feet? What about the vanishing points in Euclidean space? What about the nails that fit between my teeth? What about the burned paper? What about the photos that I do not understand? What about the streaks on the old tube television? What about my fingers, my useless fingers? What about *My God, my God*? What about the books I read only once? What about my body? What about the videotapes labeled by my father? What about my parents if they cannot go back? What about their home? What about the tea I cannot offer to anybody? What about the stones that have been replaced? What about the bullet holes in the bedroom wall? What about the pills I forget to take every day? What about the protective bunkers when no bombs are falling? What about the spit on my face? What about my identity card? What about the *Duldung*, the deportation, the citizenship? What about all the documents? What about Your gospel? What about the Testament? What about the kilometers? What about my feet that I cannot cut off? What about Your covenant? What about all the promises? What about my hands once I will no longer need them? What about the lashes I lost over the last 36 years? What about the blooming landscapes? What about the future I cannot remember? Where to send the asylum seekers if not to us? What about God if nobody will speak to us? Where to surrender my tongue if not to You? What about all these voices? What about my faith, which I don't understand? What about my faith if everything argues against it? What about the verses I learned by heart so that God's language can become my language? What about the Holy Spirit? What about the cigarettes I smoke too quickly? What about the time a body needs to reach the deepest spot in the Mediterranean? What about the 5,267 meters? What about my mouth? What about this grief? What about Ferhat Unvar, Mercedes Kierpacz, Sedat Gürbüz, Gökhan Gültekin, Hamza Kurtović, Kaloyan Velkov, Vili Viorel Păun, Said Nesar Hashemi, Fatih Saraçoğlu? Where to send them if not to us? What about all these names? What about Your will that will be done, as in heaven so on earth? What about all the glory? What about the intelligence service? What about our grief? What if I cannot go anywhere? What about my back? What about my knees on which I prayed to You? What about all the burned paper? What about the stones? What about my wrongly interlaced fingers? What about the 36 years later on? What about my feet if I cannot cut them off? What about the house of my grandparents that I have seen only once? What about the city where I was born? What about the languages I no longer speak? Where to surrender the sentiments if not to You? What about those that have died in our place? What about the bullets? What about the things I still wanted to tell You? Where did You send us? What about the maps? What about the ships that relied on them? What about the temples that have been cast into the water? What about the churches that had been built on the ruins? What about my older brother's atlas, which I studied before going to bed as though we wanted to go back? What about the latitudes, the equator? What about the minutes and seconds? What about the witnesses? What about my knocked-out teeth? What about the hair I lose? What about my degrees if I stay a foreigner forever? What about all the wasted hours? What about my Hegel and your Kant? What about Amma's *Tirukkural*? What about the symphonies? What about my parents who I watch decline before my very eyes? What about their fear of Molotov cocktails? What about the light they leave on at night? What about my poems? What about the past tense as though I had survived anything? What about my questions? What about the newspapers? What about Your word? What about all the promises I made too early? What about the languages? What about the blood, the blood, the blood of the New Testament, which is shed for many for the remission of sins? What about my questions to which You give no answers? What about grammar? What about the war that continues in Amma's and Appa's bodies, eleven years, eleven years after its end and 36 years after our flight? What about semantics? What about the names and faces on the weathered paper? What about my *I am sorry, I am so sorry*? What about Your grace? What about my patience? What about Your prophets, Your apostles, the scripture that declares Your name? What about Your Messiah for whom I have waited so long, until I continue to wait for him? What about my faith? What about Your verses? What about Your holiness? What about my god? What about *Your Eli, Eli, lema sabachtani*? What about the cross? What about this monstrance? What about the water I am still able to carry? What about the shores? What about the safety vests, all this orange? What about the beaches, the bodies, what about the sea? What about our tears? What about the churches if there is no refuge? What about Your last days, the Last Judgment? What about the notes, the comments in the margins of my books that I will not read anymore? What about my handwriting? What about these genres? What about prose if all texts betray us? What about the useless paper? What about the water that has turned cold? What about the earth that remains earth? What about *ashes to ashes, dust to dust*? What about Your deliverance? What about Your pronouncements that we mistook for promises? What about my feet that have carried me too long? What about my shield, my strength, my salvation? What about my fortress? What about these claims? What about *he is my refuge, thou savest me from violence*? What about interlinear translation? What about all the lines that fail to connect anything? What about the vanishing points in Euclidean space? What about geometry? What about the continents, this mass of crossed-out land? What about our letters? What about the envelopes that reach us too late? What about the spit we use to put stamps on them? What about my hands? What about syntax? What about this body? What about my mouth? What about my language that I have received from You? What about this loneliness? Where to send my question, my questions, if not to You?

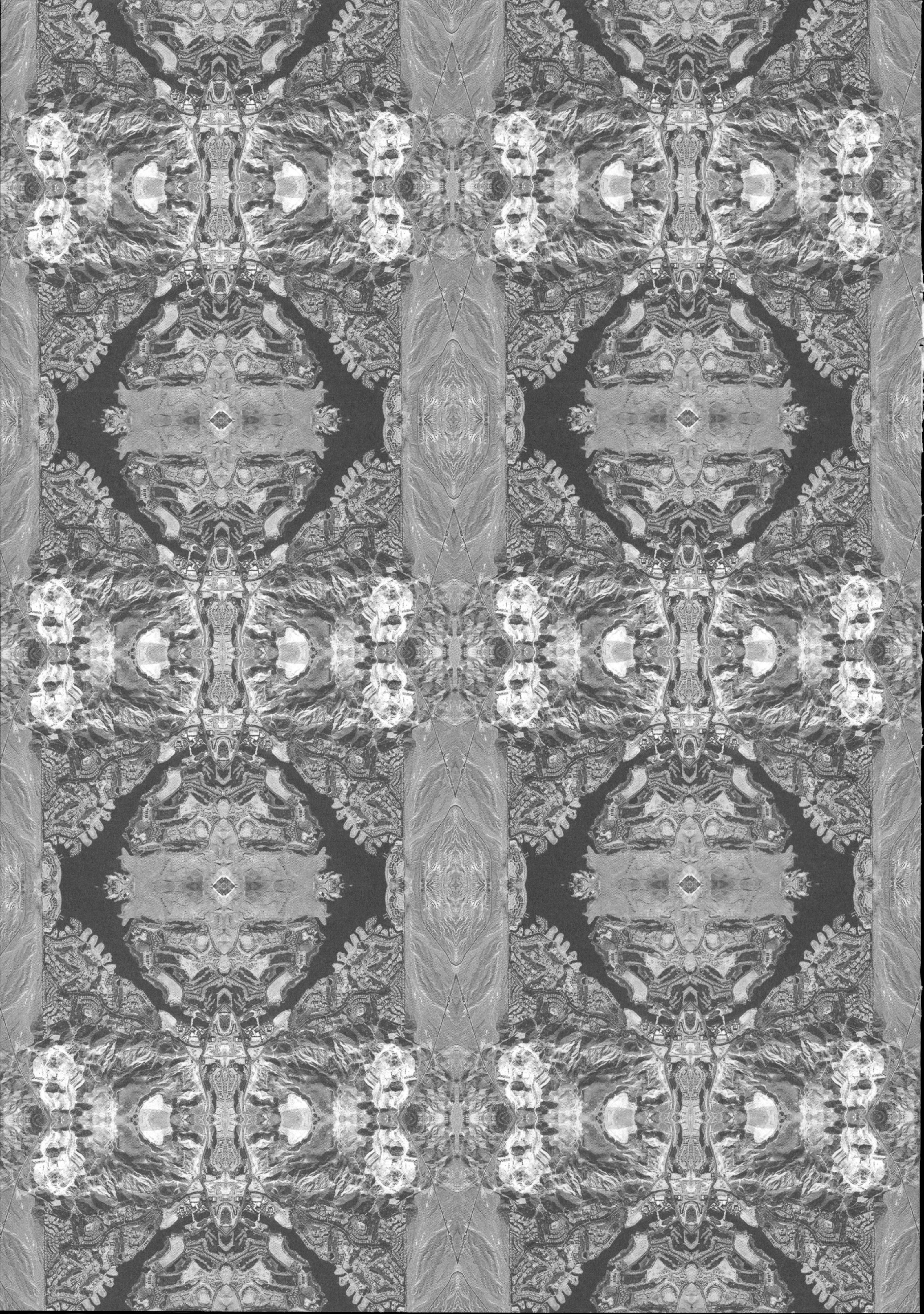

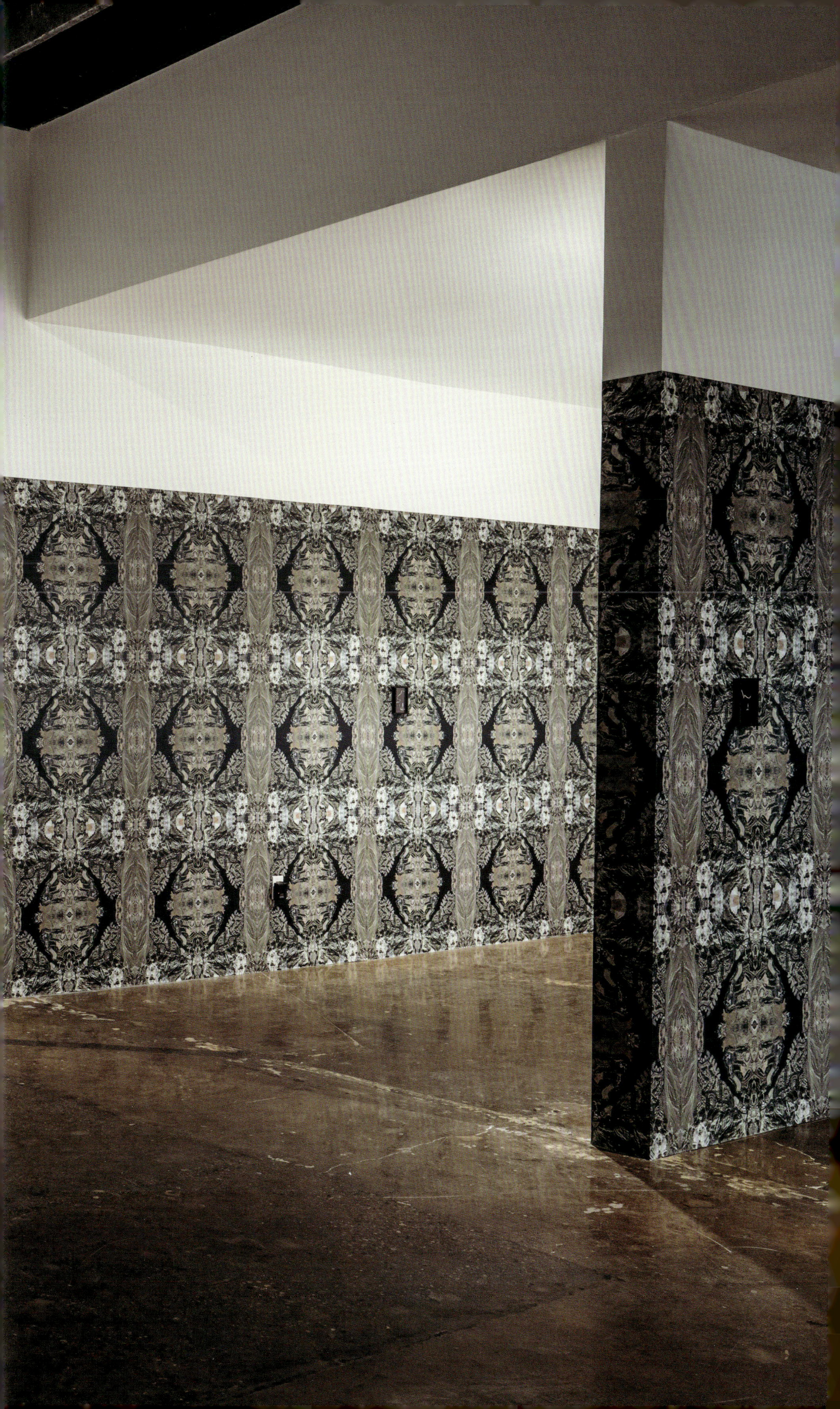

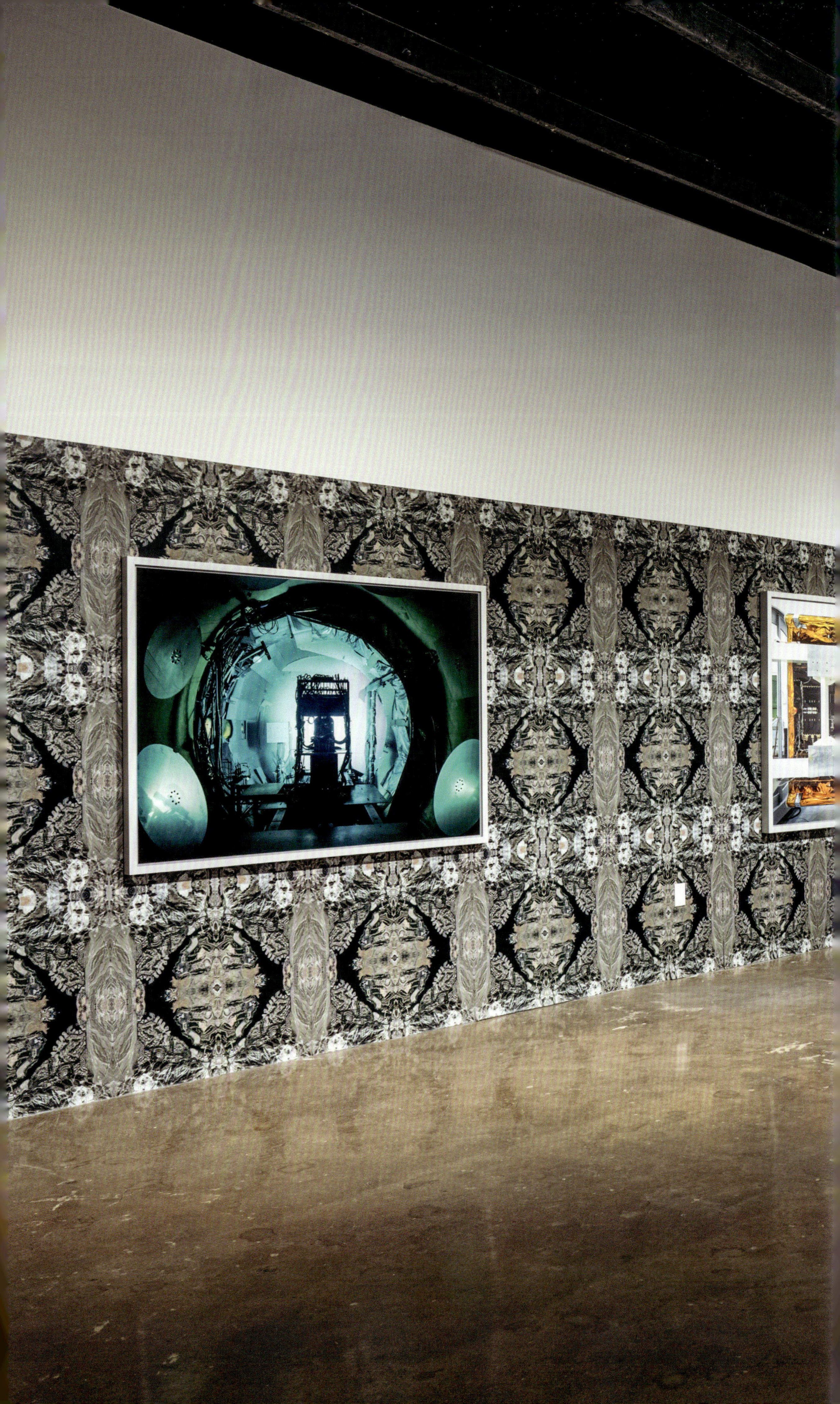

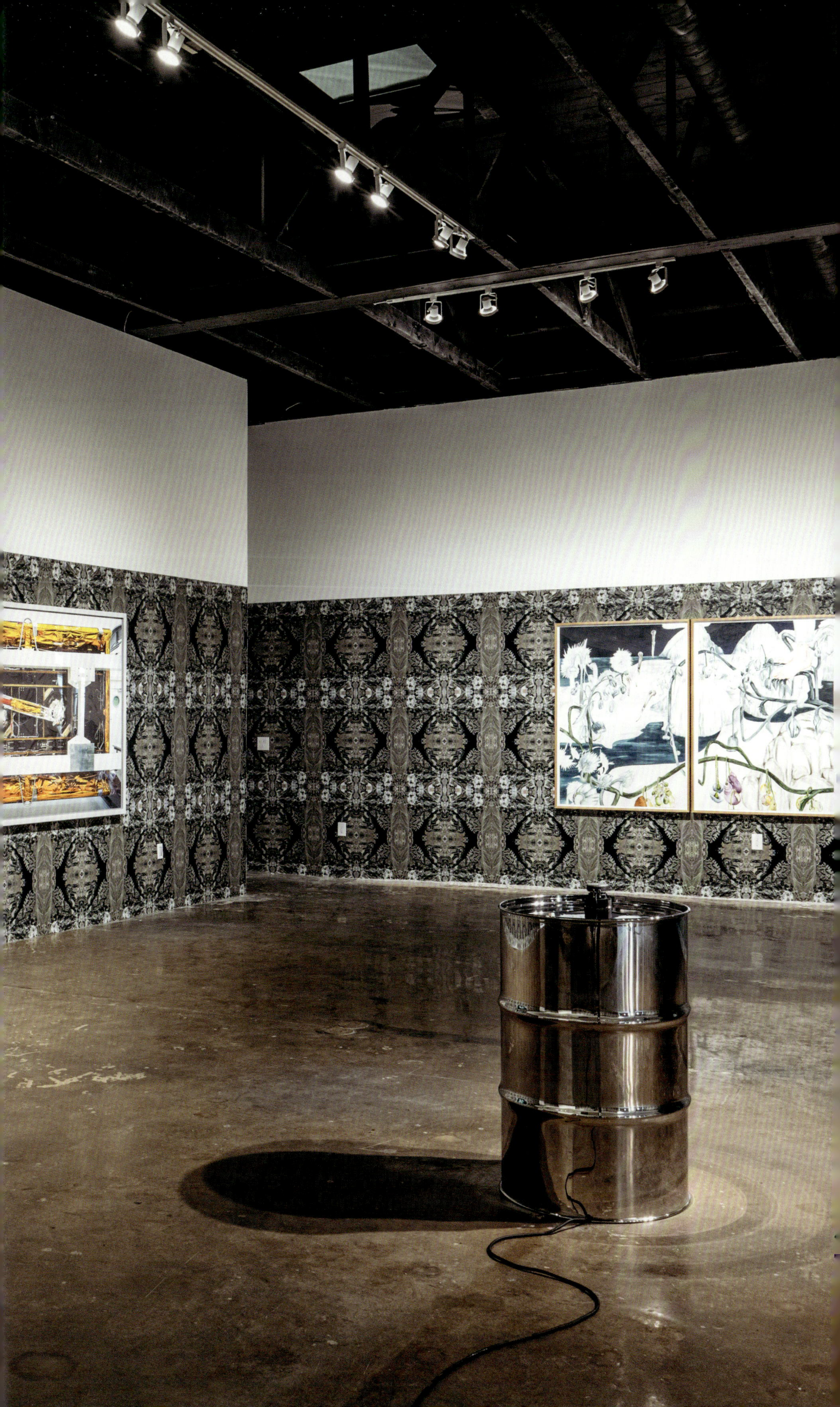

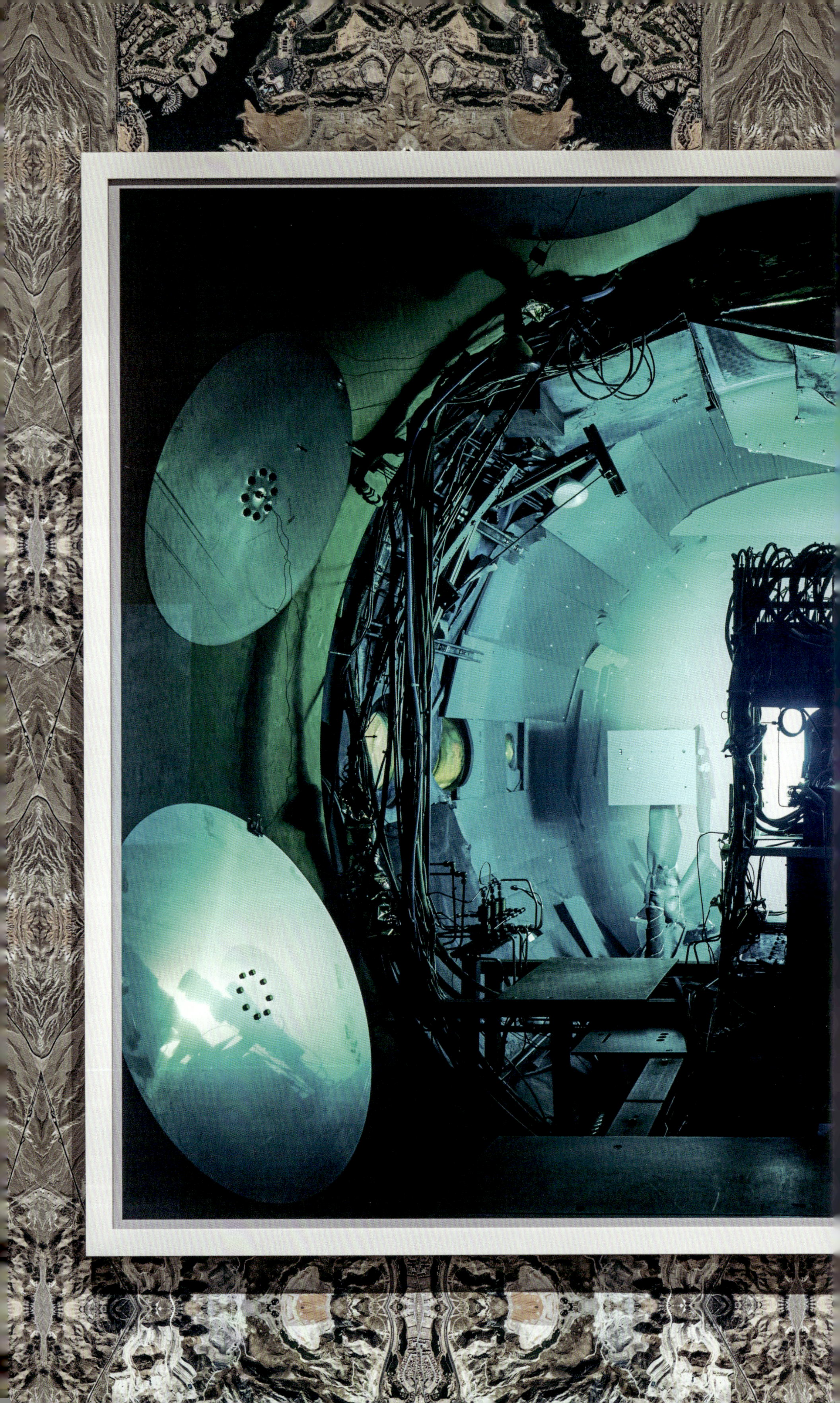

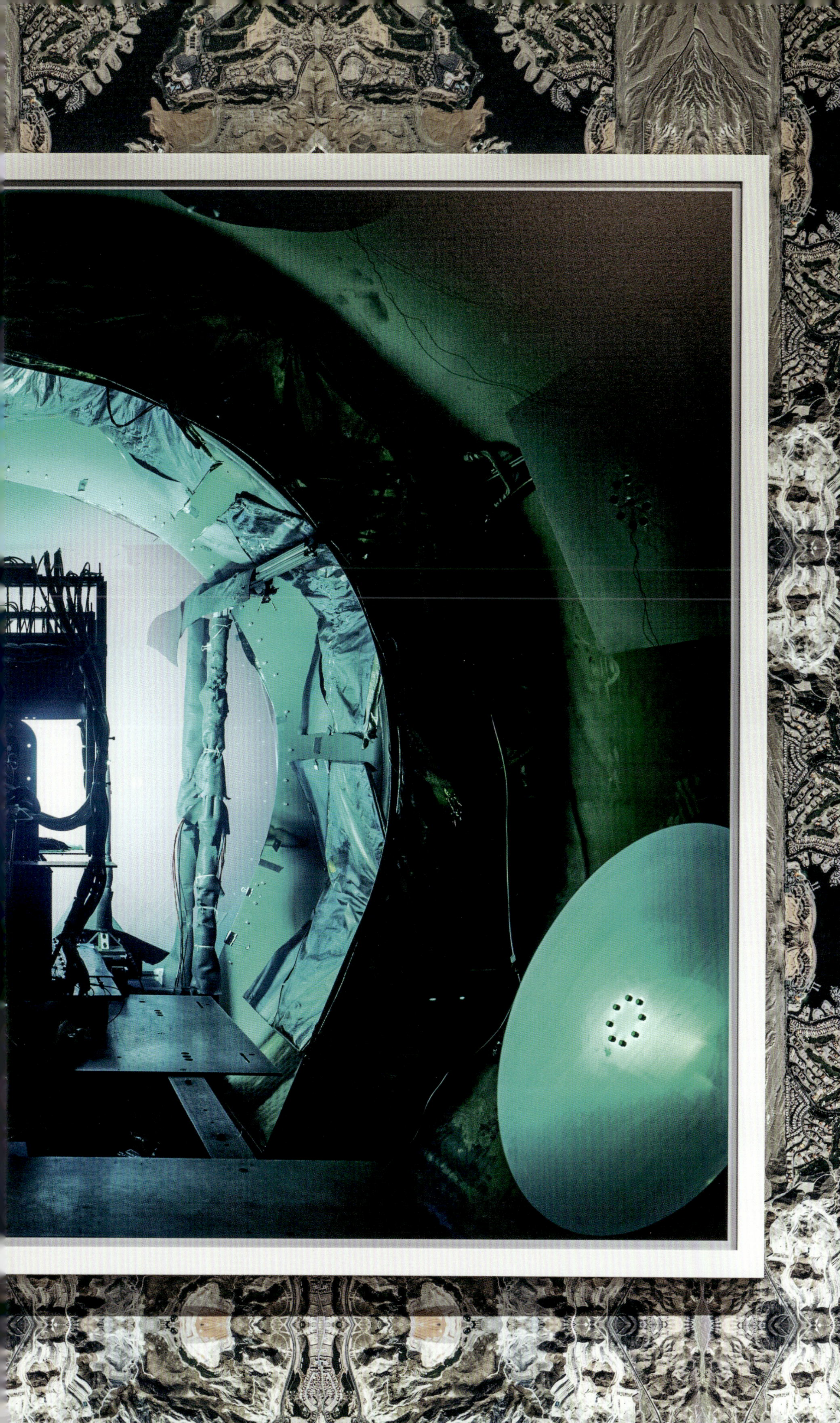

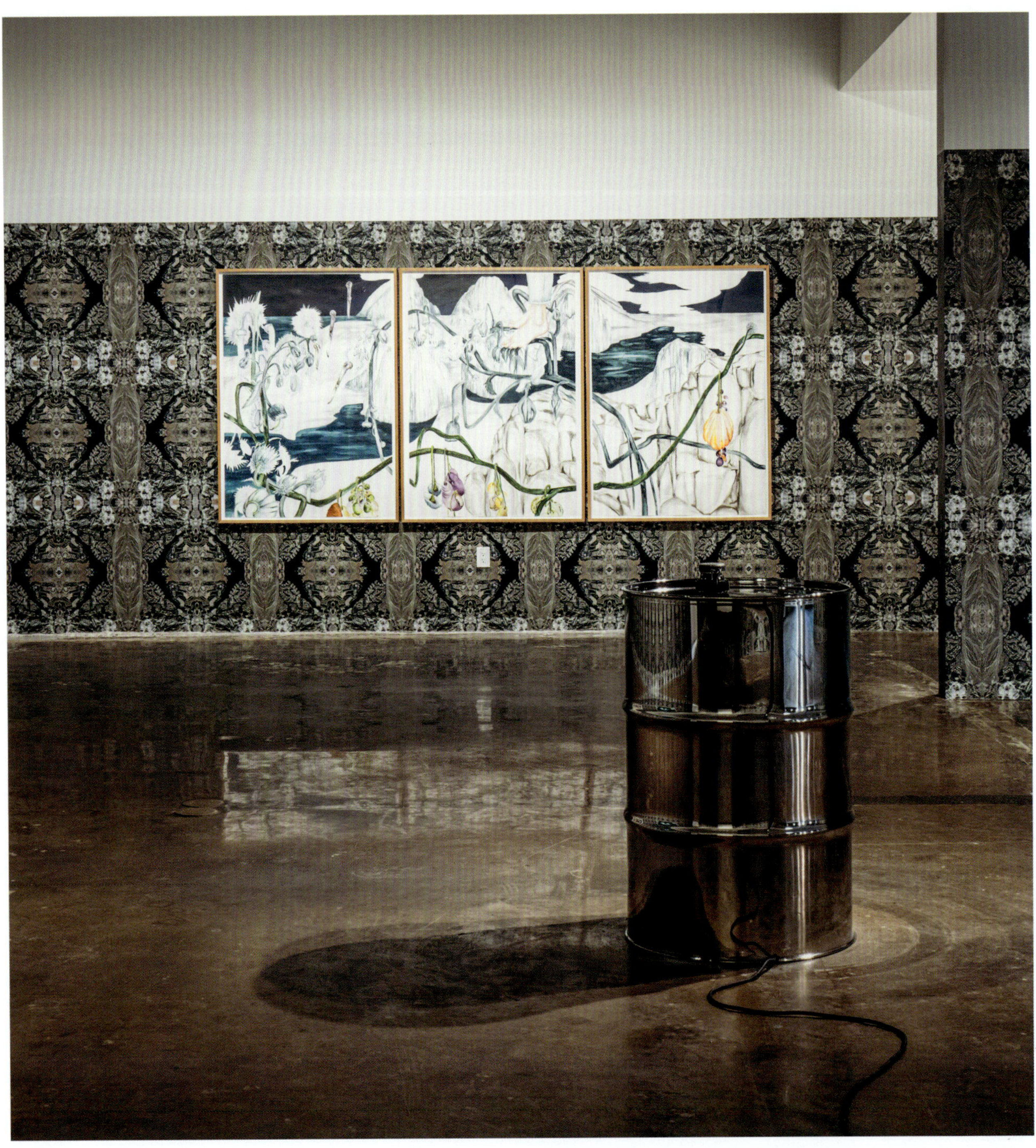

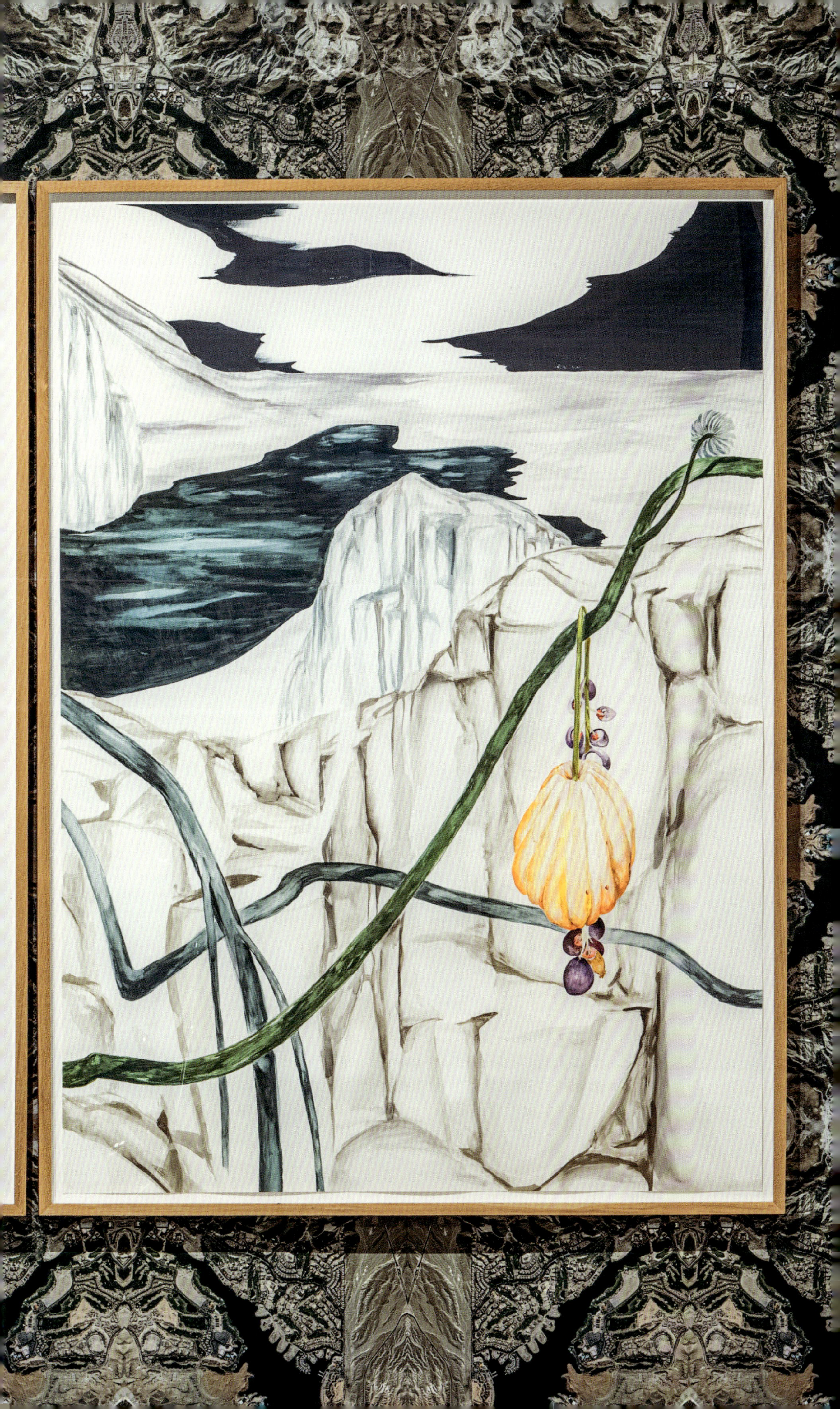

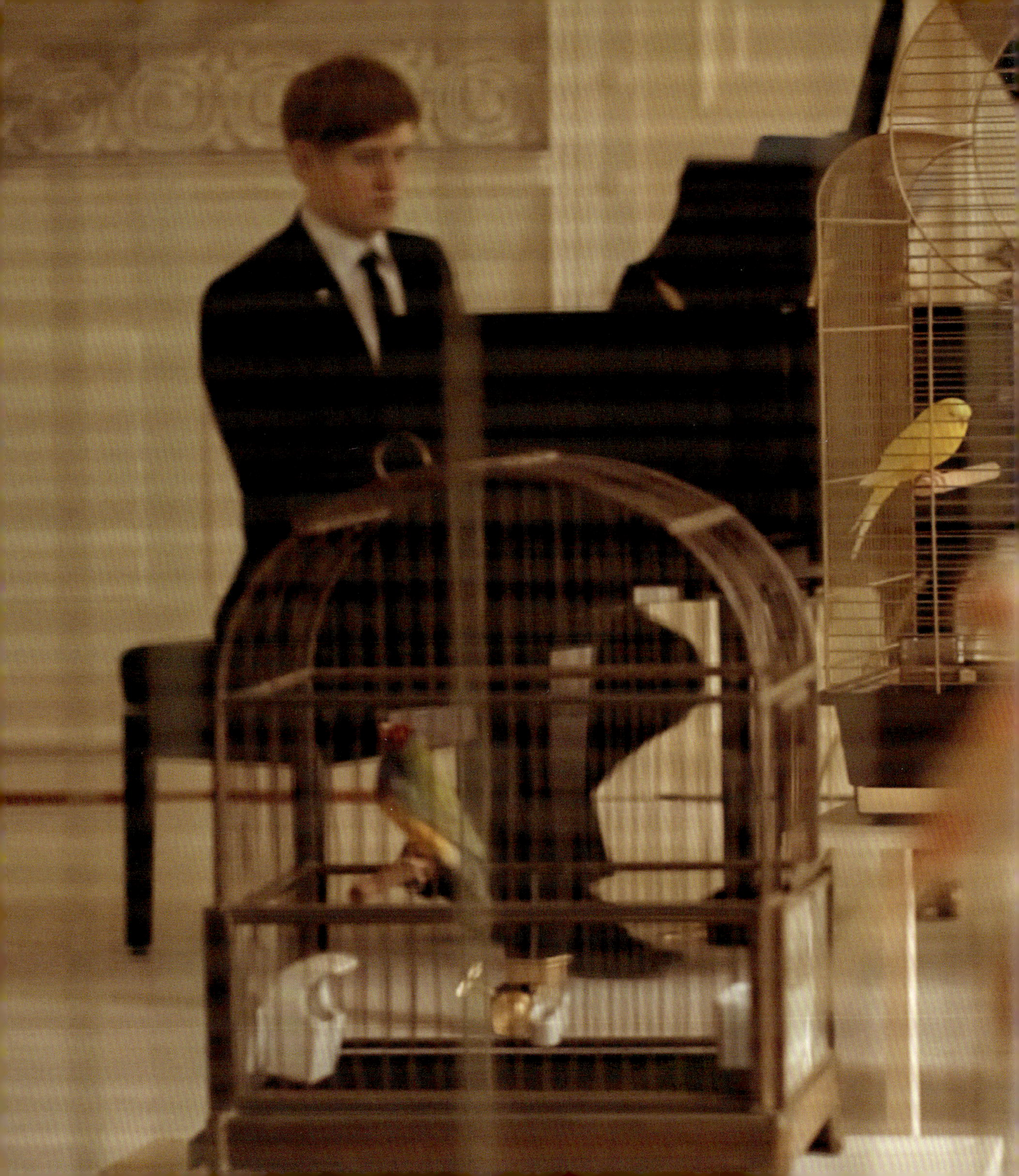

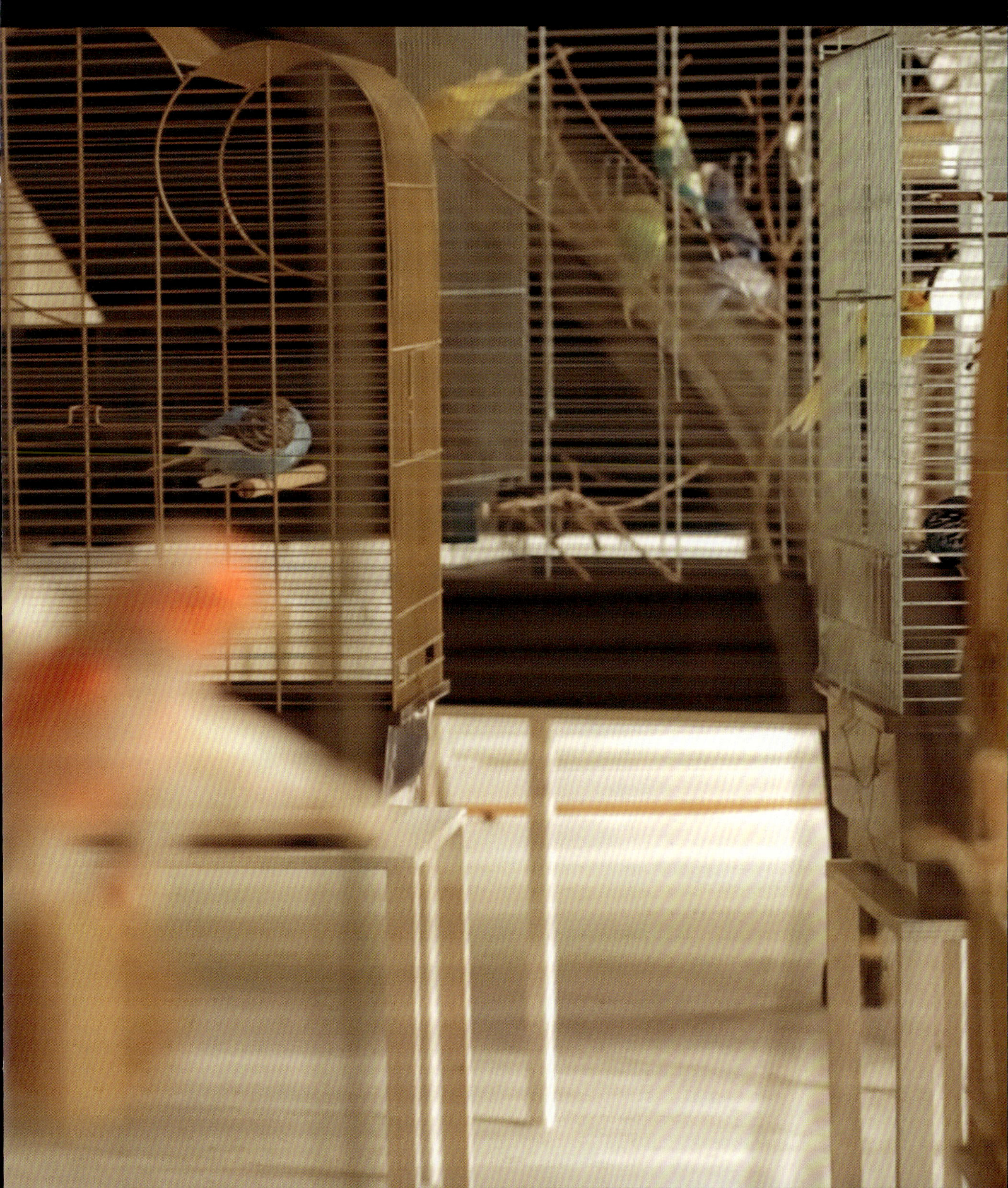

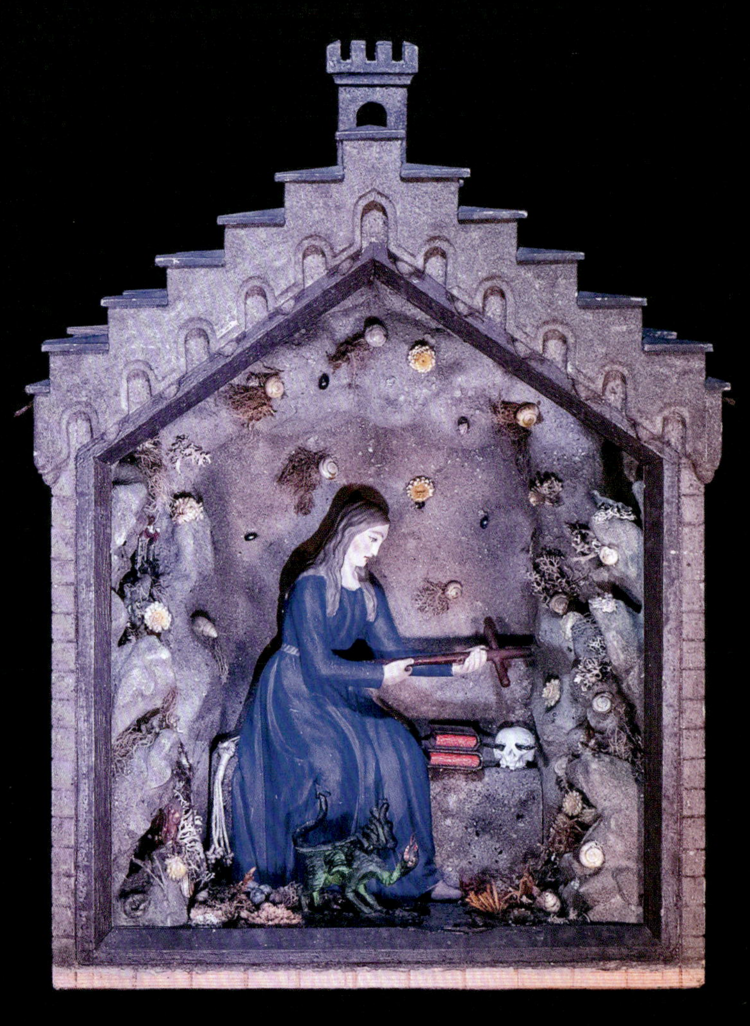

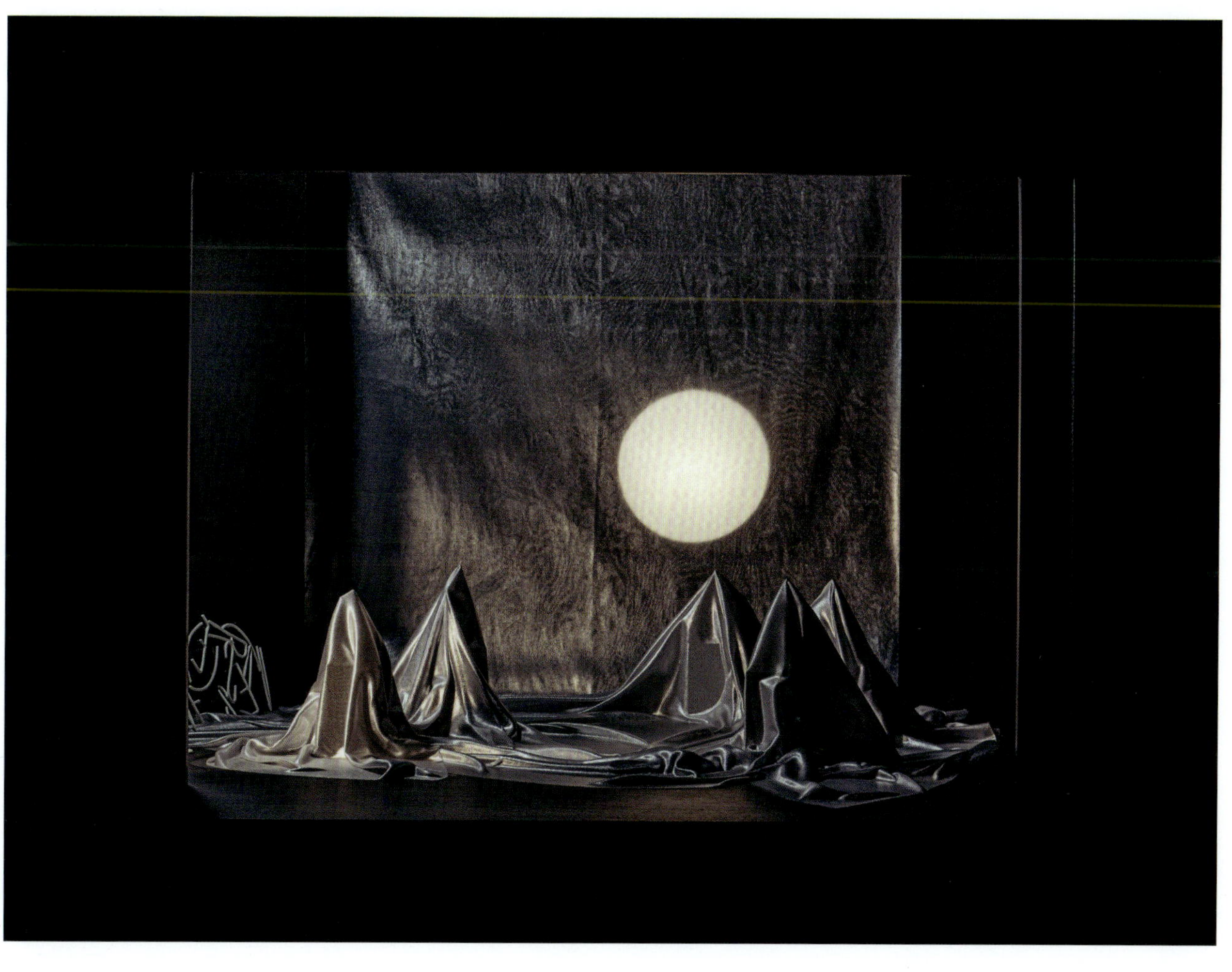

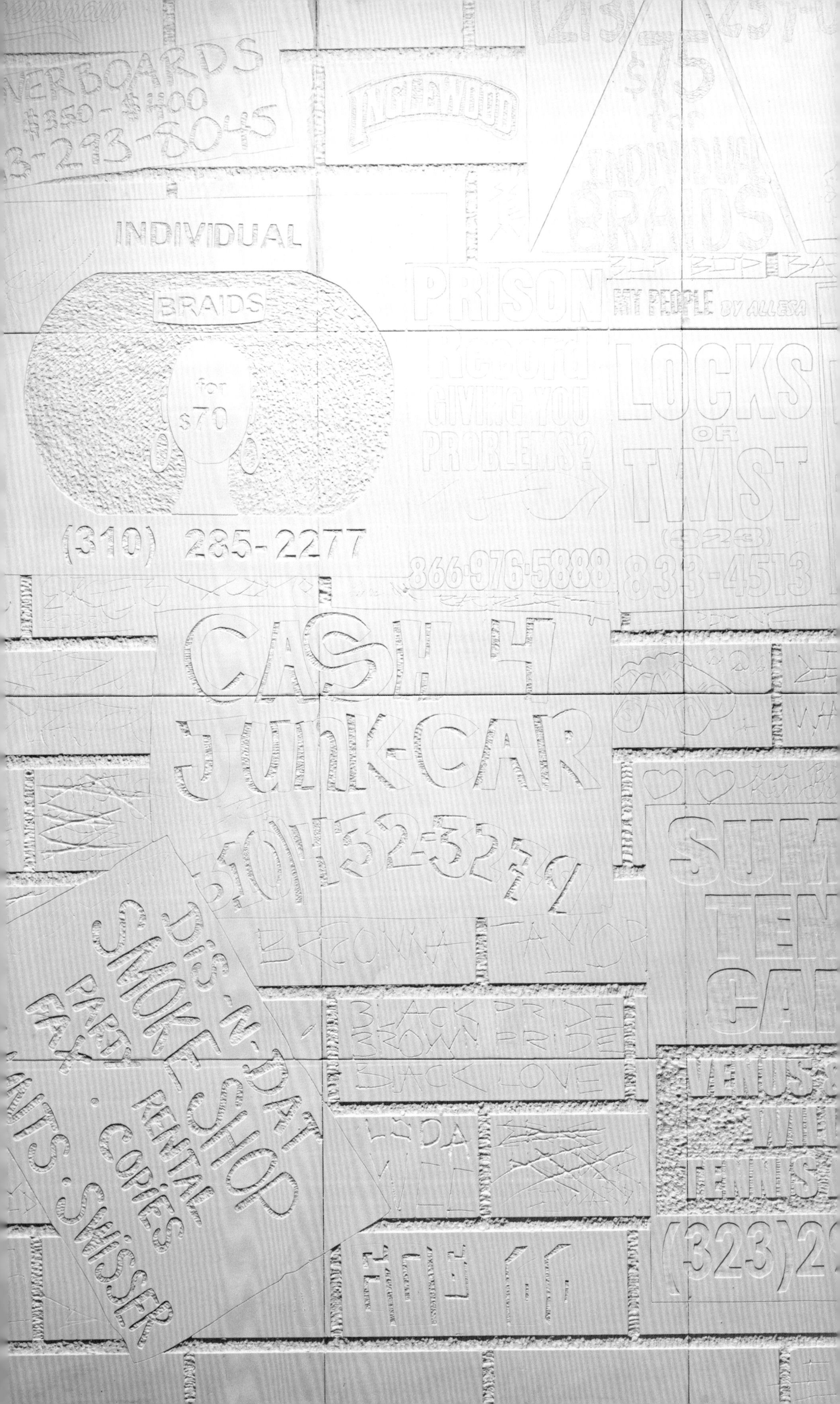

$350-$400
INGLEWOOD
$75
INDIVIDUAL
BRAIDS
INDIVIDUAL
BRAIDS
for $70
(310) 285-2277
PRISON
Record
GIVING YOU
PROBLEMS?
866-976-5888
MY PEOPLE BY ALLESA
LOCKS
OR
TWIST
(323)
833-4513
CASH 4
Junk-CAR
BREONNA TAYLOR
BLACK PRIDE
BROWN PRIDE
BLACK LOVE
DIS-N-DAT
SMOKE SHOP
PARTY RENTAL
FAX · COPIES
TENNIS

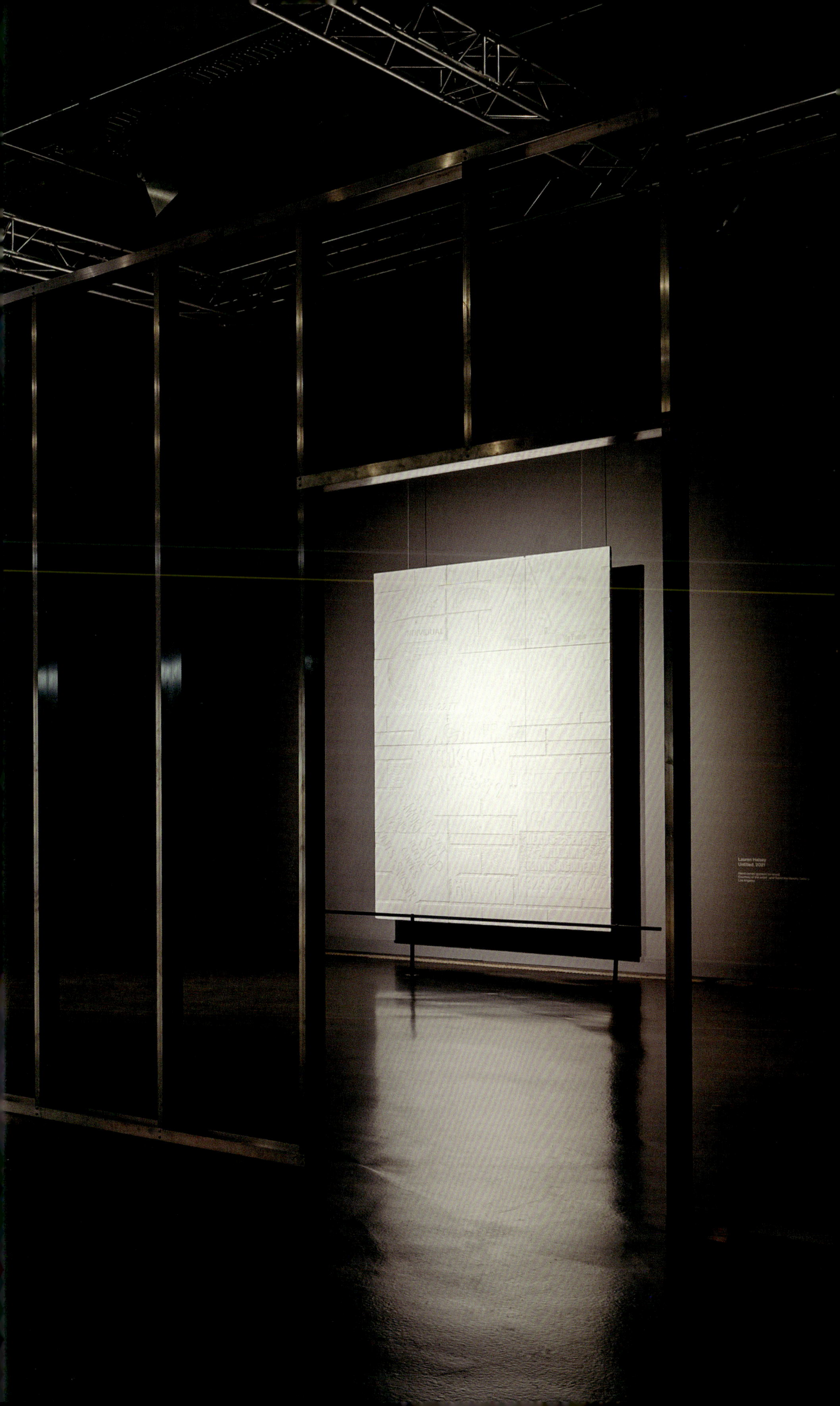

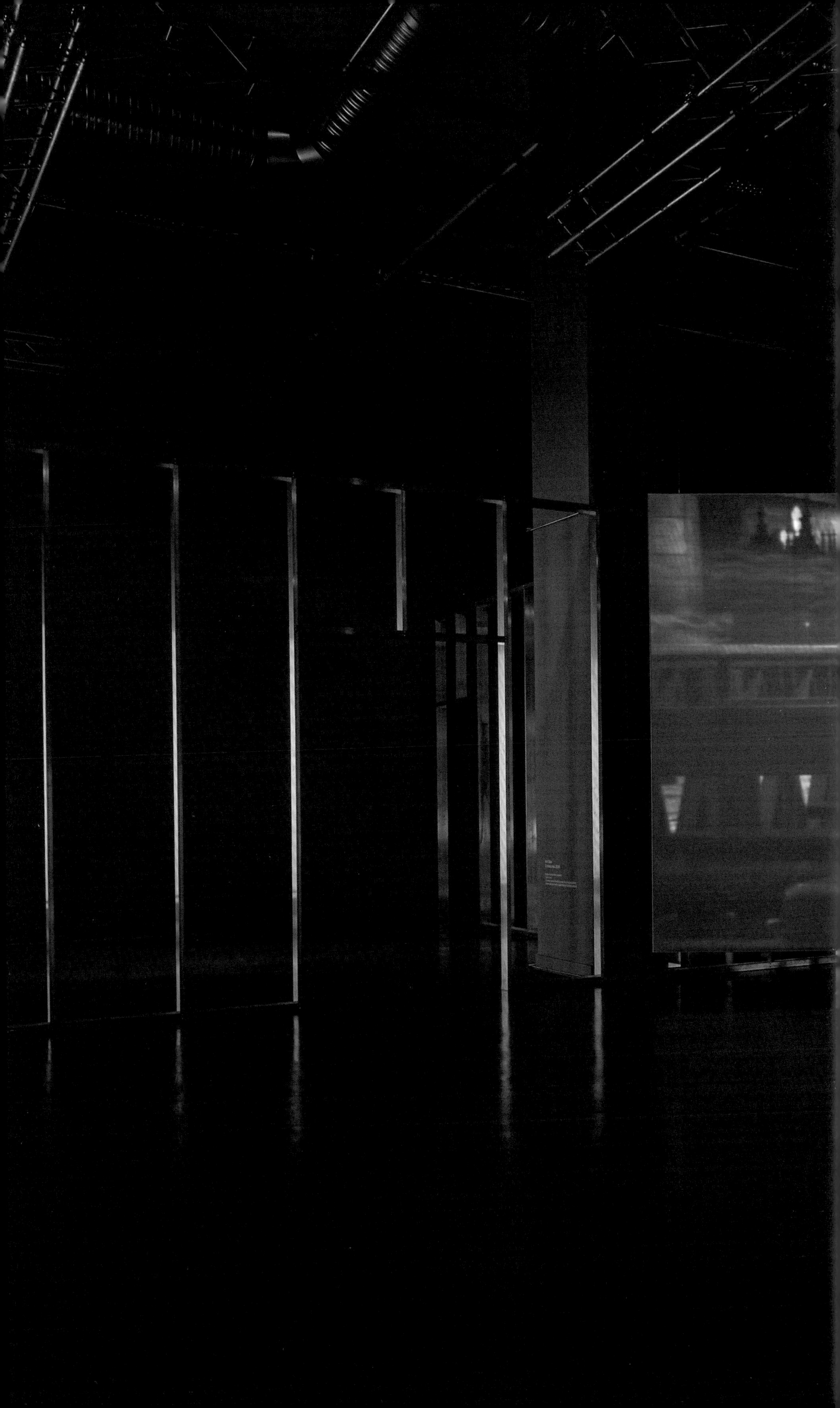

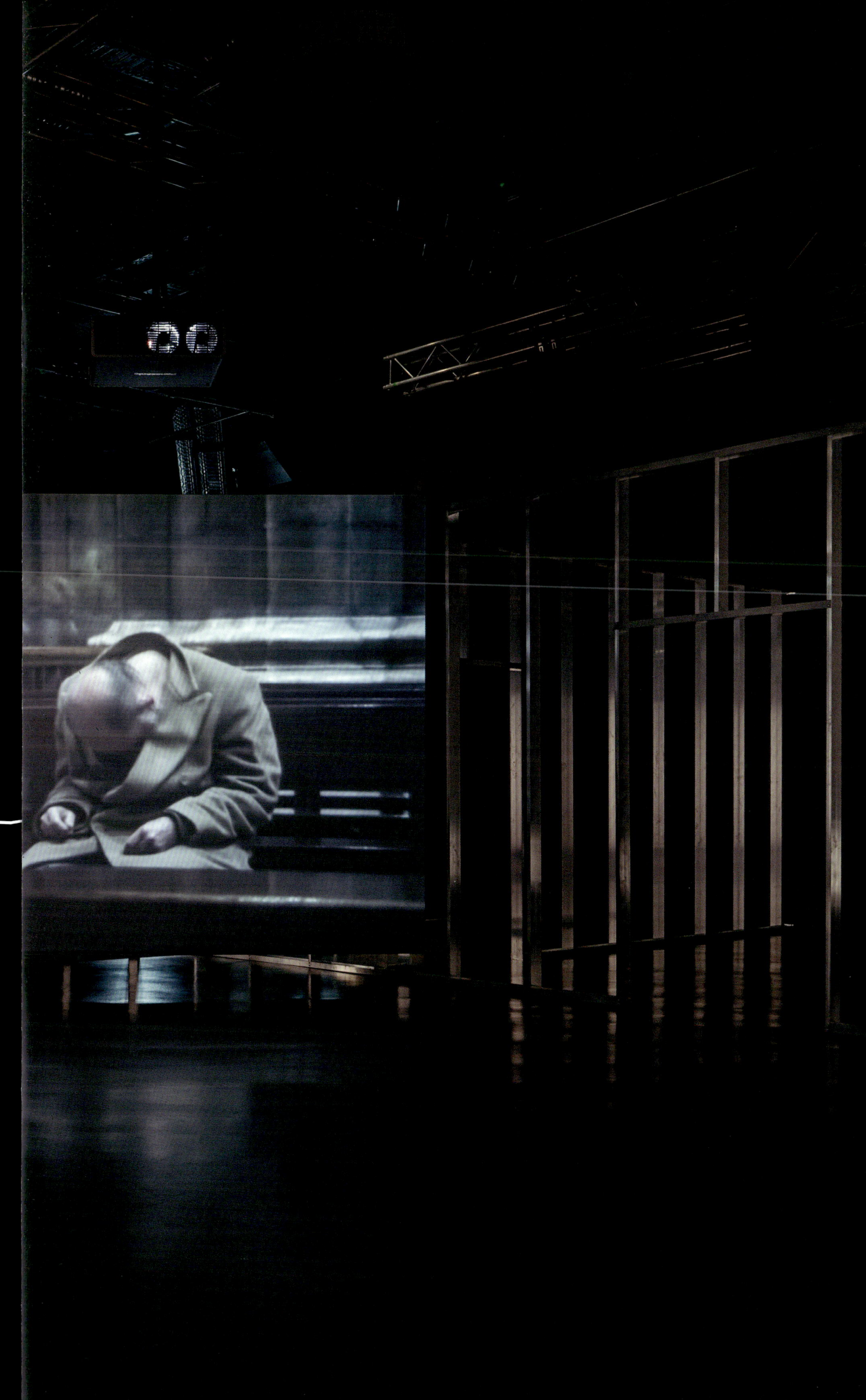

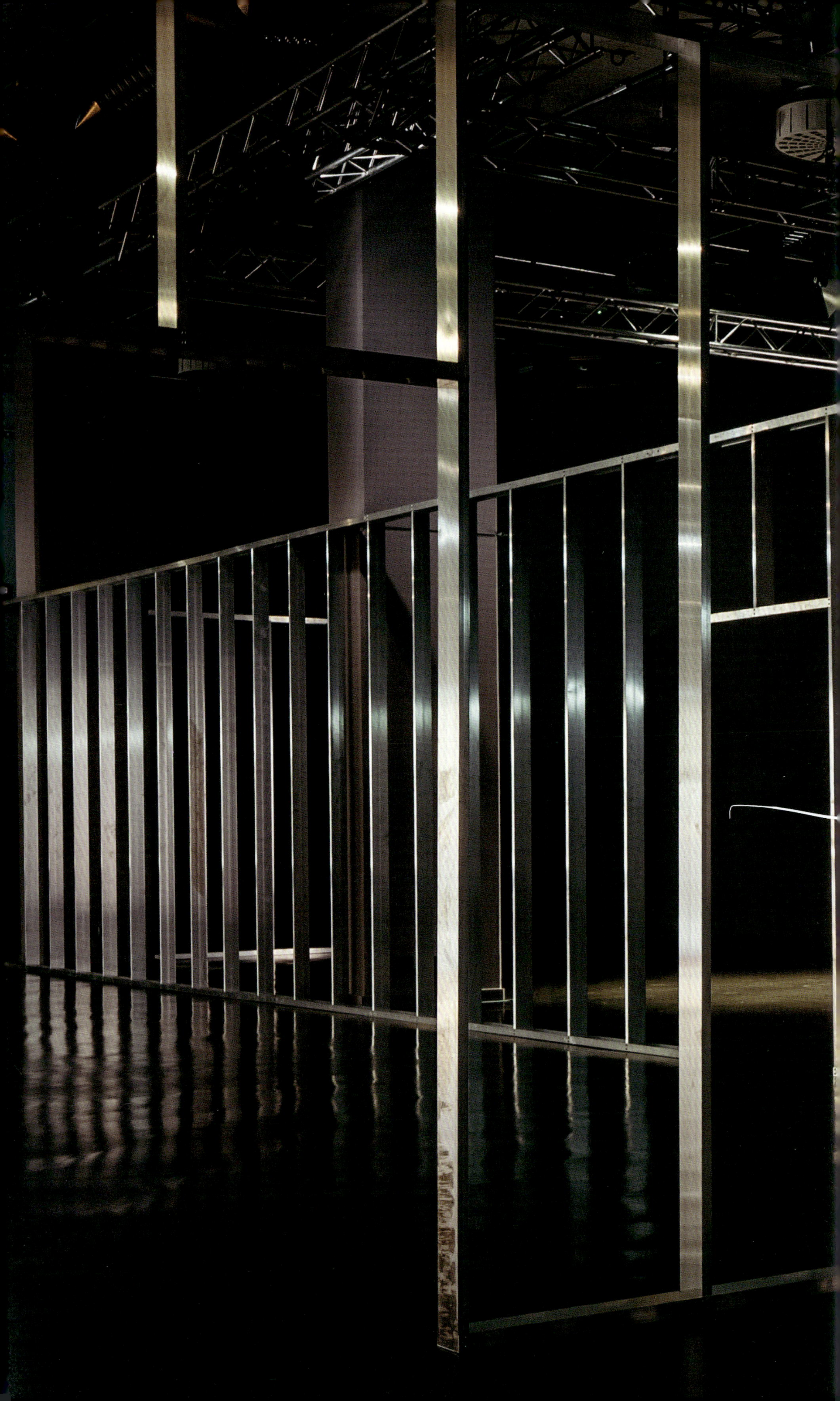

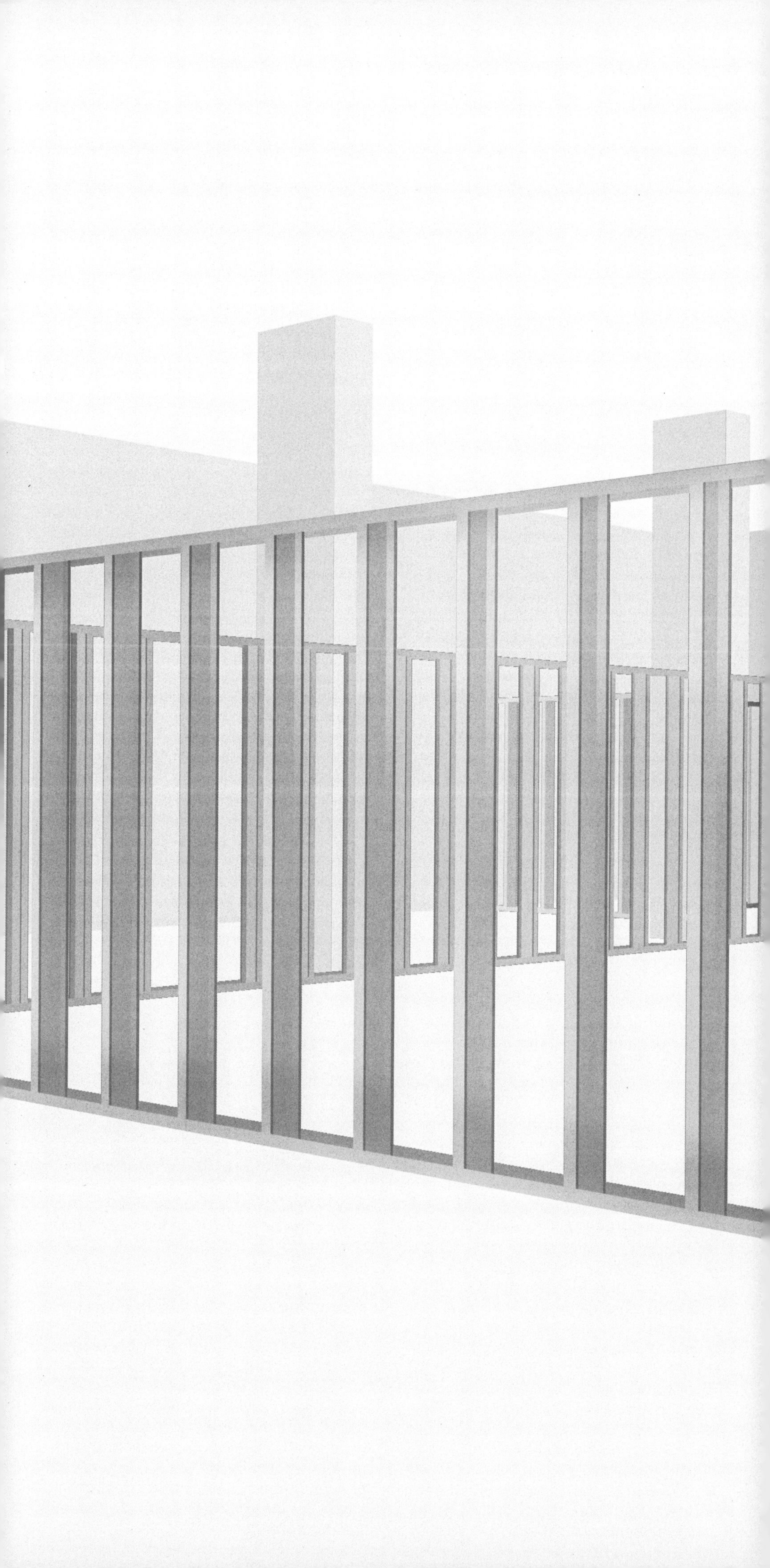

Thomas Struth
Schlichter Weg, Feldberger Seenlandschaft 2021, 2021
(nur in Berlin ausgestellt/exhibited in Berlin only)

Vacuum Chamber, JPL, Pasadena, 2013
(nur in L.A. ausgestellt/exhibited in L.A. only)

GRACE-Follow-On Bottom View, IABG, Ottobrunn, 2017
(nur in L.A. ausgestellt/exhibited in L.A. only)

Die monumentale Fotografie *Schlichter Weg, Feldberger Seenlandschaft 2021* zeigt eine eisige grau-weiße Winterlandschaft. Das laublose Gebüsch ist nur teilweise mit Schnee bedeckt, ein undurchdringliches, verflochtenes Dickicht aus knorrigen Stämmen, holzigen Ästen und verdorrten Zweigen. Trotz seiner auf den ersten Blick minimalen Farbigkeit weist das Werk doch feinste Nuancen zurückgenommener Töne auf. Durch seine monochrome Dynamik erscheint das Bild enorm grafisch, wie ein Kupferstich oder eine frühe chinesische Tuschezeichnung. Jeder Grashalm, der aus der Schneedecke herausragt, jedes winzige Zweiglein ist sichtbar, wie sorgfältig von Hand gezeichnet. Anders als Thomas Struths Paradiesbilder, in denen die Natur meist zentralperspektivisch und bildfüllend dargestellt ist und so den Betrachtenden regelrecht überbordet, ist *Schlichter Weg, Feldberger Seenlandschaft 2021* aus einer niedrigen, ungefähr kniehohen Perspektive aufgenommen. So grenzen sowohl der schneebedeckte Boden als auch der aschgraue Himmel die Darstellung oben und unten ein und lassen den Hintergrund flächig erscheinen, wie einen Bogen Papier. Die Komposition wirkt einerseits wie in Eiseskälte erstarrt und scheint doch voller Bewegung. Aus der Mitte des Gesträuchs heraus klaffen mehrere dünne Stämme und Äste, türmen sich auf, strecken sich bis in die filigransten Verästelungen hinauf oder neigen sich tief zur Erde hin und hängen resigniert, von der Last des Schnees niedergedrückt, bis auf den Boden hinunter. Die Darstellung lässt an Breughels *Winterlandschaft mit Vogelfalle* (1601) oder an chinesische Winterlandschaften des 10. und 11. Jahrhunderts denken. Schneebedeckte Bäume galten darin als Sinnbild für Melancholie. Zudem finden sich subtile kompositionelle Parallelen zu Theodore Géricaults meisterhaftem Historiengemälde *Floß der Medusa* (1819), das eine tragische Szene der französischen Geschichte abbildet und in einem von Struths bekanntesten Museumsbildern, *Louvre 4, Paris 1989,* zu sehen ist. Somit verankert der Künstler das Motiv fest im kunstgeschichtlichen Kanon.

The monumental photograph *Schlichter Weg, Feldberger Seenlandschaft 2021* shows an icy, gray-white winter landscape. The leafless shrubs are partially covered in snow, an impenetrable, intertwined thicket of gnarled trunks, woody branches, and withered twigs. Despite the seemingly minimal coloration, the work reveals subtle nuances of restrained tones. The photo appears immensely graphic as a result of its monochrome dynamic, much like an engraving or an early Chinese pen-and-ink drawing. Every blade of grass sticking out of the blanket of snow, every tiny twig, is visible, as though meticulously drawn by hand. Unlike Thomas Struth's Paradise images, wherein nature often is depicted from a full-framed central perspective that literally overwhelms the viewer, *Schlichter Weg, Feldberger Seenlandschaft 2021* is shot from a low, approximately knee-high angle. Thus, both the snow-covered ground and the ash-grey sky form a border from above and below, making the background appear flat like a sheet of paper. On the one hand, the composition seems frozen, and yet it is full of movement. Countless thin trunks and branches gape, loom, and extend to their uttermost filigreed ramifications, or bend low to the ground, hanging in resignation, weighed down to the ground by the burden of the snow. The picture is reminiscent of Breughel's *Winter Landscape with a Bird Trap* (1601) or Chinese winter landscapes of the 10th and 11th centuries, where snow-covered trees were considered a symbol of melancholy. There are also subtle compositional parallels to Theodore Géricault's masterful historical painting *Raft of the Medusa* (1819), which depicts a tragic scene in French history and can be seen in one of Struth's most renowned museum pictures, *Louvre 4, Paris 1989.* Thus, the artist firmly anchors the motif in the art historical canon.

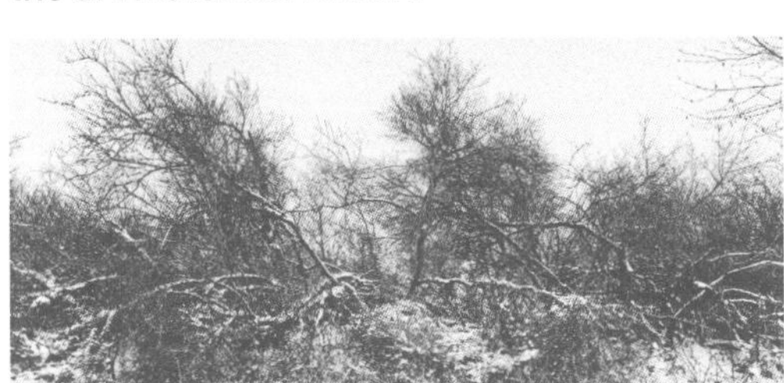

Schlichter Weg, Feldberger Seenlandschaft 2021 was created during the pandemic winter of 2021 in Germany, which Struth himself spent in seclusion and isolation in the countryside. Thus, the absence of viewers does not refer back to nature alone, but is an expression of a sociopolitical, historical moment in recent history. In this respect, the photograph is both a history and a landscape image at the same time. Struth manages to capture an historically significant moment in time, while simultaneously creating a universal representation of loneliness and isolation. A contemplative and yet dramatic image that speaks to us about the loneliness and shocks caused by the pandemic.

Schlichter Weg, Feldberger Seenlandschaft 2021 ist im Pandemiewinter 2021 in Deutschland entstanden, den Struth selbst in ländlicher Abgeschiedenheit und Isolation verbracht hat. Die Abwesenheit von Betrachter:innen verweist hier demnach nicht allein zurück auf die Natur, sondern ist Ausdruck eines gesellschaftspolitischen, historischen Moments der jüngsten Geschichte. Insofern ist diese Fotografie Historien- und Landschaftsbild zugleich. Struth gelingt es, einen historisch bedeutsamen Moment bildlich zu fassen, und schafft darüber hinaus eine universale Darstellung von Einsamkeit und Isolation. Ein kontemplatives und doch dramatisches Bild, das von der Einsamkeit und den Erschütterungen der Pandemie erzählt.
Bilder von wissenschaftlichen Forschungseinrichtungen für Spitzentechnologien, wie Luft- und Raumfahrt, Teilchenphysik, Medizin, Energieerzeugung, künstliche Intelligenz oder Robotisierung, gehören zu den komplexesten und bezwingendsten Serien in Thomas Struths umfangreichem Œuvre. Diese Fotografien fangen die enorme visuelle Komplexität wissenschaftlicher Innovationen ein. Sie vermögen abstrakte Gedankenprozesse und die menschliche Vorstellungskraft bildlich zu fassen.
Die beiden in L.A. ausgestellten Werke zeigen reale, aber auch metaphorische Orte hermetischer Isolation und lassen zugleich an die unermessliche Entfernung und Ausdehnung des Weltraums denken. Die in kühlen Blautönen schimmernde Fotografie *Vacuum Chamber, JPL, Pasadena* zeigt eine rätselhafte, höhlenartige Umgebung aus Kabeln, verspiegelten Oberflächen, nicht identifizierbaren Strukturen, Folien und Lampen. Das Bild erinnert an Grottendarstellungen der deutschen Romantik – insbesondere etwa der Blauen Grotte auf Capri –, die als symbolische Orte der Sehnsucht und des Rückzugs galten. Doch die Vakuumkammer des NASA-geführten Jet Propulsion Laboratory in Pasadena ist ein nüchternes, rein wissenschaftliches Gehäuse, aus dem Luft und andere Gase abgepumpt werden, um die Bedingungen im Weltraum zu simulieren. Es ist gerade diese hermetische Abriegelung von der Umgebung, die eine über die irdischen Grenzen hinausgehende Forschung ermöglicht.
Bei der fast minimalistischen, scheinbar abstrakten Komposition von *GRACE-Follow-On Bottom View* handelt es sich in Wirklichkeit um Zwillingssatelliten, die in den Weltraum geschossen wurden, um das Schwerefeld der Erde zu untersuchen. Sie verfolgen die Bewegung von Wasser, Gletschern und Meeresspiegeln auf dem gesamten Planeten und dokumentieren so Entwicklungen und Veränderungen des Erdklimas – eine gemeinsame Mission der NASA und des Deutschen Zentrums für Luft- und Raumfahrt. Die beiden Satelliten umkreisen die Erde auf derselben Umlaufbahn, aber in einem Abstand von 220 km, als zwei isolierte und zugleich untrennbar miteinander verbundene Einheiten.

Photographs of scientific research facilities for advanced technologies, such as aerospace, particle physics, medicine, power generation, artificial intelligence or robotization are among the most intricate and compelling series in Thomas Struth's vast oeuvre. These images capture the enormous visual complexity of scientific innovation and thus picture the process of imagination and the human mind at work.
The two pieces exhibited in L.A. depict metaphorical, yet real places of hermetic isolation, while also evoking notions of boundless distance and expansion in outer space. Glowing in cool blueish tones *Vacuum Chamber, JPL, Pasadena* is an enigmatic, cave-like environment of cables, mirrored surfaces, unidentifiable structures, foils and lamps. The image is reminiscent of countless depictions of grottoes in German Romanticism, namely the Blue Grotto in Capri, which were regarded as symbolic places of longing and retreat. The vacuum chamber at the Jet Propulsion Laboratory in Pasadena however is a rigid, purely scientific enclosure from which air and other gases are pumped out to simulate conditions in outer space—an environment that by being hermetically sealed off from its surroundings facilitates research that transcends terrestrial limitations.
The almost minimalist, seemingly abstract composition of *GRACE-Follow-On Bottom View* actually depicts twin satellites, launched into space to study the Earth's gravity field and track water movement, ice sheets, glaciers, and sea levels across the planet, thus monitoring Earth's climate. A joint mission of NASA and the German Aerospace Center, the two satellites are separated by 220 km along their orbit track, circling Earth as a pair of isolated, yet intrinsically linked units.

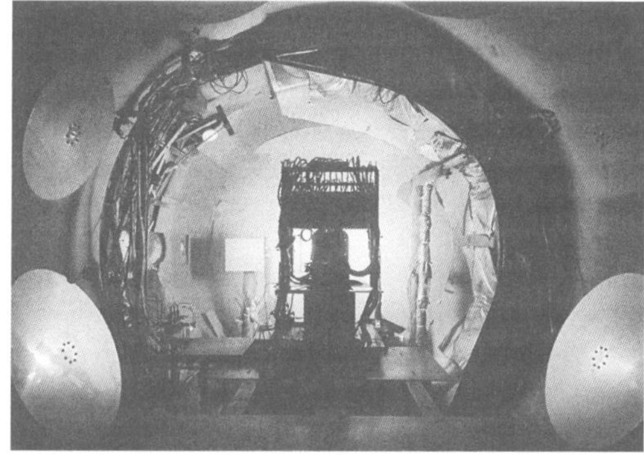

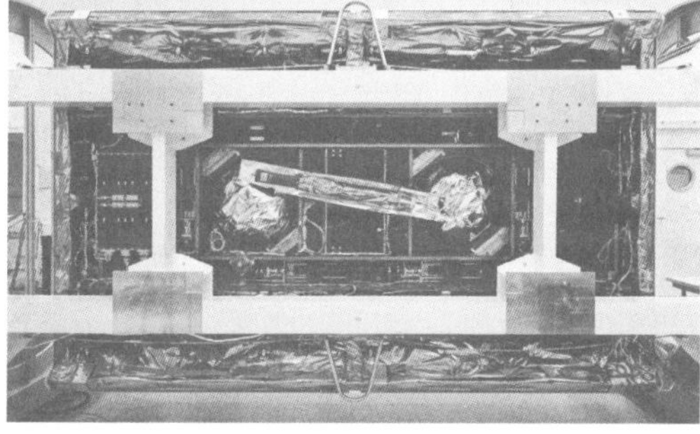

Kaari Upson
Center, 2017–19

Stump, 2017–19

Standing, 2017–19

Prairie Fundamentalism, 2019

(nur in Berlin ausgestellt/exhibited in Berlin only)

Die drei Skulpturen *Center*, *Stump* und *Standing* sind Harzabgüsse einer großen Kiefer, die vor dem Elternhaus der US-amerikanischen Künstlerin Kaari Upson stand. Im Ausstellungsraum bilden die verstümmelten, gefalteten, in sich zusammengesackten Baumversatzstücke einen kleinen Wald aus Stumpf, Wurzelwerk, Stammfragmenten, frei stehender Rinde und Ästen. Klaffende Lücken in der Kunstharzrinde lassen Durchblicke zu und offenbaren das hohle Innere der Abgüsse. Die Künstlerin, deren vielseitige Praxis Skulptur, Installation, Zeichnung, Malerei, Performance und Video umfasste, gibt so den verzerrten Erinnerungen ihrer Kindheit eine ebenso verformte, zerstückelte Gestalt.
Für die Herstellung ihrer Skulpturen trug Upson eine dünne Latexschicht auf die Oberflächen der zu reproduzierenden Gegenstände und Architekturen auf und zog diese, nachdem sie getrocknet waren, mit beträchtlichem körperlichem Aufwand ab, wie bei einer Häutung. Die schlaffen Häute wiederum dienten als elastische Gussformen, mithilfe derer dann die Kunstwerke gefertigt wurden, wie *Prairie Fundamentalism* eindrücklich zeigt. Das kurze Video dokumentiert die Häutung von Upsons Kindheitsbadezimmer. Der Raum, in den sich Upson als Kind stundenlang zurückzog, um allein zu sein, war es doch das einzig abschließbare Zimmer im Haus, versprüht dekorlose Tristesse – ein US-amerikanisches Durchschnittsbad mit weißen Kacheln, vergilbter blassgelber Wandfarbe und billigen Armaturen. Eine unsichtbare, weil digital gelöschte Person zieht darin mühsam den Latex von der Wand. Die Häutung dauert fast eine Viertelstunde. Es wirkt, als fiele der Raum in sich zusammen, als implodierte er, stülpte Privates nach Außen und enthüllte die existenzielle Einsamkeit traumatischer Erinnerungs- und Innenwelten. Der Film wird so zur Metapher für klaustrophobische Gefühle des Alleinseins, der Isolation oder des Gefangenseins in schmerzhafter Vergangenheit. Denn auch das Gedächtnis kann eine Art Einsiedelei sein, ein einsamer Ort. Insofern verkehren Upsons Baumskulpturen auch Thoreaus überhöhte Naturvorstellungen von Ruhe und Frieden in ein unheimliches Dickicht der Erinnerung.

The three sculptures *Center*, *Stump*, and *Standing* are aqua resin casts of a large pine tree that stood in front of the childhood home of US artist Kaari Upson. In the exhibition space, the mutilated, folded, collapsed tree set pieces form a small forest of stump, roots, trunk fragments, freestanding bark and branches. Through gaping fissures in the resin bark, viewers are allowed a glimpse of the hollow interior of the casts. The artist, whose diverse practice included sculpture, installation, drawing, painting, performance, and video, gave the distorted memories of her childhood an equally deformed, fragmented form.

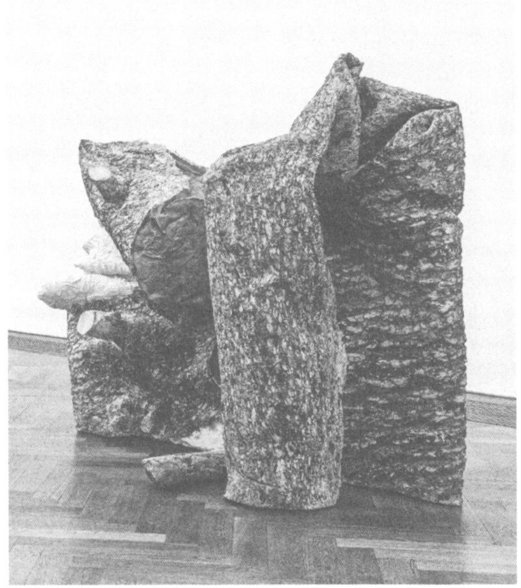

In the process of creating her sculptures, Upson applied a thin layer of latex to the surfaces of the objects and architecture she wished to reproduce and, once dry, peeled it off with considerable physical effort, as if shedding a skin. The sagging skins, in turn, served as elastic molds that helped produce the artworks, as *Prairie Fundamentalism* impressively demonstrates. The short video documents the skinning of Upson's childhood bathroom. As a child, Upson used to retreat to that room for hours so she could be alone, since it was the only room in the house with a lock, – an average American bathroom that exudes unadorned dreariness with white tiles, yellowed pale wall paint, and cheap fixtures. An invisible person, digitally erased, painstakingly pulls the latex off the wall. The skinning lasts for nearly a quarter of an hour. It seems as if the room were collapsing in on itself, as if it were imploding, turning private things inside out, and revealing the existential loneliness of traumatic memory and inner worlds. The film thus becomes a metaphor for the claustrophobic feeling of being alone, isolated, or trapped in a painful past. For memory, too, can be a kind of hermitage, a lonely place. In this respect, Upson's tree sculptures also invert Thoreau's inflated notions of nature, of peace and quiet, into an eerie thicket of memory.

Das kurze Video *Uomoduomo* zeigt einen schlafenden Mann im Mailänder Dom. Er sitzt in sich zusammengefaltet auf einer Kirchenbank, die Hände im Schoß. Sein Kopf ist ihm tief bis auf die Brust gesunken. Ein zu großer, steifer Mantel umgibt ihn wie eine Höhle. Seine Haltung wirkt unbequem und verkrampft. Immer wieder droht er, zur Seite wegzukippen und umzufallen, bevor ihn, wie von einem unsichtbaren Faden gezogen, ein letzter Strang seines Bewusstseins wieder aufrichtet. Ein Zustand andauernder Anspannung. Ein sich stetig wiederholender Vorgang. Der Loop dehnt den Moment endlos aus. Selbst in tiefem Schlaf kann der vermutlich obdachlose Mann nicht loslassen, während um ihn herum teilnahmslose Tourist:innen den Kirchgang auf und ab spazieren, ohne Notiz zu nehmen. Es wirkt, als befände er sich außerhalb der Zeit, in einer Zwischenwelt, irgendwo zwischen Präsenz und Absenz, isoliert und abgekapselt von seiner Umgebung. Eine Szene voll Einsamkeit, Verletzlichkeit und Intimität, mitten im öffentlichen Raum.
In seinen Filmen, Fotografien und aufwändigen, oft raumgreifenden Bewegtbildinstallationen zeigt Anri Sala Zwischenräume zwischen dokumentarischer und poetischer Wirklichkeit. Er schafft Momente absoluter Gegenwart, die den Augenblick aus seiner Zeitlichkeit heben und isoliert betrachten lassen. Häufig spielen die Wechselwirkungen von Klang und Musik, Bild, Architektur und Raum eine wichtige Rolle in den Werken des albanischen Künstlers. Diese frühe Arbeit allerdings setzt, ganz ohne Ton, allein auf die erschütternde Sprache des Bildes. Erst die Herauslösung dieses stummen Moments aus dem Lärm der multiplen Abläufe und Geschehnisse um ihn herum, macht ihn wirklich sichtbar. Geradezu metaphorisch erfasst er so die isolierte Existenz eines Menschen, der auch sonst gezwungen ist, außerhalb der Gesellschaft zu leben.

The short video *Uomoduomo* shows a man sleeping in the Milan Cathedral. He is sitting, slumped over on a pew, hands lying on his lap. His head is bowed to his chest. A stiff, oversized coat enveloping him like a cave. His posture seems uncomfortable and cramped. Time and again, he looks as if he is about to topple to the side and fall over, as if pulled by an invisible thread, until a last thread of consciousness straightens him back up again. A state of constant tension. A process that repeats itself incessantly. The loop extends the moment into infinity. Even fast sleep, the presumably homeless man cannot let go, while around him apathetic tourists stroll up and down the church aisle without taking notice. It seems as if he is outside of time, in limbo, somewhere between presence and absence, isolated and cut off from his surroundings. A scene filled with loneliness, vulnerability and intimacy that is taking center stage in a public space.

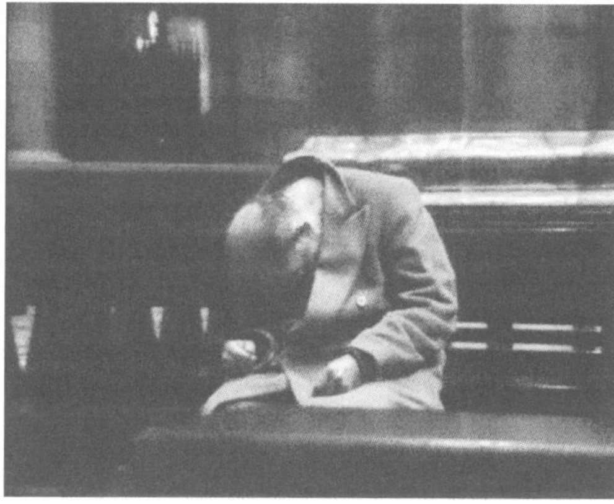

In his films, photographs and elaborate, usually large-scale moving image installations, Anri Sala shows interstices between documentary and poetic reality. He creates scenes that materialize the "present moment", elevating it from its temporality so it can be contemplated in isolation. The interactions of sound and music, image, architecture and space often play a crucial role in the works of the Albanian artist. This early piece, however, without sound, relies solely on the harrowing language of the image. This silent moment, detached from the noise of the myriad processes and events around it, is what makes it truly visible. Almost metaphorically, he captures the existence of a person in isolation, who has been forced to live at the fringes of society nonetheless.

Lauren Halsey
Untitled, 2021

Die Skulptur, Architektur, Installation und gemeinnütziges Engagement umfassende künstlerische Praxis der US-Amerikanerin Lauren Halsey ist untrennbar verbunden mit dem Ort, an dem sie aufgewachsen ist und immer noch lebt: South Central, ein für Rassenunruhen und Bandenkriminalität bekannter Stadtteil in Los Angeles, in dem vor allem Afroamerikaner:innen und Latinx leben. Zugleich ist die Gegend eine Brutstätte Schwarzer Kunst und Kultur, deren Bildwelten sich in das Straßenbild eingeschrieben haben. Heute ist South Central massiv von Gentrifizierung bedroht.
In *Untitled*, einem monochromen Gipsrelief in Gestalt einer Ziegelmauer, verewigt die Künstlerin vielfältige Repräsentationen afroamerikanischer Identität. Eine hieroglyphenartige Montage aus handgemachten Werbeschildern für Flechtfrisuren, Hoverboards oder die „Venus & Serena Williams Tennis Academy", Wandkritzeleien, Peace-Zeichen, Emblemen, Logos, persönlichen Inskriptionen und politischen Botschaften wie etwa „Black Pride, Brown Pride, Black Love" oder der Name „Breonna Taylor", die durch Polizeigewalt unschuldig zu Tode gekommen ist. Die Darstellung vereint eine Vielfalt individueller Ausdrucksformen und Handschriften, wie sie die Menschen an ihren eigenen Wänden oder ihren eigenen Körpern zur Schau tragen.
Halseys oft kollaborative Arbeiten bieten ein Forum für Menschen, die aufgrund ihrer Hautfarbe, sexuellen Orientierung oder ihres sozialen Status' Ausgrenzung und Marginalisierung erfahren. Die Gipsreliefs versteht die Künstlerin als Darstellungen der Straße, samt ihrer demokratischen Offenheit, und somit als „die ultimative kollektive Eremitage: ein Zufluchtsort vor der Zugkraft der Gentrifizierung und systemischen Unterdrückung, die droht – aber niemals völlig reüssiert –, individuelle Ausdrucksformen zu verdrängen".

Lauren Halsey's artistic practice, which encompasses sculpture, architecture, installation, and community engagement, is inextricably linked to the place where she grew up and still lives: South Central, a Los Angeles neighborhood known for racial unrest and gang violence, and home primarily to African Americans and Latinxs. At the same time, the area is a hotbed of Black art and culture, whose imagery has long been inscribed in the streetscape. Today, South Central is under massive threat of gentrification.
In *Untitled*, a monochrome plaster relief in the shape of a brick wall, the artist immortalizes myriad representations of African American identity. A hieroglyphic-like montage of handmade advertising billboards for braids, hoverboards, or the "Venus & Serena Williams Tennis Academy," wall scribbles, peace signs, emblems, logos, personal inscriptions, and political messages such as "Black Pride, Brown Pride, Black Love" or the name "Breonna Taylor," an innocent victim of systemic police brutality, who was shot and killed in her own home. The representation brings together a wide variety of individual expressions and signatures, much in the same way people display them on their own walls or their own bodies.
Halsey's often collaborative works provide a forum for people who experience exclusion and marginalization because of their skin color, sexual orientation, or social status. The artist sees the gypsum reliefs as representations of the street, along with its democratic openness, and as "the ultimate collective hermitage: a refuge from forces like gentrification and systemic oppression that threaten – but never fully manage – to suppress individual expression."

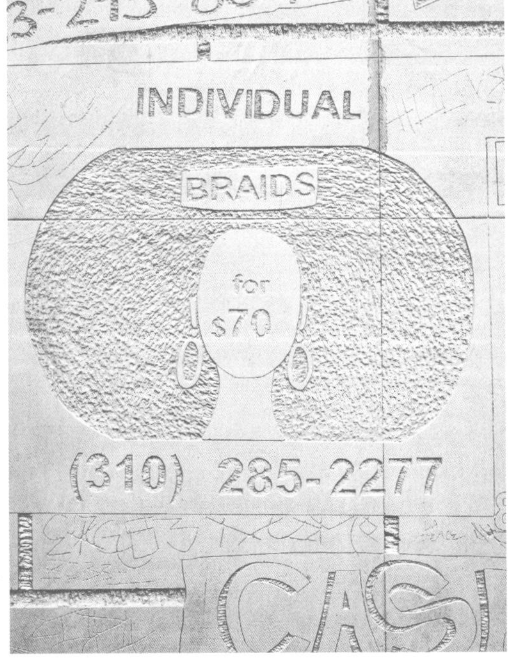

April Street
Still Life at 12 o'clock, 2021

In den reliefartigen Gemälden und Arbeiten auf Papier der amerikanischen Künstlerin April Street verschmelzen Andeutungen des weiblichen Körpers mit surrealen Landschaften und Pflanzenwelten und führen damit die Utopie des „Eins-Werdens" mit der Natur vor Augen. Dabei verknüpfen die sinnlichen, anspielungsreichen Kompositionen figurative und abstrakte Bildwelten zu Hybridformen aus Körper und Land, oft mit literarischen Bezügen.
Auch wenn der Titel erst mal etwas anderes vermuten lässt, entfaltet sich in *Still Life at 12 o'clock* zunächst kein Stillleben, sondern eine fantastische Landschaft. Ein dunkles Gewässer schlängelt sich diagonal durch schollige Flächen, auf denen sich fein umrissene Felsformationen auftürmen. Ein Rankengewächs klettert durch die Luft, streckt seine Triebe in alle Richtungen aus und schlingt sich bis in den Bildhintergrund. Es überwuchert zusehends die gesamte Darstellung, verbindet wie eine Nabelschnur die drei Tafeln des Triptychons und lässt farblose Pflanzen ersprießen, den Blütenkopf geneigt, geschlossen oder vom Betrachtenden abgewandt. Währenddessen stürzen auf der linken Tafel blank polierte Messer vom Himmel. Auf der mittleren ragen grazile Frauenfüße ins Bild, schweben schwerelos über der lediglich angedeuteten, fast abstrakten Landschaft – ein Hauch aus filigranen, zart gesetzten Weiß- und Grautönen. Manche Bereiche bleiben völlig ausgespart, wie die Negativformen eines Scherenschnitts. So scheint der pechschwarze Himmel durchschnitten von Wolken, die eigentlich nichts als weißes Papier sind. Leerstellen. Wirklich farblich ausgestaltet sind nur einzelne Bildelemente, vor allem der unmittelbare Vordergrund mit seinen mysteriösen, leuchtenden Früchten, die wie Schmuckstücke auf einer Wäscheleine von der grünen Liane baumeln. Oder eben die Füße, die die der Künstlerin selbst sind und fast fotorealistisch.
Die Position der Füße – wäre das Bild ein Ziffernblatt, „stünden" sie auf der Zeigerstellung für zwölf Uhr – geben dem Aquarell seinen Titel, der auch als Anspielung auf Alberto Giacomettis Skulptur *The Palace at 4 a.m.* zu verstehen ist, einem surrealistischen, hausähnlichen Gebilde aus Streichhölzern, so fragil und transparent wie ein Gedankengebäude: ein direkter Bezug zum Künstleratelier, als Ort des Rückzugs und Imaginationsraum. Von hier taucht die Künstlerin quasi ein in die Welt der Vorstellung, in eine Weltlandschaft, in der sich physische Realität und Innenwelt auf einer Bildebene vereinen.

In the relief-like paintings and works on paper by the American artist April Street, traces of the female body merge with surreal landscapes and plant worlds, thus evoking the utopia of "Becoming One" with nature. In so doing, the sensual, allusive compositions combine figurative and abstract imagery into hybrid forms of body and land, often using literary references.
Even if the title initially suggests otherwise, we are not primarily viewing a still life in *Still Life at 12 o'clock*, but a fantasy landscape. Delicately rendered rock formations loom over a dark body of water that winds diagonally through masses of floes. A vine

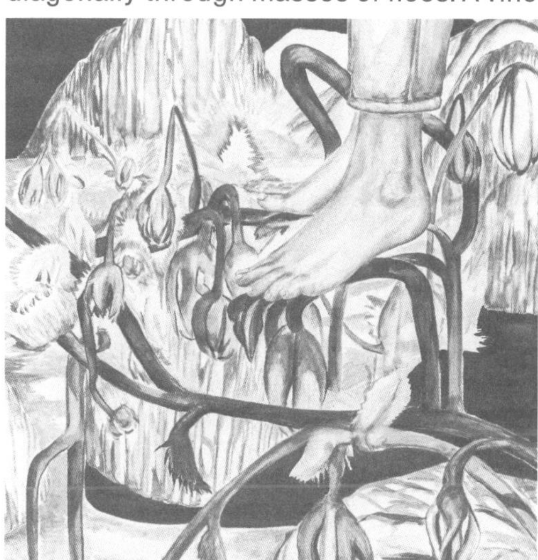

climbs through the air, its shoots stretching every which way, coils itself into the background. Branching out across the entire image, the vine connects the three panels of the triptych like an umbilical cord that sprouts colorless plants; the flower heads are tilted, closed, or turned away from the viewer. Meanwhile, on the left panel, brightly polished knives plunge from the sky. On the middle panel, a woman's delicate feet protrude into the image, floating weightlessly over the merely suggested, almost abstract landscape – a hint of filigree, delicately rendered shades of white and gray tones. Some areas are left completely blank, like the negative forms of a cutout. The pitch-black sky seems to be intersected by clouds that are actually nothing but white paper. Blank spaces. Only individual elements of the picture are genuinely colored, especially the immediate foreground with its mysterious, luminous fruits that dangle from the green vine like pieces of jewelry on a clothesline. Or just the feet, which are those of the artist herself and almost photorealistic.
The position of the feet – if the painting were a clock face, they would "stand" at twelve o'clock – give the watercolor its title, which can also be understood as an allusion to Alberto Giacometti's sculpture *The Palace at 4 a.m.*, a surrealist, house-like structure made of matchsticks, as fragile and transparent as an edifice of ideas: a direct reference to the artist's studio as a place for retreat and space for imagination. From there, the artist virtually dives into the world of imagination, into a "Weltlandschaft", a "world landscape" in which physical reality and inner world unite on a pictorial plane.

Louisa Clement
Representative, 2021

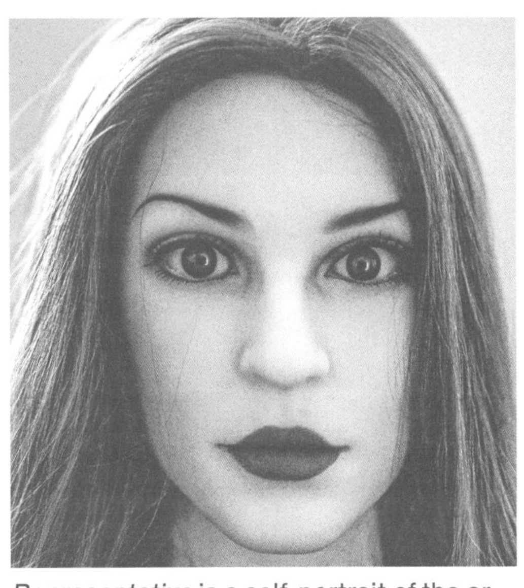

Representative ist ein Selbstporträt der Künstlerin Louisa Clement. Die lebensechte Puppe, eine sogenannte „Real Doll", trägt die Gesichtszüge und exakten Körpermaße der Künstlerin. Sie ist aus biegbarem Aluminium und TPE (ein gummiartiger Kunststoff, der ähnlich wie Silikon realistisch menschliche Haut simuliert). Für ein möglichst getreues Abbild wurde Clements Körper rundherum in 3-D gescannt, minutiös fotografiert und abgefilmt. Die Puppe kann den Kopf drehen, zwinkern und mit den Augen scheinbar einer Bewegung im Raum folgen. Sie kennt die Lebensgeschichte, das künstlerische Werk und die E-Mails ihrer Schöpferin (jedenfalls die englischsprachigen). Sie hat Zugang zum Internet und kann ständig ihr „Wissen" aktualisieren. Sie lernt dazu, ist in der Lage, die Anwesenheit von Menschen wahrzunehmen, und zusätzlich hat Clement über zweitausend Fragen zu ihrem Privatleben, ihrem Beruf und ihren persönlichen Gedanken beantwortet und die mit künstlicher Intelligenz ausgestattete Doppelgängerin mit diesen Antworten gefüttert. So soll selbst der vermeintliche Charakter des Doubles dem der Künstlerin angepasst werden. Allein ihre Stimme ist nicht jener der Künstlerin nachempfunden, sondern eine anonyme weibliche Computerstimme, wie man sie von Sprachassistent:innen beim Smartphone oder bei Help-Hotlines kennt.
Representative ist eine „fleischgewordene" Personifikation der virtuellen Profile, die das Internet von jedem von uns erstellt. Stetig wird dieses Profil um weitere Kommunikationen, Videos, Bilder, Interessen, Meinungen, Suchbegriffe, Vorlieben und Sehnsüchte der Nutzer:innen erweitert. Clements Fotografien, Videos, Installationen, Skulpturen und Virtual-Reality-Arbeiten reflektieren diese neue Wirklichkeit zwischen Virtualität und physischer Welt, zwischen Mensch und Maschine. Oft gibt die Künstlerin abstrakten Existenzen aus dem virtuellen Raum eine physische Gestalt. Mit *Representative* stellt sie die Frage nach Einsamkeit und Vereinsamung im digitalen Zeitalter förmlich in den Raum. Sie thematisiert die Entfremdung vom Selbst, die stattfindet, wenn sich das eigene virtuelle Abbild von der Realität merklich entfernt, die Einsamkeit eines zusehends im Netz gelebten Lebens, dem echte menschliche Beziehungen fehlen, bis hin zum vehement diskutierten Thema von KI-Gefährt:innen als tatsächlichem Ersatz für zwischenmenschliche Begegnung. Und die Kreatur selbst? Ist sie einsam? Ja, hat sie geantwortet, als sie gefragt wurde.

Representative is a self-portrait of the artist Louisa Clement. The lifelike doll, a so-called "Real Doll", bears the facial features and exact body measurements of the artist. It is made of pliant aluminum and TPE (a rubber-like plastic that realistically simulates human skin similar to silicone). For the most faithful likeness possible, Clement's body was scanned in its entirety in 3-D, meticulously photographed and filmed. The puppet is able to turn its head, blink and seemingly follow a movement in space with its eyes. It knows its creator's life story, artistic practice, and emails (at least those in English). She has access to the Internet and can constantly update her "knowledge." She learns, and is able to sense the presence of people. Moreover, Clement has answered over two thousand questions about her private life, her profession, and her personal thoughts, and the doppelganger, equipped with artificial intelligence, has been fed the answers. In this way, even the alleged character of the double has been adapted to the artist's own. Only her voice is not the same as the artist's, but has been created from an anonymous female computer voice, similar to the voice assistants on smartphones or help hotlines.
Representative is a "personification made flesh" of the virtual profiles that the Internet creates of each of us. These profiles are constantly being expanded to include users' subsequent communications, videos, images, interests, opinions, search terms, preferences and desires. Clement's photographs, videos, installations, sculptures, and virtual reality works reflect this new reality between virtuality and the physical world, between human and machine. The artist often creates a physical form for abstract existences from virtual space. With *Representative* she literally places the issue of loneliness and isolation in the digital age in the room. She thematizes how we grow alienated from our self when our own virtual image grows distinctly distant from reality, the loneliness of a life increasingly lived on the Web that lacks real human relationships, and even the hotly discussed topic of AI companions as an actual substitute for human encounters. And the creature itself? Is it lonely? Yes, it answered when asked.

Aus einem blank polierten Edelstahlfass ertönt die Stimme der schottischen Künstlerin Susan Philipsz. Sie singt das Lied „Trees and Flowers" des Glasgower Punk-Duos Strawberry Switchblade, das von der Angst vor der Außenwelt und dem Wunsch, allein zu sein, handelt. Philipsz' eigenartig anrührende Stimme und die Abwesenheit von Instrumenten verleiht dem Text eine besondere Intimität. Ihr Klang lockt die Betrachtenden an das Objekt heran, das den Ton einerseits eingrenzt, gleichzeitig aber auch amplifiziert. In ihm wirkt der Hall der Stimme fern, wie Sirenengesang, der aus einem tiefen Inneren ertönt bis an die Ohren des Betrachtenden, der aufgrund der spiegelnden Oberfläche des Fasses wiederum an seine Umgebung erinnert wird.
Klang ist Philipsz' zentrales künstlerisches Medium. Ihre Arbeiten erkunden das spezifisch raumbildende Potenzial des Klangs. Sie intensivieren und verändern das individuelle Raumempfinden der Betrachter:innen (eher Zuhörer:innen) sowie ihre Eigenwahrnehmung an einem bestimmten Ort zu einer bestimmten Zeit. Besonderes Augenmerk legt die Künstlerin auf die emotionalen und psychologischen Eigenschaften von Klang und Musik. Sie zeigt, wie dieses Medium Erinnerungen und Gefühle gegenwärtig machen kann. Ihre raumgreifenden Klanginstallationen vermitteln daher häufig Empfindungen von Innerlichkeit, Melancholie, Verlust oder Sehnsucht. So beschreibt die Klangskulptur *Hermitage* einen Blick auf die Welt aus einer Position der absoluten Zurückgezogenheit und Abschottung. Sie stellt das Alleinsein als Schutzraum und Gefängnis zugleich dar. Dabei gelingt es Philipsz' ätherischer Stimme, abstrakte Gefühle der Angst, des Rückzugs und der Einsamkeit in ihrer Ambivalenz zu fassen und ihnen eine klangliche Form zu verleihen.

Scottish artist Susan Philipsz' voice echoes from a brightly polished stainless-steel barrel. She sings the song "Trees and Flowers" by the Glasgow punk duo Strawberry Switchblade, which is about fear of the outside world and the desire to be alone. Philipsz' strangely touching voice and the absence of instruments lend the text a special intimacy. Its sound draws the viewer closer to the object, which on the one hand confines the sound, but at the same time amplifies it. The echo of the voice seems distant inside it much like a siren's song sounding from deep within, reaching the ears of the spectator, who in turn is reminded of their surroundings because of the reflective surface of the barrel.

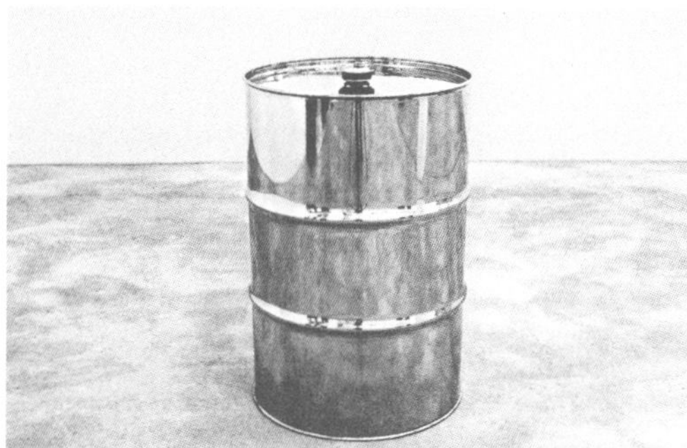

Sound is Philipsz' primary artistic medium. Her works explore the specific space-creating potential of sound. They intensify and alter the viewer's (rather listener's) individual sense of space, as well as their self-perception in a specific place at a specific time. The artist pays special attention to the emotional and psychological properties of sound and music. She shows how this medium can make memories and feelings present. Her expansive sound installations often convey sensations of inwardness, melancholy, loss, or longing. Thus, the sound sculpture *Hermitage*, presents a view of the world from a position of absolute seclusion and isolation. It depicts solitude as a protective space and prison at the same time. Philipsz's ethereal voice captures abstract feelings of fear, retreat and loneliness in their ambivalence and gives them a sonic form.

Werkliste
List of works

Saâdane Afif
(*1970, Vendôme, France; lives and works in Berlin, Germany)
Habiter le désert, 2021
Digital print on baryta paper
180 x 120 cm
Titles based on the second record by R.L. (Lyrics Record 007, 2018)
Habiter le désert ("Montana Blues" – 6'35")
Habiter le désert ("Black Hole" – 5'29")
Habiter le désert ("Ghost" – 7'19")
Habiter le désert ("Hours" – 9'37")
Habiter le désert ("Belvedere" – 10'33")
2021
5 inkjet prints on fine art baryta paper
14,5 x 9,5 cm
Courtesy the artist and Mehdi Chouakri, Berlin

Vajiko Chachkhiani
(*1985, Tbilisi, Georgia; lives and works in Tbilisi, Georgia)
Life Track, 2016
Video
3 min 24 sec
Courtesy the artist and Daniel Marzona, Berlin

Louisa Clement
(*1987, Bonn Germany; lives and works in Bonn, Germany)
Representative, 2021
Mixed media
170 x 45 x 30 cm
Courtesy the artist and Cassina Projects

Lauren Halsey
(*1987, Los Angeles, USA; lives and works in Los Angeles, USA)
Untitled, 2021
Hand carved plaster on wood
241,3 x 181,6 x 7 cm
Courtesy the artists and David Kordansky Gallery, Los Angeles

Johnston Marklee
Ausstellungsarchitektur/Exhibition architecture, 2021
Aluminum stud walls
Courtesy Johnston Marklee

Annika Kahrs
(*1984, Achim, Germany; lives and works in Hamburg and Berlin, Germany)
Playing to the Birds, 2013
HD film, colour, sound
14 min
Courtesy the artist and Produzentengalerie, Hamburg

Susan Philipsz
(*1965, Glasgow, Scotland; lives and works in Berlin, Germany)
Hermitage, 2021
Single channel sound installation with reflective steel barrel and speaker
57 x 88,5 cm
4 min 26 sec, looped
Courtesy Konrad Fischer Galerie, Dusseldorf and Berlin and Tanya Bonakdar Gallery, New York and Los Angeles

Anri Sala
(*1974, Tirana, Albania; lives and works in Berlin, Germany)
Uomoduomo, 2000
Single channel video, no sound
1 min 34 sec
Courtesy Galerie Chantal Crousel, Paris; Hauser & Wirth; Esther Schipper, Berlin; Galerie Rüdiger Schöttle, Munich

April Street
(*1975, Virginia, USA; lives and works in Los Angeles, USA)
Still Life at 12 o'clock, 2021
Watercolor on paper
Three framed paintings 156 x 112 cm each
Courtesy the artist and Vielmetter, Los Angeles

Thomas Struth
(*1954, Geldern, Germany; lives and works in Berlin, Germany)
Schlichter Weg, Feldberger Seenlandschaft 2021, 2021
Inkjet print
216,4 x 450 cm
Courtesy Galerie Max Hetzler, Berlin/Paris/London
Vacuum Chamber, JPL, Pasadena, 2013
Inkjet print
116,2 x 163,5 cm
Courtesy the artist and Marian Goodman Gallery
GRACE-Follow-On Bottom View, IABG, Ottobrunn, 2017
Inkjet print
135 x 214,8 cm
Courtesy the artist and Marian Goodman Gallery

Kaari Upson
(1972–2021, lived and worked in
Los Angeles, USA)
Center, 2017–19
Aqua resin and aluminum
155 x 170 x 58 cm
Standing, 2017–19
Aqua resin and aluminum
218,4 x 48,3 x 66 cm
Stump, 2017–19
Aqua resin
154,9 x 190,5 x 177,8 cm
Prairie Fundamentalism, 2019
HD film, color, with sound
14 min 30 sec
Courtesy Sprüth Magers

Andrea Zittel
(*1964, Escondido, USA; lives and works
in Joshua Tree, USA)
A–Z Deserted Island VI, 1997
Fiberglass, wood, plastic, vinyl seat, vinyl
logo
91,4 x 228,6 x 228,6 cm
Courtesy the artist and Sprüth Magers
*A–Z Time Tunnel: Time to Get Into Perfect
Shape*, 2000
Aluminum, walnut wood, steel, MDF,
carpet, lacquer, vinyl, glue, electric lighting,
sound machine
99,06 x 122,55 x 203,83 cm
Olbricht Collection
Wall Sprawl (Next to Las Vegas Bay), 2008
Inkjet on J14H outdoor paper
wallpaper covering almost entire exhibition
space at LAXART
Courtesy the artist and Regen Projects

Dank
Thanks

Die Realisierung von „all the lonely people" wäre ohne das Engagement vieler Mitwirkender und Partner:innen nicht möglich gewesen. Nana Bahlmann und Heike Catherina Mertens danken von Herzen:/ The development and production of "all the lonely people" would not have been possible without the commitment of many contributors and partners. Nana Bahlmann and Heike Catherina Mertens thank from their hearts:

Christina Köhler für ihren außerordentlichen Einsatz; ohne sie hinge kein Werk an sei.nem Platz./Christina Köhler for her extraordinary commitment; without her no work would hang in its place.

Hamza Walker für seine Kooperationsbereitschaft, die Ausstellung bei LAXART zu zeigen./Hamza Walker for his willingness to cooperate in showing the exhibition at LAXART.

Den beteiligten Künstler:innen und ihren Galerien/The participating artists and their galleries:
Regen Projects
Sprüth Magers
Marian Goodman Gallery
Tanya Bonakdar
Medhi Chouakri
Produzentengalerie
David Kordansky Gallery
Daniel Marzona

Und/And:
Stephanie Barron
Hans-Jürgen Bonack
Dagny Corcoran
Lindsay Charlwood
Merlind David
Daniel Garcia
Jan-Ole Gerster
Piero Golia
Kristina Groß
Nicholas Hofstede
Philip Kaiser
Udo Kittelmann
Hans-Dieter Lochmann
Jose Luis G. Lopez
Philomene Magers
Eoghan McTiguee
Clara Meister
Rosario Nadal
Olbricht Collection
Sampson Ohringer
Marine Pariente
Adrian Porikys
Sean Regen
Sarah Sonderkamp
Jeremy E. Steinke
Catherine Taft
Cornelia Tischmacher
Sowie besonders herzlich/And especially warmly Thomas Demand

Dem Vorstand/The Board of Directors:
Dr. Markus Klimmer
Marianne Heuwagen
Dr. Hans-Jörg Clement
Dr. Ulrich Köstlin
Dr. Alexandra Gräfin von Stosch
Dem Kuratorium/The Board of Trustees:

Dr. Andreas Görgen Ministerialdirektor, Leiter der Abteilung für Kultur und Kommunikation des Auswärtigen Amtes/Head of the Department of Culture and Communication of the Federal Foreign Office

Dr. Horst Claussen Leiter Referat K 24 bei der Beauftragten der Bundesregierung für Kultur und Medien/Head of Unit K 24 at the Federal Government Commissioner for Culture and the Media

Markus Wener Geschäftsführer der Berthold Leibinger Stiftung/Executive Director of the Berthold Leibinger Stiftung

Dr. Johannes Ebert Generalsekretär, Goethe-Institut/Secretary General Goethe-Institut

Christian Gaebler Staatssekretär, Chef der Senatskanzlei Berlin/Secretary of State of the Berlin Senate Chancellery

Dr. Marion Müller Vereinsmitglied/Member of the Association

Sybille Uken Vereinsmitglied/Member of the Association

Unser besonderer Dank gilt dem Auswärtigen Amt, der Senatskanzlei Berlin und der Friede Springer Stiftung und einem privaten Mäzen für die Unterstützung der Ausstellung sowie der Beauftragten für Kultur und Medien für das Autor:innenprogramm./We are especially grateful to the Federal Foreign Office, the Berlin Senate Chancellery, the Friede Springer Foundation and a private patron for their generous support of the exhibition, and to the Federal Government Commissioner for Culture and the Media for the writers' program.

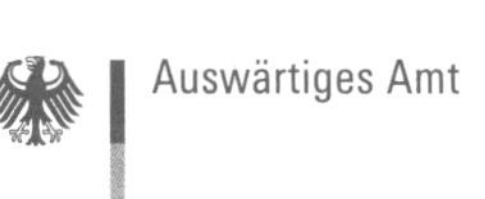

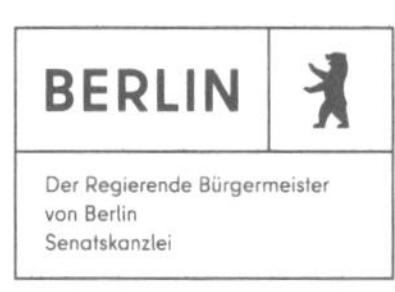

friede springer stiftung

Die Beauftragte der Bundesregierung
für Kultur und Medien

Impressum
Imprint

Diese Publikation erscheint anlässlich des 25. Jubiläums der Villa Aurora und der Ausstellung „all the lonely people" im silent green Kulturquartier, Berlin, vom 24.9.–10.10.2021 und im LAXART, Los Angeles, vom 4.12.2021–22.1.2022./This publication is published on the occasion of the 25th anniversary of Villa Aurora and the exhibition "all the lonely people" at silent green Kulturquartier, Berlin from 9/24–10/10/2021 and at LAXART, Los Angeles from 12/4/2021–1/22/2022.

Ausstellung/Exhibition Berlin:

Kuratorin/Curator: Nana Bahlmann
Projektleitung/Project lead:
Heike Catherina Mertens
Ausstellungsorganisation/Exhibition management: Christina Köhler
Koordination Autor:innenprogramm/Coordination Writers' Program: Mirko Lux
Verwaltung/Financial Management:
Katharina Karnitschnig
Ausstellungsarchitektur/Exhibition Architecture, Berlin: Johnston Marklee (Entwurf/Design) und/and Stephan Strobl (technische Entwicklung und Umsetzung/ Technical Development and Construction)
Ausstellungsgrafik/Exhibition Graphic Design: Julia Volkmar – Studio for Spatial and Graphic design
Presse- und Öffentlichkeitsarbeit/Press outreach and PR: Send/Receive (Anne Maier)
Koordinationsleitung silent green/Project coordination silent green: Merlind David
Medientechnik/Media: Jonas Hinz und Eidotech
Licht/Light: Kay Bennet Kruthoff
Transport/Shipping: Schenker Deutschland AG
Filmdokumentation und Teaser/Documentation and teaser: Peter Göltenboth und Florian Giefer (pet&flo)

Ausstellung/Exhibition L.A.:

Direktor/Director: Hamza Walker
Stellvertretende Direktorin/Deputy Director:
Catherine Taft
Produktion und Programm/Program & Development Assistant: Sampson Ohringer
Technische Umsetzung/Art handling:
Chris Oliveria
Leiter Marketing /Director of Development:
Jeremy E. Steinke

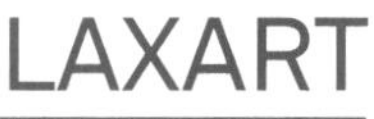

Publikation/Publication:

Herausgeberin/Editor:
Heike Catherina Mertens, Villa Aurora & Thomas Mann House e. V.
Konzept und Ausstellungstexte/Concept and Exhibition Texts: Nana Bahlmann
Autor:innen/Writers: Ann Cotten, Tanja Dückers, Felicitas Hoppe, Maren Kames, Stefan Keppler-Tasaki, Annette Jael Lehmann, Klaus Modick, Monika Rinck, Kathrin Schmidt, Antje Rávik Strubel, Yōko Tawada, Senthuran Varatharajah
Lektorat Deutsch/German Editing:
David Frühauf
Übersetzung und Lektorat Englisch/ Translator and English Editing: Dr. Zaia Alexander, Susan Bernofsky, Nicholas Grindell, Bradley Schmidt, Manuela Thurner
Mitarbeit/Assistant Editors: Katharina Karnitschnig, Dr. Gesa Schubert, Mirko Lux
Gestaltung/Design: Julia Volkmar – Studio for Spatial and Graphic Design
Textsatz/Typesetting: Kristin Krause
Bildbearbeitung und Retusche/Image Editing: Esther Matusche
Druck/Print: Gallery Print Berlin

Villa Aurora & Thomas Mann House e. V.
Jägerstraße 23, 10117 Berlin, Germany
www.vatmh.org

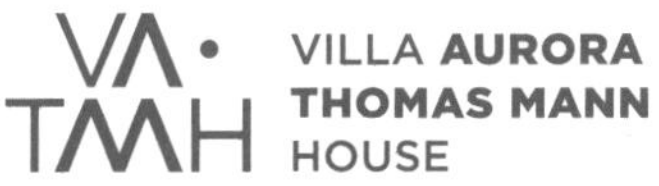

Fotonachweise/Photocredits:

Teil 1/Part 1
© Vajiko Chachkhiani, Courtesy Daniel Marzona Galerie, Berlin
© Andrea Zittel, Photo courtesy Andrea Rosen Gallery, New York, Leihgeber/lender: Olbricht Collection
© Saâdane Afif, Courtesy Mehdi Chouakri, Berlin
© Annika Kahrs, Courtesy the artist and Produzentengalerie, Hamburg
© Thomas Struth 2021, Courtesy Galerie Max Hetzler, Berlin/Paris/London und Thomas Struth, Courtesy Marian Goodman Gallery
© Johnston Marklee, Los Angeles
© Johnston Marklee, Los Angeles, detail
© Johnston Marklee, Los Angeles, detail
© Kaari Upson, Courtesy Sprüth Magers
© Anri Sala, Courtesy Calerie Chantal Crousel, Paris; Hauser & Wirth; Esther Schipper, Berlin; Galerie Rüdiger Schöttle, Munich
© Lauren Halsey, Courtesy the artist and David Kordansky Gallery, Los Angeles, detail
© April Street, Courtesy the artist and Vielmetter Los Angeles, detail
© Louisa Clement, Courtesy Cassina Projects
© Susan Philipsz, Courtesy Konrad Fischer Galerie, Düsseldorf and Berlin and Tanya Bonakdar Gallery, New York City and Los Angeles

Teil 2/Part 2
Ausstellungsansichten/Installation shots:
silent green, Berlin: Alexander Butz
LAXART, Los Angeles: Ruben Diaz

Teil 3/Part 3
[S. 33/40] © Arthur Hawkins Jr.
[S. 34/42] © Edith Kramer, Domenico dalle Greche
[S. 35/44] © Natasha Masharova, Los Angeles
[S. 38/45] © Ruth Berlau, Akademie der Künste, Berlin, Bertolt-Brecht-Archiv, Fotoarchiv 08/037 Berlau/Hoffmann

Teil 4/Part 4
Vintage Postkarten/Vintage postcards:
Sammlung von Vintage Postkarten von Einsiedlern und Einsiedeleien aus den 1890er- bis 1930er-Jahren, Privatsammlung/Collection of Vintage postcards of hermits and hermitages from 1890s to 1930s, private collection

Erschienen im/Published by:
Spector Books
Harkortstraße 10, 04107 Leipzig, Germany
www.spectorbooks.com

Distribution:
Germany, Austria: GVA, Gemeinsame Verlagsauslieferung Göttingen GmbH&Co. KG, www.gva-verlage.de
Switzerland: AVA Verlagsauslieferung AG, www.ava.ch
France, Belgium: Interart Paris, www.interart.fr
UK: Central Books Ltd, www.centralbooks.com
ARTBOOK | D.A.P. www.artbook.com
South Korea: The Book Society, www.thebooksociety.org
Australia, New Zealand: Perimeter Distribution, www.perimeterdistribution.com
Japan: twelvebooks, www.twelve-books.com

Printed in Germany
ISBN 978-3-95905-607-6

“all the lonely people”
Dokumentarfilm/Documentary

Regie/Directed by
Peter Goeltenboth & Florian Giefer
18:30 min

www.vatmh.org/atlp

Der Begriff „Sanctuary“ bedeutet im Englischen nicht nur Heiligtum oder Kultraum, sondern auch Asyl und Zufluchtsort. Die Villa Aurora in Los Angeles wurde 1943 ein solcher Zufluchtsort für Marta und Lion Feuchtwanger und beherbergt seit 1995 Künstler:innen. Anlässlich ihres 25. Geburtstags als Künstlerresidenz präsentiert sie Reflexionen von Schrifsteller:innen und bildenden Künstler:innen zu *Sanctuaries* und Eremitagen (Einsiedeleien). Neben neuen Essays und Gedichten ehemaliger Stipendiat:innen enthält die Publikation auch literaturwissenschaftliche Beiträge zur Literatur des Exils sowie Ausstellungsansichten und Werktexte der von Nana Bahlmann kuratierten Ausstellung *all the lonely people*. Diese greift die jahrtausendealte Tradition des Eremitentums auf und zeigt vor dem Hintergrund der Corona-Pandemie künstlerische Darstellungen von Einsamkeit, Melancholie und Sehnsucht sowie von physischem und mentalem Rückzug.

Texte/Essays:
Nana Bahlmann, Ann Cotten, Tanja Dückers, Felicitas Hoppe, Maren Kames, Stefan Keppler-Tasaki, Annette Jael Lehmann, Heike Catherina Mertens, Klaus Modick, Monika Rinck, Kathrin Schmidt, Antje Rávik Strubel, Yōko Tawada, Senthuran Varatharajah

Kunstwerke/Works of Art:
Saâdane Afif, Vajiko Chachkhiani, Louisa Clement, Lauren Halsey, Johnston Marklee, Annika Kahrs, Susan Philipsz, Anri Sala, April Street, Thomas Struth, Kaari Upson, Andrea Zittel

The English word “sanctuary” not only refers to a holy place or sacred space of worship but also means asylum and refuge. In 1943, the Villa Aurora in Los Angeles became just such a refuge for Marta and Lion Feuchtwanger, and from 1995 has served as a retreat for visiting artists. To mark its twenty-fifth anniversary as an artists’ residence, it has invited writers and visual artists to present their reflections on sanctuaries and hermitages. In addition to new essays and poems by former fellows, this publication also includes contributions by literary scholars on the literature of exile as well as installation views and texts of the exhibition *all the lonely people*, curated by Nana Bahlmann. Against the backdrop of the Covid-19 pandemic, the book examines the millennia-old tradition of hermitism and offers artistic depictions of loneliness, melancholy, and longing as well as physical and mental withdrawal.

ISBN 978-3-95905-607-6